깊이 있는 전문 지식으로 무장한 저자와 생생한 사례가 만들어낸 습관에 대한 권위 있는 가이드! 러셀 폴드랙은 지식의 한계를 넓혀가는 동시에 뒤를 돌아보며 우리가 따라갈 수 있도록 손을 내밀 줄 아는 진귀한 과학자이다.

_앤절라 더크워스Angela Duckworth, 《그릿 Grit》 저자

신경과학으로 밝혀낸 행동 변화의 알고리즘을 쉽게 풀어낸 뛰어난 책으로 누구나 재미있게 읽을 수 있다. 최신 과학과 실용적인 조언 그리고 무엇보다 희망적인 메시지까지 담겨 있다.

_대니얼 J. 레비틴Daniel J. Levitin, 《석세스 에이징》 저자

습관 변화가 자제력만으로 안 되는 이유를 궁금해 하는 사람이라면 반드시 읽어야 할 책. 폴드랙은 인상적인 개인의 경험과 흥미로운 사례들, 최신 신경과학 연구 결과를 바탕으로 인간 행동을 지배하는 뇌의 숨겨진 시스템의 실체를 명료하게 보여준다.

_웬디 우드Wendy Wood, 《해빗》 저자

의식적인 사고를 따르고 싶지만 말과 움직임, 행동까지 우리의 두뇌는 깊이 새겨진 프로그램을 주로 따른다. 폴드랙은 우리 삶이 습관에 얼마나 많이 좌우되는지, 습관은 왜 이토록 끈질긴지, 무엇이 습관의 고착력을 약하게 (또는 강하게) 만드는지 설명하며 경이로운 여정으로 우리를 안내한다.

_데이비드 이글먼David Eagleman, 《창조하는 뇌》 저자

이 책은 우리가 왜 무수한 나쁜 습관에 굴복하는지, 더 나은 삶을 위해 어떻게 습관을 다스려야 하는지에 관한 복잡한 이야기를 탁월하고 명쾌하게 풀어냈다. 꼭 읽기를 바란다!

_마이클 S. 가자니가Michael S. Gazzaniga, 《뇌, 인간의 지도》

뇌과학의 권위자인 저자는 뇌가 어떻게 습관을 만들고 유지하는지에 대한 이해의 폭을 넓혀주는 다양한 발견들을 제시하고 있다. 특히 생각이 어떻게 작용하는지에 대해 관심이 있는 사람에게 추천한다.

_대니얼 L. 색터Daniel L. Schacter, 《기억의 일곱 가지 죄악》 저자

인간이 왜 이토록 '습관 중심적'으로 진화했는지를 파헤친 놀라운 책! 폴드랙은 두뇌 가소성에 영향을 미쳐 습관 형성에 핵심적인 역할을 하는 도파민의 위력과 (이제는 '10억 달러 시장'으로 자리 잡은) 마음챙김의 효과에 대해 최신 연구결과들을 흥미롭게 엮어 보여준다. 또한 그가 '습관이 나빠질 때'라고 표현한 중독에 대해 다룬다. 그의 연구가 대단히 강력한 힘을 발휘한 지점은 습관 형성에 대해 세포 수준까지 파고든 수많은 실험을 고찰한 것이다. 흡연과 폭식처럼 바람직하지 않은 행동에서 벗어나고 싶은 사람들에게 도움이 될 것이다. 이 책은 깊이 있는 연구를 기대하는 독자들을 위해 명료하게 쓰여진, 훌륭한 지적 모험이다.

_《퍼블리셔스 위클리》

우리가 왜 습관을 만드는지, 나쁜 습관이 고착될 때 우리 뇌에서 무슨 일이 벌어지는지 뇌과학을 통해 심도 있게 파고든 멋진 책이다!

_젠Gen(아마존 독자)

습관에 대한 뇌과학과 심리학의 연구 사례를 뛰어난 관점으로 풀어냈다. 매우 날카로운 통찰과 함께 실용적인 부분도 잘 전달해준다. 많은 양의 정보를 제공해주며 습관과 중독에 관한 인식을 더욱더 명확하게 만든다.

_헨드릭 스트라우스Hendrik Strauss(굿리즈 독자)

습관과 행동 변화에 대해서 뇌과학과 심리학적으로 폭넓게 설명하고 있다. 의지, 자제력, 중독 등 습관과 관련된 보다 넓은 시각을 갖고 싶다면 이 책을 반드시 읽어야 한다.

_베르무데스Bermudez(굿리즈 독자)

이 책을 정말 재미있게 읽었다. 과학 연구의 신뢰성과 책의 장점이 완벽하게 어우러져 탄생한 책이다. 습관의 뇌과학에 대해 우리가 이미 아는 사실도, 여전히 모르는 부분에 대해서도 매우 잘 요약해준다. 습관 뒤에 숨겨진 진실에 대해 알고 싶은 사람들과 뇌과학에 흥미를 가진 사람들 모두에게 이 책을 강력히 추천한다.

_파라비FaraB(굿리즈 독자)

뇌의 인지 구조에 따라 만들어지는 습관의 알고리즘을 정말 잘 파헤친 최고의 책이다. 설명하기 어려운 인체 기관인 뇌의 메커니즘에 대한 이해를 도우며 실제로 습관이 어떻게 만들어지는지, 생산적인 행동 전략을 위해 무엇이 필요한지에 대한 인사이트를 제공한다.

_라미스Ramis(굿리즈 독자)

습관의 알고리즘

Hard to Break: Why Our Brains Make Habits Stick
by Russell A. Poldrack
Originally published by Princeton University Press, Princeton.

습관의 알고리즘

인간의 뇌는 어떻게 행동을 설계하는가 | 러셀 폴드랙 지음 | 신솔잎 옮김

HARD TO BREAK

Why Our Brains   Make Habits Stick

비즈니스북스

옮긴이 **신솔잎**

프랑스에서 국제대학을 졸업한 후 프랑스, 중국, 국내에서 경력을 쌓았다. 이후 번역 에이전시에서 근무했고 숙명여대에서 테솔 수료 후, 현재 프리랜서 영어강사로 활동하며 외서 기획 및 번역을 병행하고 있다. 다양한 외국어를 접하며 느꼈던 언어의 섬세함을 글로 옮기기 위해 늘 노력한다.
옮긴 책으로는 《민감한 사람을 위한 감정 수업》, 《최강의 인생》, 《유튜브 레볼루션》, 《내 마음의 균형을 찾아가는 연습》, 《나는 직원 없이도 10억 번다》, 《무엇이 성과를 이끄는가》, 《이 삶을 사랑하지 않을 이유가 없다》 등이 있다.

습관의 알고리즘

1판 1쇄 발행 2022년 2월 15일
1판 7쇄 발행 2024년 3월 15일

지은이 | 러셀 폴드랙
옮긴이 | 신솔잎
발행인 | 홍영태
편집인 | 김미란
발행처 | (주)비즈니스북스
등 록 | 제2000-000225호(2000년 2월 28일)
주 소 | 03991 서울시 마포구 월드컵북로6길 3 이노베이스빌딩 7층
전 화 | (02)338-9449
팩 스 | (02)338-6543
대표메일 | bb@businessbooks.co.kr
홈페이지 | http://www.businessbooks.co.kr
블로그 | http://blog.naver.com/biz_books
페이스북 | thebizbooks
ISBN 979-11-6254-264-4 03190

습관을 제대로 이해하다
삶에서 더 나은 의사결정을 쌓기 위해

정재승(뇌과학자 · KAIST 바이오 및 뇌공학과 교수)

우리는 평생 좋은 습관을 가지기 위해 애쓴다. '세 살 버릇 여든까지 간다'며 어렸을 때부터 좋은 습관을 들이기 위해 노력하고, '제 버릇 개 못 준다'며 나쁜 습관을 보이면 이내 야단부터 친다. '든 버릇 난 버릇'이란 속담처럼 한 번 든 버릇은 마치 타고난 천성처럼 고치기 어렵다는 걸 잘 알고 있으며, '개살구도 맛 들일 탓'이라는 속담처럼 한 번 습관을 들이면 뭐든 감당할 수 있다는 것도 잘 안다. 그렇다, 삶의 힘은 습관에서 나온다. 양치질이나 독서 같은 좋은 습관을 만들기 위해 집착하고, 담배나 과속 같은 나쁜 습관을 고치기 위해 해마다 새해 결심을 한다. 어쩌면 이 책을 집어 든 독자들도 근사한 '인생 새로 고침'을 위해 이번만은 단단히 결심한 분들일 수도 있겠다.

만약 그렇다면, 이 책을 집어 든 것만으로 일단 '절반은 성공하셨다'고 응원 드리고 싶다. 당신이 좋은 습관을 들이고 나쁜 습관을 없애기 위한 첫걸음, 즉 인생 새로고침을 위해 알아야 할 '습관에 관한 모든 것'이 이 책에 담겨 있기 때문이다. 습관에 대한 이해 그 자체가 습관을 고쳐주진 못하지만, 습관을 바꾸는 과정이 얼마나 힘든지 제대로 이해하면 마음가짐이 달라지고 구체적으로 무엇을 해야 할지 계획을 세울 수 있게 된다.

하루 평균 200가지의 행동을 결정하는 습관의 힘

이 책은 습관을 주로 다루고 있지만, 정확하게 말하자면 의사결정에 관한 책이다. '삶은 선택의 연속'이라고 하는데, 삶의 선택들 중에는 목표를 성취하기 위해 하는 선택과 목표와 상관없이 상황이나 자극에 대한 반응으로서의 선택이 있다. 취직을 위해 영어공부를 하는 것은 전자에 해당되고, 퇴근 후 집에 오면 거실에 벌러덩 눕는 건 후자에 속한다. 우리는 하루 평균 200가지가 넘는 선택을 하는데, 그중 상당수는 후자에 해당된다. 이렇게 특정한 맥락(상황, 조건, 환경) 안에서 자동적으로 행하는 복합적인 행동 양식을 우리는 습관이라고 부른다. 이 책은 우리가 날마다 하는 의사결정들 중에서 매우 중요한 몫을 차지하는 습관의 실체를 명확히 이해하게 도와줘, 더 나은 의사결정자가 되도록 조언하는 과학서다. 당신의 지금은 당신이 그동안

해온 의사결정들의 합으로 결정된다는 것을 떠올려 본다면, 이 책보다 더 중요한 책은 없다.

300페이지가 넘는 이 책을 읽고 제대로 공부해야 할 만큼, 습관이란 무척 중요하다. 뇌는 1.4킬로그램, 그러니까 우리 몸무게가 평균 70킬로그램이라고 가정하면 겨우 2퍼센트에 불과하지만, 우리가 먹는 음식 에너지의 20퍼센트 넘게 사용한다. 그런데 일상에서 매 순간 선택을 할 때마다 목표를 떠올리고 그에 부합되는 행동인지 아닌지를 검토하고 다른 대안은 없는지 고심하면서 행동한다면, 우리 뇌는 이내 과부하가 걸릴 것이다. 아침 식사 메뉴를 정하고 출근길에 들을 음악을 고르는 과정에서 이미 녹초가 돼버릴 것이다. 크게 고민하지 않아도 결정할 수 있는 '안정적인 일상의 루틴'은 바로 습관을 통해 우리 삶의 든든한 버팀목이 된다. 어제 이미 했던 선택, 어제 이미 살아본 삶이 오늘의 내 선택, 내 삶을 안정적으로 이끈다. 그것이 습관의 힘이다. 그래서 좋은 습관은 중요하다.

뇌는 좋은 습관, 나쁜 습관을 모른다

나쁜 습관을 고치는 건 더욱 중요하다. 좋지 못한 의사결정을 반복하는 것이니, 이보다 더 위험한 건 없다. 게다가 습관은 내 행위를 의식적으로 인지하고 기억하는 뇌 영역(해마를 중심으로 한 '내측 측두엽')에서 처리되지 않고, 비의식적으로 반복수행하는 뇌 영역(선조체를 중심으로 한 '기저핵')에서 따로 담당한다. 나쁜 행동인데도 불구하고 제대로 인지하지 못 하니, 고치기가 더 어렵다. 무엇보다도, 습관이라는 일상의 루틴은 오랜 기간 삶에서 축적되기 때문에, 시간이 충분히 지난 후에야 치명적인 외상으로 발견된다. 전 미국 대통령 린든 존슨 Lyndon B. Johnson이 말한 것처럼, 습관의 쇠사슬은 거의 느끼지 못할 만큼 가늘게 시작하지만, 그것을 깨달았을 때는 끊을 수 없을 정도로 이미 굳고 단단해져 있다. 한 번의 습관적 행위 자체는 그 유해함이 크지 않지만, 오랜 기간 누적되면 삶에 치명적일 수 있다.

밥을 먹자마자 눕는 버릇, 치맥을 먹을 때 튀김옷을 즐겨 먹는 식습관, 스트레스를 받으면 짜거나 매운 음식을 먹어주는 해소법, 술자리에서 남은 술은 마저 비워야만 자리에서 일어나는 매너, 식사 자리에서 반주로 맥주 한잔을 시켜 마시는 소확행, 식사 후에 반드시 입에 무는 전자담배 디저트, 머리를 감고 대충 말리는 나른함, 자기 전에 침대에서 스마트폰을 만지작거리는 즐거움, 의자에 삐딱하게 앉아 일하는 버릇, 운전할 때 아슬아슬하게 속도제한을 넘기는 습관 등, 이 모든 행동은 전혀 위험하지 않지만(게다가 소소한 즐거움까지 주지만!), 50년간, 아니 30년간 반복되고 누적된다면 우리 삶에 치명적인 해를 끼친다. 습관이라는 작은 의사결정들이 쌓여서 우리는 서로 다른 노년의 시간을 맞이한다.

그런데 문제는 습관이란 행동이 우리 뇌 신경회로에 너무나 묵직하고 안정적으로 형성돼 있어서 고치기가 여간 어려운 게 아니라는 사실이다. 건강이 안 좋아졌거나 직장을 옮기게 되어 새로운 습관이 필요한데, 뇌의 신경회로를 전면 재배열해야 하다 보니, 새로운 습관 형성은 죽을 만큼 어렵다. 실제로 담배를 끊는 가장 효과적인 방법이 폐암에 걸리는 거라는 무시무시한 농담이 있을 정도로, 우리는 죽을 만큼 큰 사건, 사고를 경험하지 않고선 새로운 습관을 만들기가 무척 어렵다. 나이가 들수록 더 그렇다. 그래서 인생 새로고침은 누구에게나 공염불이다.

습관의 뇌과학으로 인생의 새로 고침에 뛰어들어라

이 책은 바로 이 지점에서 우리에게 더없이 근사한 유익함을 선사한다. 도대체 어떤 회로가 어떻게 작동해서 습관이라는 비의식적 의사결정이 형성되는지 신경과학적으로 설명해준다. 오래된 습관은 왜 없어지지 않고 자꾸 출현하는지, 나쁜 습관을 바꾸려면 어떤 노력이 필요한지, 최신 연구 결과들을 바탕으로 구체적으로 조언한다.

이 책의 저자인 스탠퍼드대학 심리학과 러셀 폴드랙 교수는 이 주제를 다루기에 더없이 훌륭한 연구자다. 지난 30년간 의사결정과 인지 조절 분야에서 가장 의미 있는 논문들을 쏟아내 온 세계적인 석학으로서, 이번 책에서도 대가답게 친절한 어조로 습관에 관해 우리가 알아야 할 모든 것들을 구체적이면서도 명쾌하게 설명한다. 그중 중독 같은 나쁜 습관의 형성이나 이를 치료하는 새로운 습관 형성에 관한 몇몇 연구들은 본인이 직접 연구해 얻은 결과들이어서, 우리에게 더 깊은 신뢰를 준다. 실제로 나는 기능성 자기 공명 영상fMRI 장치를 이용해 위험과 손실에 대응하는 인간의 의사결정과정을 추적하는 연구를 오랫동안 해오고 있는데, 폴드랙 교수의 논문들이 우리 연구에 큰 도움을 주었다. 그래서인지 이 책을 더없이 반갑게 읽었다.

독자들은 이 신뢰할만한 최고의 학자가 전해주는 습관의 뇌과학을 읽어내려가는 과정에서 아주 기본적이지만 매우 중요한 뇌의 구조와 기능을 제대로 학습하게 된다. 뇌의 각 영역이 담당하는 기능과 신경진딜물질이 하는 역할, 무엇보다도 그들이 서로 정교한 상호작용을 통해 복잡한 의사결정과 행동을 만들어 낸다는 일종의 경외감을 느끼게 된다. 그 과정에서 최신 뇌과학이 발전해온 발자취를 더듬는 지적 즐거움도 만끽하게 된다.

책에 뇌의 해부구조가 나오고 어려운 용어들이 등장해 겁먹을 수도 있지만, 몇몇 대목들을 주목해 읽으면 더 흥미로울 것이다. 우선 독자들은 이 책에서 쾌락을 표상하고 있다고 흔히 오해받는 도파민이라는 신경전달물질의 기능에 주목해야 한다. 사실 도파민은 쾌락을 표상한다기보다는 욕망이나 동기부여에 관여하는 물질에 더 가깝다. 쾌락이자 즐거움은 오히려 아편 같은 기능을 수행하는 오피오이드narcotic나 카나비노이드Cannabinoid 같은 물질이 더 크게 기여한다.

우리 뇌가 행동을 결정할 때 갈망wanting 시스템과 선호liking 시스템이 작동한다. 배가 고픈 순간을 상상해 보시라. 뭐라도 먹고 싶다는 생각은 갈망 시스템이 담당하고, 뭘 먹을까를 고민하게 만드는 건 선호 시스템이 맡는다. 간단하게 빵 한 조각이라도 먹으면 갈망 시스템이 해소되면서 기분이 좋아지지만, '지금은 삼겹살이 먹고 싶어!' 하면서 삼겹살을 먹을 때 선호 시스템이 기쁨을 만들어 낸다. 둘 다 기분이 좋아지지만, 그 방식이 다르다. 도파민은 후자가 아니라 바로 전자, 즉 갈망 해소와 관련이 깊은 신경전달물질이다. 후자의 기쁨은 오피오이드나 카나비노이드가 만든다(사랑할 때 도파민이 분비되는 건, 사랑이 감정이나 선호가 아니라 욕망이자 갈망이기 때문이다!). 이런 사실을 이해하고 나면, 많은 습관들이 더 큰 즐거움을 얻기 위해서라기보다는 불안을 회피하거나 갈망을 해소하고 결핍을 채우는 방식으로 시작된다는 것을 깨닫게 된다. 조심스레 내 습관을 들여다보게 되는 것이다.

새로운 습관이 형성되고 오래된 습관이 사라지는 과정도 이 책에서 눈여겨볼 대목이다. 목표지향적이었던 행동이 습관을 넘어 중독이 되는 과정도 주목해야 한다. 영국 케임브리지대학 정신과 트레버 로빈스Trevor Robbins와 베리 에버릿Barry Everitt 연구팀이 제안한 대로, 습관 형성과 중독은 충동에서 강박으로 전이되는 과정일 수 있다. 오래된 습관은 잊히는 것이 아니라 새로운 습관이 형성되면서 덮어쓰고 능동적으로 억제되는 과정이며, 동시에 언제든 되살아날 수 있는 잠재적 회로라는 뜻이다. 강박행동에서 벗어나지 못하는 강박장애나 외상을 연상시키는 유사 자극에도 지나치게 반응하는 외상후증후군 환자들을 치료하기 위해, 새로운 습관 형성으로 적극 대응하는 이유도 여기에 있다. 이런 치유의 과정은 어쩌면 우리들의 습관을 고치는 방법도 마찬가지일 수 있음을 시사한다. 게임 중독에 빠진 아이를 치료하기 위해서는 다그칠 것이 아니라, 운동이나 클럽활동 같은 새로운 즐거움을 경험하도록 할 필요가 있다.

무엇보다 이 책에서 가장 주목해야 할 부분은 목표지향적인 행동과 습관적인 행동의 상호작용이다. 저자는 습관이 '처음에는 목표지향적인 행동에서 시작하다가 나중에는 목표가 사라지더라도 일련의 행동 양식이 계속 남아 루틴을 형성하는 과정'이라고 설명하는데, 인간의 일반적인 의사결정의 큰 틀에서 습관을 폭넓게 이해하게 해준다. 목표를 추구하고 새로운 행동 양식을 학습하고 기억하는 과정으로서 습관의 형성을 이해한다면, 우리가 습관 신호에 민감하게 반응하는 이유도 알게 되고, 나쁜 습관을 없애기 위한 대책도 준비할 수 있다. 다시 말해, 자제력이나 의지 부족 탓만 할 것이 아니라, 감각, 자극, 상황 자체를 바꾸는 노력이 필요하다는 얘기다. 마시멜로를 뚫어지게 쳐다보며 먹지 않겠다고 다짐하는 어린이들보다, 그 시간에 그림놀이에 빠진 어린이들이 마시멜로 테스트의 15분을 더 잘 참아낼 수 있는 것처럼.

끝으로, 이 책에서 내게 가장 흥미로웠던 대목은 '행동 변화의 과학'이다. 실제로 습관의 실체를 파헤치거나 습관의 힘을 설파하는 책들은 여럿 출간됐지만, 과학적으로 밝혀낸 습관의 신경과학을 나쁜 습관을 고치는 행동 변화에 응용한 책은 별로 없었다는 점에서 이 책의 강점은 제2부에 있다. 그러니까 공중 보건 관점에서 중독과 같은 나쁜 습관을 고치기 위해 어떻게 행동 변화를 유도할지를 정면에서 다룬 장들 말이다. 넛지, 마음챙김, 프레이밍, 광유전자극 같은 기술적 대안까지, 온갖 방법들의 효과를 과학적으로 따져보고, 성과와 한계를 냉정하고 비판적으로 다룬다.

그리고 일상에서 우리가 실천할 수 있는 성공적인 행동 변화의 원칙들을 소개한다. 저자는 행동 변화의 과학을 과장되게 소개하지 않으며, 쉽게 약속하지도 낙관적인 전망을 내놓지도 않는다. 치과의사가 환자 대하듯 우리를 자제력이 없다고 야단치지도 않고, 여느 부모들처럼 자식들에게 훈계하듯 나약해 빠졌다며 다그치지도 않는다. 일상에서 우리가 실천할 수 있는 것들의 가능성을 믿고 희망을 전한다. 이 책을 다 읽고 나면, 독자들은 나의 나쁜 습관을 대면할 용기를 얻게 될 것이다.

습관은 노끈 같은 것이어서, 우리는 매일 그것을 꼬며 살지만 결코 풀 수는 없다. 평생 습관이라는 녀석과 지긋지긋하게 살아가야 한다. 철학자 데이비드 흄이 말한 것처럼, 습관은 삶의 훌륭한 안내자다. 다만, 더 나은 습관을 얻기 위해 날마다 노력해야 한다. 젊었을 때 우리가 얻은 잘못된 습관을 치료할 수 있는 유일한 의사는 '시간'이다. 쉽게 고칠 수 없다는 걸 이제 독자들도 이 책에서 배웠을 것이다. 더 나은 습관을 얻기 위해 앞으로 어떤 시간을 보내야 할지, 이 책이 여러분께 귀한 지침서가 되었기를 기대한다. 여러분들의 인생 새로고침을 따뜻하게 응원한다.

제1부

습관의 기계
: 왜 우리는 습관에서 벗어나지 못하는가

제2부

습관은 바꿀 수 있다
: 행동 변화에 대한 과학적 접근법

제 **1** 부   WHY OUR BRAINS  MAKE HABITS STICK

습관의 기계

: 왜 우리는 습관에서 벗어나지 못하는가?

제1장

습관이란 무엇인가?

잠시 당신의 '모닝 루틴'을 떠올려보길 바란다. 내 루틴은 침실에서 아래층으로 내려가 에스프레소 기계를 켜고 아침 식사(블루베리와 견과류를 넣은 플레인 요거트)를 차린 뒤 노트북을 켜 이메일과 소셜 미디어, 뉴스를 확인하는 것이다. 여기서 가장 놀라운 점이 무엇인지 아는가? 우리가 어떤 행동을 하는지 일일이 생각하지 않고도 전혀 어려움 없이 이 루틴을 따른다는 점이다. '이제 수저를 들고 요거트를 떠서 그릇에 담아야겠다', '이제 냉장고에서 식탁으로 걸음을 옮겨야겠다'와 같은 의식적인 생각을 실제로 하는 경우는 거의 없다.

  습관이라고 하면 사람들은 곧장 흡연, 음주, 과식과 같은 '나쁜 습관' 또는 운동, 양치질 같은 '좋은 습관'을 떠올린다. 하지만 이런 행동들은 그저 우리가 지닌 습관이라는 거대한 빙산에서 눈으로 확인할 수 있는 아주 작은 부분에 불과할 뿐이다. 우리 삶 전체가 습관으로 이루어져 있다고 해도 과언이 아닌데, 그런 이유로 삶에서 습관이 사라진다면 우리는 순식간에 선택 장애에 굴복해 제대로 살 수조차 없을 것이다.

싯다르타 무케르지Siddhartha Mukherjee의 감동적인 저서《모든 질병의 왕, 암의 역사》The Emperor of All Maladies: A Biography of Cancer에서 저자는 암을 우리 신체와 분리된 개념으로 여겨선 안 된다고 말한다. 사실 암은 그 자체로 우리의 생존을 가능케 하는 생물학적 기능을 반영하고 있기 때문이다.

> 우리가 발견한 바에 따르면 암은 우리의 유전체에 깊게 새겨져 있다. (…) 암은 우리의 성장에 따른 결함이지만 이 결함은 우리 안에 이미 자리한 것이다. 암에서 벗어난다는 것은 결국 성장, 노화, 재생력, 치유력, 생식에 관여하는 생리작용을 중단하는 것과 같다.

습관도 이와 같은 맥락에서 생각해볼 필요가 있다. 이제부터 습관이 가진 고착성stickiness 때문에 우리의 행동을 변화시키는 일이 얼마나 어려운지 보게 될 것이다. 하지만 한편으로는 습관의 이러한 특성 덕분에 우리가 이 복잡한 세상을 이토록 효율적으로 헤쳐 나갈 수 있었다는 점 역시 깨닫게 될 것이다.

습관의 작동 원리, 자동성

윌리엄 제임스William James는 미국 최초의 실험 심리학자이다. 동생인 헨리 제임스Henry James는 미국의 가장 위대한 소설가 중 한 명으로 명성을 떨친 반면, 윌리엄 제임스는 인간의 정신에 대해 처음으로 글을 쓴 가장 위대한 사상가 중 한 명이다. 1890년에 출간된《심리학의 원리》Principles of Psychology에서 제임스는 습관이 우리의 일상에 얼마나 필수적인 요소인지를 생생하게 묘사하며 습관의 중요성을 가장 설득력 있게 설명했다고 평가받는 글을 남겼다.[1]

> 모든 교육에서 가장 중요한 점은 우리의 신경계를 적이 아닌 협력자로 삼아야 한다는 것이다. (…) 그러기 위해선 우리에게 도움이 되는 행동을 가능한 많이, 가능한 이른 나이부터 자동적으로 할 수 있도록 만들어야 한다. (…) 습관이 없어 매 순간 결정을 내려야 하는 인간이야말로 가장 비참하다. 이런 사람에게는 담배에 불을 붙이고, 술을 마시고, 매일 취침 시간과 기상 시간을 정하고, 무슨 일이든 시작하는 것 모두 의지력을 발휘해야 하는 숙고의 대상이다. 이런 사람은 완전히 몸에 배어 거의 의식조차 하지 않아야 할 일을 결정하는 데 인생의 절반을 소비한다.

제임스는 '습관'이라는 개념의 핵심을 자동성automaticity, 즉 적절한 상황이 조성될 때 의식적으로 의도하지 않고도 어떤 행동을 자동적으로 행하는 정도로 봤다. 이러한 자동성은 보통 잘못된 행동을 하고 나서야 깨닫게 될 때가 많다. 퇴근 후 평소와 달리 어딘가를 들러야 하지만(이를테면 세탁소) 집에 도착하고 나서야 깜빡했다는 것을 알아차린 경험은 누구나 있을 것이다. 수없이 같은 경로로 차를 몰며 만들어진 무의식적인 습관이 우리의 행동을 이끈 탓이다. 암이 인간의 성장에 필요한 세포 메커니즘의 어두운 면이듯 이런 실수는 평소라면 우리가 안전을 위해 의지하는 습관의 이면이다.

신경계를 '적이 아니라 협력자로' 만들어야 한다는 제임스의 말은 특히나 새로운 기술을 배울 때, 다시 말해 노력을 들이지 않고도 행하는 고도의 기민한 능력(습관의 개념과 상당히 유사하다)을 익힐 때 적용된다. 운전을 하거나 자전거를 타는 일부터 컴퓨터 키보드를 조작하거나 스마트폰 터치패드를 사용하는 일까지 이 세상에 존재하는 사물과의 상호작용은 거의 모두 오랜 시간 동안 쌓아온 숙련된 행동과 연관이 있다.

인간의 가장 특별한 능력 중 하나는 아마도 '읽기'일 테다. 문자 언어가 생긴 지는 이제 겨우 5,000년 정도로 인류의 진화사에 비하면 극히 짧은 시간이다. 거의 모든 인간이 대체로 큰 노력 없이 모국어를 이해하고 말하는 법을 배우는 반면, 읽기는 수년간의 교육과 훈련이 필요한 기술이다. 읽기 능력은 한 번 습득하고 나면 자동화되어 우리가 눈에 보이는 글의 의미를 이해하지 않으려 해도 그럴 수가 없다. 컬러로 인쇄된 단어를 보고 글자의 색상을 가능한 빨리 말해야 하는 실험으로 널리 알려진 '스트룹 효과'Stroop effect가 이러한 읽기의 자동

반사적인 성질을 잘 보여준다. 단어의 의미와 글자의 색상이 일치할 때('빨강'이라는 단어가 빨간색으로 쓰여 있을 때)와 그렇지 않을 때('파랑'이라는 단어가 빨간색으로 쓰여 있을 때) 글자의 색상을 답하는 속도를 비교해보면 단어와 글자의 색이 일치하지 않을 때 답을 말하는 속도가 느려지는 것을 확인할 수 있다. 즉, 어떠한 글이 현재 주어진 일과 무관하거나 심지어 그 일에 전혀 도움이 안 된다 할지라도 우리는 그 글을 읽을 수밖에 없다는 뜻이다. 그 어떤 노력이나 자각 없이 자동적으로 행해진다는 점에서 기술은 습관과 상당히 유사하다고 볼 수 있다. 다음 장에서 보게 되겠지만 습관과 기술의 관계는 이 두 행동을 가능하게 만드는 두뇌의 시스템을 이해하는 데 중요한 역할을 한다.

생각도 습관이다

정신이 작동하는 데 습관이 진정 핵심적인 요소라면 실로 우리의 시선이 닿는 곳 어디에서나 습관을 발견해야 말이 될 것이고, 실제로도 그러하다. 우리에게는 누구나 다수의 루틴, 즉 특정 맥락 안에서 자동적으로 행하는 복합적인 행동 양식이 있다. 이러한 루틴은 보통 일상적으로 행해지는 행동을 가리키지만 드물게 발현되기도 한다. 아침에는 커피를 타고, 정해진 길로 차를 몰아 출근하고, 저녁 식사 전에 상을 차리고, 잠들기 전에 양치를 한다. 물론 각각의 행위는 나름의 목적을 지니지만 실제 행동을 하며 그 목적을 의식적으로 떠올리기는커녕 우리가 그 행동을 한다는 것 자체를 의식하지 못할 때가 더 많다. 의식 없이 행하는 루틴의 이러한 특성은 인간의 행동은 주로 목적과 신념에 의해 좌우된다는 심리학계의 오랜 믿음과 배치된다.[2] 한편, 심리학자인 주디스 오울렛Judith Ouellette과 웬디 우드Wendy Wood의 연구를 통해 루틴 행동의 다수는(특히나 우리가 일상적으로 하는 행동은) 목표나 의도보다 과거에 얼마나 자주 행했는가로(즉, 습관의 힘으로) 이해해야 더욱 타당하다는 점이 밝혀졌다.[3]

루틴은 제임스가 말했던 것처럼 두뇌를 '적이 아니라 협력자로' 만들어주지만, 이 외 다른 습관들은 특정한 신호나 상황에서 무의식적으로 보이는 반응에 가까울 때가 많다. 손톱을 깨물거나 머리카락을 꼬는 등의 행동은 딱히 어떤 목표를 지닌 것이라 보기가 어렵다. 소파에 앉아 영화를 보면서 팝콘을 정신없이 흡입할 때와 같은 경우는 어떤 목표를 위한 행동처럼 보이지만 우리의 의도가 작용한다고 보기는 어렵고, 사실 우리가 의도했던 것보다 훨씬 많은 양을 먹었다는 것을 뒤늦게 알아차릴 때가 많다. 곧 알게 되겠지만, 습관이 목표 또는 의도와 분리되었다는 사실은 습관의 작동 방식에 관한 핵심 개념 중 하나다.

앞서 언급했던 습관은 모두 신체적 행동에 관한 것이었지만 '생각의 습관'도 있다는 점을 짚고 넘어가는 것이 중요하겠다. 결혼한 지 30년이 다 되어가는 우리 부부는 어떤 상황에서 완벽히 똑같은 것을 떠올리거나 이야기를 하다가 서로의 말을 마무리해주는 때가 많다.

수십 년간 함께 경험을 공유해오면서 특정한 상황에서 유사한 일련의 정신적 반응이 생겨난 것이다. 또 다른 경우, 강박 장애를 경험하는 사람이 특정 생각을 머리에서 지울 수 없어 생활에 지장을 겪는 것처럼 생각의 습관은 심각할 정도로 파괴적인 영향을 끼치기도 한다.

마지막으로, 특정한 상황을 마주할 때 보이는 정서적 반응 또한 습관이 된다. 예컨대, 내가 대학원 초기 때 그랬듯이 사람들 앞에서 말을 해야 하는 상황에서 극심한 두려움을 느끼는 이들이 많다. 특정한 상황에서 습관적 행동이 촉발되는 것처럼 공포증을 경험할 때 드러나는 심리적, 신체적 반응은 '정서적 습관'으로 볼 수 있다.

습관과 목적이 있는 행동의 차이점

습관이란 행동부터 생각까지 우리 삶 전반에 걸쳐 일어나는 것임에도 습관에 대한 연구 대다수는 비교적 '단순한 행동'에만 초점을 맞춰왔다. 더 나아가 우리의 관심사는 궁극적으로 습관이 인간에게 어떻게 작용하는가이지만, 내가 논하는 연구 대부분은 인간이 아니라 다른 종, 주로 쥐를 대상으로 행해졌다. 그 이유 중 하나는 필요한 시간과 경험의 양을 고려했을 때 연구실에서 사람에게 새로운 습관을 들이기가 분명 어렵기 때문일 것이다. 반면 연구소에서 지내는 쥐는 매일 몇 시간의 훈련을 받을 수 있다. 또한 과학적으로 관심을 갖는 주제가 약물 사용이나 과식처럼 '나쁜' 습관일 때가 많은데, 연구를

[그림 1.1] 조작적 조건 형성실(일명 스키너의 상자)의 모습
쥐가 먹이를 얻기 위해 구멍에 코를 밀어 넣고 있다.

목적으로 인간에게 나쁜 습관을 심는 행위는 비윤리적이다. 물론 차이가 있다는 점 또한 항상 유념해야 하지만, 다행스럽게도 설치류의 뇌 구조가 인간과 유사해 쥐 연구를 통해 우리가 얻을 수 있는 지식이 많다. 뿐만 아니라 설치류는 다른 성별이 함께 하지 않는 이상 '먹이'라는 비교적 한 가지 대상에만 집중하기 때문에 습관을 연구하기 매우 좋은 대상이다.

설치류 연구의 가장 기본적인 방법은 심리학자 버러스 프레더릭 스키너Burrhus Frederick Skinner가 쥐의 학습 방법을 밝히는 데 사용한 것을 시작으로 널리 대중화된 '스키너의 상자'Skinner Box라는 조작적 조건형성실operant conditioning chamber(그림 1.1)에 쥐를 넣는 것이다. 상자에는 레버를 누르거나 구멍에 코를 밀어 넣는 식으로 쥐가 반응할 수 있는 장치와 함께 먹이가 조금씩 나오는 기계가 설치되어 있다. 레버를 일정 횟수 누르면(또는 일정한 시간 내에 누르면) 먹이가 떨어지도록 설계되었다. 쥐는 먹이를 얻기 위해 레버를 눌러야 한다는 사실을 제법 빨리 배운다. 습관이 어떻게 형성되는지를 분석하는 다수의 연구가 이 방식을 기본 틀로 진행됐다.

가령, 한 연구자가 쥐에게 레버를 누르면 먹이가 나온다는 것을 며칠 동안 훈련시켜 쥐들이 상자 안에 들어가자마자 곧장 레버를 누르기 시작한다고 생각해보자. 그럼 이때 우리는 이 행동이 '습관'인지 어떻게 알 수 있을까? 케임브리지 대학의 심리학자 앤서니 디킨슨Anthony Dickinson이 이 질문에 가장 영향력 있는 답변을 제시했다. 디킨슨은 쥐가 이 행동을 한 번 익히고 난 뒤 레버를 계속 누르는 데는 두 가지 이유가 있다고 설명했다. 하나는 먹이를 얻고자 하는 쥐가 보상이 주어진다는 걸 알고 그 행동을 한다는 것이다. 행동이 목표를 달성하는 데 직접적으로 연관되어 있기 때문에 디킨슨은 이를 '목표 지향적'goal-directed 행동이라고 불렀다. 다른 이유는 딱히 목표가 없더라도 스키너 박스에서 이렇게 행동해야 한다고 학습했기 때문에 레버를 눌렀다는 것이다. 디킨슨이 '자극-반응'stimulus-response, 또는 '습관적 행동'이라고 부르는 유형이다. 이 두 가지 차이를 바탕으로 디킨슨은 쥐가 목표를 갖고 레버를 누르는지 알아낼 한 가지 영리한 방법을 떠올렸다. 목표의 가치를 없앤 뒤 쥐가 해당 행동을 계속하는지 지켜보는 것이다. 예컨대, 쥐가 사료 알갱이를 보상으로 받는다고 생각해보자. 스키너 박스에 넣기 전 쥐에게 충분한 사료를 제공해 먹이에 싫증을 느끼게 만드는 방식으로 보상의 가치를 낮출 수 있다. 먹이를 양껏 먹어 배부른 쥐가 더는 레버를 누르지 않는다면 이 행위가 목표에서 비롯된 것임을 확인할 수 있다. 반대로 더는 사료를 원치 않는 상태에서도 레버를 계속 누른다면 이는 습관이라고 확신할 수 있다. 디킨슨이 아무런 목표 없이 특정한 자극(이 경우에는 레버의 존재)에 의해 촉발됐다고 말하는 행동이다.

디킨슨의 연구진은 훈련 초기 단계의 쥐들이 목표 지향적으로 행동하는 현상을 발견했다. 보상의 가치가 떨어지자 더 이상 레버를 더 누르지 않았던 것이다. 그러나 훈련이 계속되자 쥐들의 행동은 습관적으로 변해 보상을 원치 않을 때에도 계속 레버를 눌렀다. 초기 목표 지향적 통제에 의존하던 성향이 습관적 통제에 의존하는 성향으로 변화하는 패턴은 앞으로 습관에 대해 우리가 행한 연구에서 반복적으로 확인하게 될 사실이다.[4]

정리하자면 습관은 우선 두 가지 면에서 의도적인 목표 지향적 행동과 차이가 있다. 첫째, 적절한 자극이 등장할 때마다 자동적으로 촉발된다는 점이다. 둘째, 한번 촉발되고 나면 특정한 목표와 관계없이 행동으로 이어진다는 점이다. 당신이 없애고자 하는 나쁜 습관이 있거나 혹은 만들고 싶은 좋은 습관이 있다면 바로 이러한 습관의 형성 원리와 작동 방식에 대해 먼저 이해해야 한다. 그렇다면 다음으로 던져야 하는 질문은 우리의 두뇌가 이렇듯 습관의 기계로 진화한 이유가 무엇인가 하는 것이다.

습관은 왜 우리 몸에 각인되는가?

잊고 살기 쉽지만 우리가 사는 이 세계는 사실 여러 면에서 대단히 안정적이다. 물리 법칙은 항상 똑같이 유지되고, 세상의 체계 또한 대체로 한결같다. 친구들이 어느 날 갑자기 당신에게 새로운 언어를 사용하는 일은 없을 것이고, 자동차의 바퀴도 매일 같은 방식으로 작동한다. 한편, 그날그날에 따라 주차하는 위치가 달라지거나 날씨의 변화에 따라 옷을 다르게 입는 등 매일 달라지는 측면도 있다. 또 다른 경우, 우리가 사는 지역에서는 동일하게 유지되나 다른 환경에서는 달라지는 요소도 있다. 예컨대, 내가 미국에서 차를 몰 때는 우측통행을 해야 하지만 영국으로 여행을 갔다면 좌측통행을 하는 식이다.

  이에 따라 우리의 두뇌는 곤란한 딜레마에 빠지곤 한다. 항상 일정한 일에 대해서는 두뇌가 자동화되어 굳이 이를 생각하고 행할 필요가 없기를 바란다. 나 역시 미국에서 운전대를 잡을 때마다 '도로의 우측 차선을 지켜야 해'라고 내내 의식하고 싶지는 않다. 내가 사는 지역에서는 변하지 않는 사항이기 때문이다. 그러나 한편으로는 무언가 달라졌을 때 두뇌가 이 변화를 기억하길 바란다. 출근할 때 다니는 길 한 곳이 공사로 막혔다면 이 사실을 기억해야만 막힌 길로 들어서는 일을 피할 수 있다. 여기서 문제가 되는 부분은 우리의 두뇌는 무엇이 안정적이고 무엇이 변하는지 지시를 받지 못한다는 점이다. 두뇌도 이를 학습해야만 하는데, 우리의 행동이 지나치게 빨리 변화하지 않도록 두뇌가 단속한다는 데서 문제가 발생한다. 가령 내가 영국에서 휴가를 보내며 하루 운전을 했다면 좌측통행으로 두뇌의 신경회로를 변경한 채 미국으로 돌아오고 싶지는 않을 것이다. 컴퓨터 신경 과학자인 스티븐 그로스버그Stephen Grossberg는 이 난제를 설명하기 위해 '안정성과 유연성 간의 딜레마'stability-plasticity dilemma라는 용어를 만들었다. 이미 갖고 있는 지식을 전부 잊지 않으면서도 적당한 때에 맞춰 행동을 변화시켜야 한다는 것을 두뇌가 어떻게 판단할 수 있을까?

제3장에서 두뇌의 안정성과 유연성 간의 딜레마를 해소하는 데 습관이 핵심적인 역할을 하고, 이 현상이 두뇌의 고착성과 어떠한 연관이 있는지 심도 있게 다룰 예정이다. 이 딜레마를 해소하기 위해 진화가 채택한 기본 전략은 서로 다른 종류의 학습을 지원하는 여러 개의 '시스템'을 두뇌에 형성하는 것이다. 심리학자인 데이비드 셰리David Sherry와 대니얼 색터Daniel Schacter는 '기능적으로 양립할 수 없는', 다시 말해 하나의 시스템으로는 해결할 수 없는 문제를 해결하기 위해 우리의 뇌가 분리된 시스템으로 진화했다고 설명했다. 두뇌의 습관 시스템habit system은 이 세상의 안정적인(즉, 변치 않는) 일들을 학습하기 위해 진화한 반면, 서술 기억 시스템declarative memory system으로 알려진 또 다른 기억 시스템은 매 순간 변화하는 일들을 학습하도록 진화했다. 습관 시스템을 통해 우리는 자동차 페달 기능을 익히고(변치 않는 일), 서술 기억 시스템을 통해 오늘은 차를 어디에 주차했는지 위치를 떠올릴 수 있다(매일 달라지는 일). 앞으로 두 장에 걸쳐 이 두 시스템이 두뇌에서 어떻게 작동하고 서로 어떻게 연결됐는지를 깊이 있게 설명

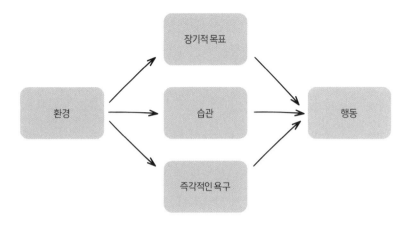

[그림 1.2] 선택에 관여하는 다양한 요인들

할 예정이다.

우리의 행동을 유도하는 다양한 요인을 설명하는 데 이 책의 대부분을 할애할 예정인 만큼, 우선 우리가 어떻게 행동하는지를 이해하는 프레임워크를 정립하는 것이 필요하겠다. 그림 1.2는 이 책의 구성을 도식화한 그림이다.

우리가 하는 모든 행동은 환경의 영향을 받고, 환경은 우리가 할 수 있는 일과 해서는 안 되는 일의 선택지를 모두 제공하는 동시에 우리의 욕구와 습관을 촉발하는 자극제를 선사한다. 제8장에서 보게 되겠지만 행동을 변화시키는 가장 효과적인 방법은 환경을 바꾸는 것이다. 우리가 무언가를 선택하고자 할 때 몇 가지 요인이 우리의 결정에 영향을 미친다. 첫째는 '미래에 무엇을 하고 싶은가?' 같은 장기적인 목표다. 둘째는 즉각적인 욕구다. 장기적 목표와 부합하느냐와 상관없이 지금 당장 하고 싶은 무언가가 있다. 마지막으로 습관이 있다. 경험을 통해 학습한 행동이자 '아무런 생각 없이 자동적으로 행하는' 행동이다.

좀 더 구체적으로 설명해보자. 차를 몰고 동료의 집에서 열리는 파티에 도착했더니 동료가 내게 칵테일을 건넸다. 칵테일을 좋아하는 나의 즉각적인 욕구는 '고마워요. 한잔하면 좋겠군요'라고 대답하는 것이다. 그러나 나에게는 음주운전을 하지 않겠다는 장기적 목표(그래서 사고를 내지 않고 범법자가 되지도 않겠다는 더욱 큰 장기적 목표)가 있기에 칵테일을 거절하고 목표에 부합하는 무언가를, 가령 물 한 잔을 대신 마실 것이다. 한편, 그간의 경험을 바탕으로 파티에서 칵테일을 마시는 습관이 생겼고, 이로 인해 내 장기적 목표에도 불구하고 어느샌가 칵테일을 손에 들고 있을 수도 있다. 앞으로 보게 되겠지만 우리의 선택에 관여하는 이러한 서로 다른 요소들은 행동을 더욱 효과적으로 바꾸기 위해 어떻게 해야 하는지를 이해하는 데 중요한 역할을 한다.

습관과 행동 변화를 위한 로드맵

이 책은 크게 두 파트로 나뉜다. 제1부 '습관의 기계'는 과학자들이 말하는 '습관'이란 정확히 무슨 의미이고 두뇌의 어느 부분에서 습관이 탄생하는가를 다룬다. 과학자들마다 습관을 정의하는 방식이 다르지만 대다수가 동의하는 몇 가지 기본적인 특성이 있다. 첫째로 습관은 특정 자극제나 상황에 의해 자동적으로 촉발되는 행동 또는 생각이라는 점이다. 여기에는 그 어떤 의식적인 의도가 관여하지 않는다. 둘째로 습관은 특정한 목표와도 관련되어 있지 않다. 단순히 촉발제 때문에 시작되는 것이 습관이다. 이 사실이 중요한 이유는, 습관을 불러오는 보상이 더는 주어지지 않는다 해도 그 행동(혹은 생각)이 계속 지속된다는 의미이기 때문이다. 셋째로, 습관은 끈질기다. 아무리 참아보려 노력해도 습관은 다시 되살아나고 우리가 가장 나약한 순간에 이런 일이 벌어질 때가 많다.

다음 장에서는 습관의 근간을 이루는 두뇌 시스템에 대해 설명하고, 이 두뇌 시스템이 다른 유형의 학습 및 기억과 어떤 관계가 있는지 다룰 예정이다. 먼저 습관을 익히는 두뇌 시스템과 과거의 의식적인 기억을 형성하는 데 도움을 주는 시스템이 완전히 다르다는 점부터 살펴보겠다. 당신이 어떻게 생각하느냐에 따라 습관의 영웅이기도 하고 빌런이기도 한 신경화학물질인 도파민과도 처음 대면하게 될 것이다. 특히 보상으로 이어지는 행동을 강화해 결과적으로 습관 발달의 기틀을 마련하는 데 도파민이 중요한 역할을 한다는 것을 알게 될 것이다.

제3장에서는 습관이 왜 이토록 끈질긴지를 밝히는 연구를 다룬다. 이 장에서 습관이 집요해지는 데 기여하는 다양한 요인을 보게 될 것이다. 한편으로 습관은 시간이 갈수록 점점 더 하나로 결합하는 모습을 보인다. 우리의 의식적인 주의력과 노력을 요했던 일련의 행동들은 약간의 생각 또는 의도만 있으면 가능한 하나의 행동으로 결합

한다. 다른 한편으로는 이러한 습관을 유발하는 요인들은 점점 더 강력해지고 우리의 주의력을 더욱 많이 앗아간다. 이 두 가지 메커니즘 때문에 바꾸기 정말 어려운 행동이 탄생하는 것이다.

제4장에서는 두뇌 속 서로 다른 기억 시스템이 각각 어떻게 작용해 우리의 행동을 현명한 방향으로 이끄는지를 논의한다. 두뇌 속 서로 다른 학습 시스템 간의 경쟁으로 우리의 행동이 발현된다는 사실을 알게 될 것이다. 또한 새로운 습관을 배우기 위한 두뇌의 계산을 설명하는 이론 가운데 가장 널리 인정받는 이론 중 하나인 강화 학습reinforcement learning에 대해서도 살펴보겠다. 서로 다른 두 가지 강화 학습에 따라 습관이 가동되기도 하고 계획적인(목표 지향적인) 행동이 발현되기도 한다는 것을 알게 될 것이다.

습관에 대해 그리고 왜 이렇게 습관을 고치기가 어려운지에 대해서라면 많은 이들이 곧장 자제력self-control과 의지력willpower 개념부터 떠올리는데, 이에 대해서는 제5장에서 살펴보겠다. 제5장에서는 두뇌의 전전두피질prefrontal cortex을 중심으로 이야기가 전개된다. 전전두피질은 눈앞의 유혹을 이겨내고 장기적 목표에 어울리는 행동을 하게 도와주는 핵심 역할을 한다. 실제로 자제력에는 다양한 측면이 있는데, 각각의 측면은 두뇌 속 서로 다른 시스템에 의존한다. 더불어 의지력이 우리의 기대와 상당히 다른 역할을 한다는 점도 설명할 예정이다.

습관의 가장 심각하고도 비극적인 영향력을 확인할 수 있는 중독은 제6장에서 다룬다. 도파민이 습관 형성에 핵심적인 역할을 하는 만큼 모든 종류의 중독 약물이 도파민을 비정상적으로 과도하게 활성화시키는 것은 결코 우연이 아니다. 약물을 넘어서 음식이나 디지털 기기에 중독되는 과정에 대해서도 논의할 예정이다. 또한 똑같이 약물을 사용해도 대부분의 사람들은 중독되지 않는데 왜 어떤 사람들은 중독에 빠지는가처럼 흥미로운 질문에 실마리를 주는 최신 신경과학 연구도 소개할 것이다. 이 연구들은 생물학적 운biological luck of the draw에 정답이 있다고 제안한다.

제2부 '습관은 바꿀 수 있다'에서는 행동을 가장 효과적으로 변화시키는 방법에 대해 과학은 어떤 이야기를 하고 있는지를 중점적으로 다룬다. 여기서 습관의 강력함 혹은 끈질김을 다시 한 번 깨닫게 될 것이다. 제7장에서는 공중 보건 문제와 관련하여 행동을 변화시키는 일이 얼마나 중요한지, 그러나 그것이 또 얼마나 힘든 일인지에 대해서 설명한다. 행동 변화에 대한 이전 연구가 지닌 결점을 설명하고 행동 변화를 지원하는 기본 메커니즘에 초점을 맞추어 기존의 연구 방식을 변화시킬 새로운 접근법을 소개한다.

행동을 변화시키는 데 도움을 준다는 수많은 전략이 있는데 제8장에서는 이 다양한 접근법의 유효성에 대해 검토한다. 몇몇 전략은 과학적 근거가 있지만 대다수는 그 효과를 입증하기에 과학적 근거가 부족한 것이 사실이다. 제9장에서는 신경과학 연구를 바탕으로 미래에 가능할지도 모를 '개입 전략'에 대해 살펴본다. 이 중 그 무엇도, 그 어떤 규모로도 시행된 적이 없지만 몇몇 전략은 미래의 가능성을 충분히 보여주고 있다. 마치는 글에서는 지금까지의 이야기를 마무리하며 행동을 변화시키는 우리의 능력이 향상될 가능성에 대해, 특히나 코로나19 팬데믹과 기후위기와 같은 중대한 문제의 맥락에서 과학은 이를 어떻게 바라보고 있는지 종합적인 의견을 전한다.

본격적인 시작에 앞서 경고할 것이 있다. 나는 나쁜 습관에서 벗어나는 '쉬운 수법' 같은 것은 알려줄 수 없다. 사실 당신이 그간 다른 여러 책에서 읽었던 습관을 위한 마법 같은 해결책들 중 다수는 진짜 과학의 눈으로 보면 신기루 같은 것들이다. 다만 이것 하나만은 약속할 수 있다. 이 책을 다 읽은 후에는 왜 그토록 습관이 끈질긴지, 습관을 고치는 일이 왜 그토록 힘든지에 대해 깊이 이해하게 될 것이다. 그리고 그러한 이해를 바탕으로 했을 때, 당신의 행동을 성공적으로 변화시키는 방법에 대한 과학적으로 입증된 아이디어를 얻어갈 수 있을 것이다.

제2장

두뇌의 습관 시스템 이해하기

우리의 모든 생각과 행동은 젤리같이 생긴 뇌 조직 안에서 일어나는 정신없는 전기적 활동의 불협화음에서 비롯된다. 우리의 생각과 행동이 아주 자연스럽고 매끄럽게 발현된다고 느껴지기에 대부분의 사람들은 이 같은 사실을 잘 받아들이지 못한다. 그러나 이게 사실이다. 두뇌의 복잡성은 충격을 넘어서는 정도이고, 그런 이유로 수많은 신경 과학자들이 두뇌가 어떻게 작용하는지를 완전히 이해하기란 불가능할 것이라는 사실에 숨죽여 절망하곤 한다.

그럼에도 두뇌의 세포가 정보를 어떻게 처리하는지를 시작으로 기초적인 지식은 제법 많이 알아낸 상태다. 인간의 두뇌는 수백억 개의 뉴런(신경세포 — 옮긴이)으로 이루어져 있고 뉴런은 교세포glia 라고 알려진 다른 많은 지원 세포들의 도움을 받아 정보를 처리하는 핵심 세포다. 뉴런은 한쪽 끝에서 다른 쪽 끝까지 전기 신호를 보낸 뒤 화학적 신호를 방출해 인접한 뉴런들의 전기적 활동에 영향을 준다. 신경세포체에서 보낸 신호는 선처럼 뻗어 있는 축삭돌기axon를 타고 끝으로 전달되는데, 이때 신호는 축삭돌기에서 신경전달물질neurotransmitters이라고 하는 화학물질의 분비를 유발한다. 우리가 하는 모든 일은 이러한 전기적, 화학적 신호의 조합과 더불어 뉴런과 뉴런의 연결에 따른 두뇌 아키텍처의 결과라고 할 수 있다.

이를테면 창밖의 새를 보는 우리 집 고양이 코코의 뇌 속에서 어떤 일이 벌어지는지 따라가 보자. 새에 반사된 빛이 코코 눈의 망막을 자극한다. 망막에는 빛을 감지하는 특수 뉴런이 있다. 광자가 세포의 표면(세포막cell membrane)에 위치한 특수 수용체 분자에 이를 때 세포의 전기적 특성이 달라지는 과정을 통해 뉴런은 빛에서 나온 에너지를 전기적 신호로 바꾼다. 활동전위action potential라고 하는 이러한 전기적 신호는 뉴런을 타고 내려간다. 이 빛을 감지하는 뉴런은 망막 내 다른 뉴런들과 연결되고, 활동전위가 방출하는 화학적 신호에 따라 연결 고리 내에 있는 다음 뉴런이 활성화되기도 하고 비활성화되기도 한다. 이 신호들이 눈에 겹겹이 쌓인 뉴런에 전달되고 신경(많은 축삭돌기로 이루어진 케이블)을 통해 뇌로 이동한다. 신호는 가장 먼저 두뇌 속 깊은 곳에 파묻혀 있는 시상thalamus에 도착하는데, 시상은 두뇌로 들어오는 거의 모든 신호들이 거치는 일종의 배전판이라고 할 수 있다. 시상에서 신호는 두뇌의 겉면을 감싸고 있는 대뇌피질cerebral cortex로 이동한다. 대뇌피질은 두뇌 속에서 고급 정보 처리를 담당하는 영역이다. 대뇌피질의 각기 다른 영역에서 각기 다른 정보를 받아들인다. 우리 집 고양이 코코의 경우를 들자면, 시각적 정보는 시각피질visual cortex이라고 알려진 두뇌의 뒷부분을 거쳐 순차적으로 두뇌의 앞쪽으로 이동한다. 각 단계를 거치며 정보 처리가 조금씩 복잡해진다. 시상에서 인풋을 전달받는 시각피질 영역에서 뉴런들은 각각 시각적 세계를 구성하는 일부의 신호에만 민감하게 반응해 외관 형태나 선과 같이 비교적 단순한 특성만을 감지한다. 이러한 초기 영역들이 두뇌 앞쪽의 영역들로 신호를 보내는데, 이곳에서는 패턴이나 대상 전체처럼 인풋의 복잡한 특성에 민감하게 반응한다. 어느 시점엔가 이런 신호를 통해 코코는 새라는 시각적 자극의 패턴을 인식하고, 여기서 발생한 신호가 감정에 관여하는 두뇌의 영역에 전달되어 신경화학물질을 분비시킨다. 그리고 이 화학물질은 코코에게 굉장한 흥분과 동요를 일으킨다. 이 중 어떤 신호들은 운동피질motor cortex의 활동을 유도해 코코는 문을 향해 달려가며 굉장히 이상한 소리를 내게 된다.

앞으로 이 책 전반에 걸쳐 두뇌의 기능이 우리의 사고와 행동을 유발하는 다양한 측면에 대해 자세히 설명할 예정이다. 이러한 세부적인 내용 대부분이 습관이 어떻게 형성되고 또 왜 지속되는지를 이해하는 데 필수적이기 때문이다.

습관의 놀라운 특징 중 하나는 과거에 대한 우리의 의식적인 기억과 완벽하게 분리된다는 점이다. 습관을 실행하는 순간도 그리고 그 습관에 대한 회상도 의식적인 기억과 동떨어져 있다. 집을 나설 때 문을 잠그는 습관에 대해 생각해보자. 문을 잠그는 법을 익히고 나면 문을 어떻게 잠가야 하는지 떠올리거나, 과거 문을 잠갔을 때를 기억해내려고 애쓰지 않는다. 습관이 으레 그렇듯 '별생각 없이' 문을 잠근다. 문을 잠그기 위해 어느 쪽으로 열쇠를 돌려야 하는지 내가 물으면 당신은 머릿속으로 그려보고는 오른쪽으로 돌려야 한다고 말하겠지만 실제로 문을 잠글 때는 '이제 열쇠를 오른쪽으로 돌려야지' 하고 대놓고 생각하지는 않는다. 이와 대조적으로 집을 나선 후 '앗, 내가 문을 잠갔던가?' 했던 적이 몇 번이나 있지 않은가? 외출할 때 문을 잠근다는 습관의 시스템은 대체로 신뢰할 수 있지만 그 경험에 대한 '기억'은 사실상 거의 남지 않는다.

이러한 습관과 의식적 기억의 차이는 특히나 뇌 손상으로 기억을 잃은 사람들에게서 두드러지게 나타난다. 프랑스의 신경과 전문의인 에두아르 클라파레드Éduard Claparéde가 보여준 유명한 사례가 있다. 그는 기억 장애를 앓고 있는 환자 한 명과 악수를 나누며 손에 감춰둔 작은 핀으로 환자의 손을 찔렀다. 몇 분 후 환자는 핀에 찔렸다는 사실을 기억하지 못했음에도 의사가 손을 내밀자 손을 뻗기를 주저했다. 의사가 왜 손을 뒤로 물렸는지 묻자 그녀는 이렇게 답했다. "사람들이 손에 핀을 숨길 때가 종종 있거든요." 클라파레드의 환자는 특정 사건을 의식적으로 기억하지는 못해도 핀에 찔렸던 경험에 대한 기록은 분명 유지하고 있었다. 이런 식의 일화들을 기반으로 1960년대부터 시작된 신경과학 연구를 통해 오늘날 두뇌 속에 '다중 기억 시스템'이 있다는 개념이 정립되었다. 다중 기억 시스템 간의 핵심적인 차이는 오늘 아침 어디에 주차를 했는지 떠올리듯이 '과거의 사건을 의식적으로 기억하게 해주는 시스템'과 습관이나 운전 기술처럼 '과거의 일을 의식적으로 떠올리는 것과 무관한 다른 유형의 기억'에 있다.

기억상실증 환자도 새로운 지식을 배울 수 있을까?

과거의 일을 의식적으로 회상하는 일은 정확히 서술 기억 시스템 즉, 내측 측두엽medial temporal lobe이라 불리는 해마와 해마를 감싸고 있는 대뇌피질 영역을 포함한 측두엽 내부 깊은 영역에서 벌어진다(그림 2.1 참고). 이 영역에 손상을 입으면 기억상실은 물론 새로운 기억을 만들어내는 것 또한 불가능해진다. 이러한 기억 장애가 꼭 해마에 대단한 충격이 가해져 생기지는 않는다. 기억을 연구하는 래리 스콰이어Larry Squire와 그의 동료들은 R. B라는 이니셜로 알려진 한 남성의 두뇌를 연구하며 이 같은 사실을 밝혀냈다.

  R. B는 심장 질환으로 일시적으로 두뇌에 산소 공급이 차단되는 사고를 몇 차례 겪은 후 심각한 기억 장애가 생겼다. 생전에 그의 기

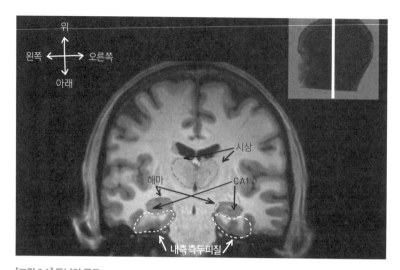

[그림 2.1] 두뇌의 구조

이 MRI 스캔은 내 두뇌 속 서술 기억 시스템의 구조를 보여주는 이미지로, 해마와 내측 측두피질, 시상의 상대적 위치를 확인할 수 있다. 우측 상단의 사진은 내 두뇌 단면의 대략적인 위치로, 귀 바로 앞부분인 것을 확인할 수 있다.

억력을 다양한 방법으로 검사했던 스콰이어와 동료들은 그가 기억의 여러 면에서 문제를 앓고 있다는 것을 발견했다. R. B의 지능은 조금도 손상받지 않았고 IQ 111이라는 평균을 상회하는 수준을 보였다. 그러나 새로운 내용을 기억하는 그의 능력은 심각하게 손상됐다. 이를테면 산문 한 문단을 보고 난 직후에는 이야기의 세부적인 내용까지 되뇔 수 있었지만 20분이 지난 후에는 내용을 거의 기억하지 못했다. R. B는 자신의 기억에 문제가 있다는 사실을 뚜렷하게 인지하고 있었고, 이에 대해 스콰이어와 동료들은 다음과 같이 기록했다.

"그는 아내에게 방금 있었던 일을 계속해서 알려달라고 부탁해야 한다고 설명했고, 자녀들과 통화를 하고 하루가 지나면 통화 내용을 전혀 기억하지 못한다고 말했다."[1]

R. B가 두뇌를 과학 연구용으로 기증한 덕분에 스콰이어와 동료들은 사후에 그의 두뇌가 어떻게 손상됐는지 자세하게 살펴볼 수 있었다. 그의 두뇌는 전체적으로 건강해 보였지만 현미경으로 들여다보자 'CA1'이라고 하는 해마의 특정 영역이 손상되어 있었다. 두뇌 속이 작은 영역에는 1,600만 개의 뉴런이 있는데, 이것이 대단히 많은 숫자처럼 보이겠지만 사실 1,000억 개에 달하는 두뇌 전체의 뉴런에 비하면 극히 작은 일부일 뿐이다. 그럼에도 이 소수의 뉴런이 아주 약간 훼손된 것만으로 R. B는 지속적이고도 심각한 기억 장애를 안고 살아야 했다.

1960년대부터 시작된 연구로 밝혀진 사실은 해마의 손상이 과거 일을 떠올리는 데 심각한 문제를 불러오는 반면 다른 형태의 학습은 거의 완전한 수준으로 유지된다는 것이다. 이러한 사실을 최초로 발견한 인물들 중 하나는 H. M이라는 이니셜로 더욱 잘 알려진 남성, 헨리 몰레이슨을 연구한 브렌다 밀너Brenda Milner와 수잰 코킨Suzanne Corkin이다. H. M은 당시 그 어떤 약물에도 반응을 보이지 않았던 중증의 간질 증상을 치료하기 위해 수술을 받은 후 기억상실에 걸렸다. 당시 집도의는 H. M 두뇌의 내측 측두엽 대부분을 제거했고, 그 결과 간질 증상은 크게 호전되었으나 수술 이전에 있었던 다년간의 일을 기억하지 못하는 것은 물론 이후 새로운 기억을 형성하는 능력도 심하게 떨어졌다. 이와 동시에, 코킨과 그녀의 동료들이 H. M과 상호작용한 경험을 보면 다른 것들을 학습하는 능력은 놀라울 정도로 멀쩡했다. 코킨은 저서 《영원한 현재 HM》에서 1986년 H. M이 고관절 치환술 후 보행보조기를 사용하는 모습을 설명하며 그가 새로운 운동 기능을 습득할 수 있었다고 적었다. H. M은 보조기가 필요한 이유에 대해서는 기억해낼 수 없었지만(그는 단순히 '그래야 넘어지지 않으니까'라고 답했다) 연습을 한 후에는 보행기를 정확히 사용할 수 있었다. 1950년대와 1960년대에 걸쳐 진행한 일련의 연구를 통해 밀너와 코킨은 H. M의 학습 능력을 광범위하게 조사했다. 두 사람은 그가 과거를 의식적으로 기억하지는 못하지만 다수의 운동 능력을 잘 학습했고, 오랜 시간이 지난 후까지도 그 능력이 유지된다는 것을 발견했다.

H. M을 대상으로 한 초기 연구들이 기틀을 마련한 덕분에 그로부터 몇십 년 후, 기억상실을 앓는 사람들에게서 멀쩡하게 보존되는 학습 능력을 한층 깊게 파고드는 연구가 가능해졌다. 이 연구로 밝혀진 가장 중대한 발견 중 하나는 바로 기억상실을 경험하는 환자들이라도 새로운 운동 기술뿐 아니라 새로운 지각 및 인지 기술 또한 배울 수 있다는 것이다. 훗날 나의 박사 과정 당시 멘토가 되어준 닐 코헨Neal Cohen이 샌디에이고에 위치한 캘리포니아 대학에서 래리 스콰이어와 함께 행했던 초기 연구는 굉장히 설득력 있는 입증 자료를 제공해주었다. 이 역사적인 연구에서 두 사람은 거울에 반사된 것처럼 좌우 반전된 단어를 읽는 법을 학습하는 개인의 능력을 검사했다(그림 2.2 참고).[2] 이 실험은 캐나다의 심리학자 폴 콜러스Paul Kolers가 1970년대에 행한 것으로, 사람들이 훈련을 통해 좌우 반전된 글자를 점차 더욱 빠르고 정확하게 읽을 수 있으며 한 번 이 기술을 익히면 그 능

capricious bedraggle plaintiff

[그림 2.2] 좌우 반전된 글자의 예시

력이 최소 1년간 지속된다는 것이 드러났다.

코헨과 스콰이어는 참가자들에게 익숙하지 않은 단어 세 개를 좌우 반전시켜 보여주고 이 단어를 읽기까지 얼마나 시간이 걸리는지 측정했다. 두 사람은 각기 다른 이유로 기억상실에 걸린 사람들을 세 집단으로 분류해 검사를 진행했고, 이 중 한 집단은 스콰이어와 동료들이 훗날 논문에서 밝혔듯, 꽤나 섬뜩한 이유로 기억상실에 걸린 이들이었다.[3] 이니셜 N. A로 알려진 한 환자는 미 공군 소속으로 근무할 당시 미니어처 펜싱 검이 콧구멍을 지나 뇌까지 찌르는 사고를 당했다. 그의 MRI 사진에서 펜싱 검이 시상을 손상시켰다는 점이 확인되었다. 시상은 해마와 밀접하게 연결되어 있어 아마도 기억에 중요한 역할을 할 것이었다. 코헨과 스콰이어가 실험한 또 다른 집단은 코르사코프 증후군을 앓고 있는 사람들로, 이 증후군은 만성적인 알코올 중독자들에게서 티아민(비타민 B_1)의 결핍으로 나타나는 뇌 기능 장애다. 마지막으로 연구진은 만성 우울증으로 전기 충격 요법을 받는 사람들을 검사했다. 해당 요법은 치료 이후에 일정 기간 기억상실을 초래한다.

코헨과 스콰이어는 먼저 참가자들이 정말 기억상실을 앓고 있는지부터 확인해야 했다. 두 사람은 참가자 각각에게 단어 열 쌍을 보여준 후 첫 번째 단어를 제시하며 이와 짝을 이뤘던 단어가 무엇인지

물었다. 열 쌍의 단어를 총 세 번 제시한 뒤 건강한 사람은 평균 여덟 쌍에서 아홉 쌍을 기억해낼 수 있었다.

이와 대조적으로 기억상실증을 앓고 있는 사람들은 열 쌍 가운데 고작 두 쌍 정도만 맞추어 과거 일을 의식적으로 기억하는 능력이 건강한 통제 집단에 비해 현저히 손상됐음을 보여주었다. 좌우 반전 단어를 읽는 기술을 테스트하기 위해 코헨과 스콰이어는 참가자들에게 사흘간의 연습 시간을 주었다. 이들은 또한 3개월 후 이 기술이 얼마나 잘 유지되고 있는지도 확인했다. 그 결과 기억상실증 환자들은 좌우 반전된 글자를 읽는 법을 익히는 데 아무런 문제가 없었고, 건강한 통제 집단과 비슷한 수준으로 읽는 속도가 점차 향상되기도 했다.

3개월 후 다시 테스트를 하자 환자들은 지난번에 중단된 시점부터 그대로 이어가는 모습을 보이며 기술이 조금도 떨어지지 않았고, 도리어 실력이 계속 향상되고 있음을 보여주었다. 이 결과는 기억상실에도 불구하고 개인이 얼마나 학습할 수 있는지를 입증하는 굉장한 사례이자, 해마 및 이에 관련한 두뇌 체계가 새로운 기술을 배우는 데는 전혀 필요하지 않다는 사실을 드러내는 강력한 증거가 되었다. 하지만 여전히 의문점은 해소되지 않는다. 해마가 아니라면, 도대체 두뇌의 어떤 시스템이 습관과 기술을 익히는 데 필수적인 역할을 하는 것일까?

도마뱀의 뇌를 들여다보다

인터넷을 검색해보면 '도마뱀 뇌'가 인간이 겪는 거의 모든 고질적 문제의 원인처럼 보인다. 인터넷을 찾아보면 다음과 같은 문장들을 흔히 볼 수 있다.

- 2억 년 된 도마뱀 뇌가 당신을 가로막고 있다.
- 도마뱀 뇌의 말을 듣지 말아라.
- 도마뱀 뇌를 통제하는 방법
- 도마뱀 뇌를 조용히 시키기

습관적 행동이 파충류의 뇌에서 진화한 흔적이라는 개념은 신경과학자인 폴 맥린Paul MacLean에 의해 대중화됐다. 그는 1960년대부터 1990년대까지 수십 년간 미 국립 정신건강 연구소에 직접 조성해놓은 자연환경과 유사한 환경의 연구실에서 도마뱀의 두뇌와 행동을 연구했다. 맥린은 2억 년 전 파충류의 뇌가 포유류의 뇌로 진화한 과정에 관심이 많았다. 도마뱀과 유사하게 생긴 수궁류에서 포유류가 진화했으나 현재 생존종이 없는 탓에 맥린은 가장 가까운 동족인 도마뱀을 연구했다. 그가 블루 스파이니 도마뱀의 일상을 묘사한 글은 도마뱀의 행동이 얼마나 습관적이고 또 기이하게도 인간인 우리와 닮았는지에 대해 설명하고 있다.

아침이 되면 블루 스파이니 도마뱀은 금방이라도 포식자가 덮치기라도 할 듯이 느리고도 조심스럽게 은신처에서 나온다. 도마뱀은 볕을 쬐기 가장 좋은 장소로 가서 인공 태양 광선에서 나오는 열을 최대치로 흡수할 수 있는 자세를 취한다. 몸이 최적 온도에 가깝게 덥혀지고 나면 일광욕 장소에서 가까운 곳, 늘 하던 자리에서 배설강을 비운다. 다시 말해, 포유류 대다수와 마찬가지로 도마뱀 또한 배변 구역이 있다. (…) 배변 후 자기가 좋아하는 높은 장소로 다가가는 블루 스파이니 도마뱀은 물을 마시기 위해 잠시 가던 길을 멈추기도 한다. (…) 높은 곳에 자리를 잡은 후에는 잠시 도마뱀 특유의 몸짓을 보인 후 앉아서 기다리는 자세를 취하고는 움직이는 먹이가 없는지 주변을 살핀다. 물고기를 낚아채려고 기다리는 어부의 모습과 그리 다르지 않다. (…) 꼼짝없이 앉아서 기다리는 먹이 시간이 끝난 후에는 오후의 비활동 시간이 찾아온다. 하루가 저물어가면 암컷들은 은신처 내 자신이 정해놓은(편애하는) 장소로 돌아가기 시작한다. 눈을 감고 머리를 작은 틈에 밀어 넣은 채로 서서히 잠을 잘 준비를 한다. 수컷들도 암컷들과 같은 행동을 하지만 그전에 볕을 좀 더 쬐는 경우가 많은데 이때 우세한 도마뱀은 다른 도마뱀들보다 더욱 오래 온기를 흡수한다.[4]

이 연구를 바탕으로 맥린은 뇌를 세 개의 핵심 부위로 분류해 삼위일체 뇌triune brain를 주장했다. '파충류 뇌'는 모든 척추동물의 뇌 가장 깊숙한 곳에 자리한 영역으로 이번 장에서 심도 있게 다룰 뇌간과 기저핵basal ganglia이 여기에 포함된다. 맥린은 짝을 부르는 구애 소리와 우월함 또는 항복을 드러내는 행동뿐만이 아니라 루틴/습관적 행동에서 파충류 뇌의 역할을 강조했다. '포유류 뇌'라 불리는 변연계limbic system는 맥린이 포유류에게서만 나타난다고 본 일련의 시스템으로, 감정 경험에 관여하는 영역이다. 대뇌피질의 일부를 가리키는 '신포유류neomammalian 뇌'는 포유동물에게서 가장 고도로 발달한 기관으로 포유동물이 진화함에 따라 그 크기가 커졌다.

습관적 또는 루틴 행동에서 '파충류 뇌'의 역할을 밝히고자 맥린은 헌팅턴병을 앓는 환자들의 연구 결과에 착안해 기저핵에 초점을 맞추었다. 헌팅턴병은 아주 단순한 패턴을 지닌 유전 질환이다. 부모 중 한 명이 이 병을 앓는다면 아이는 50퍼센트의 확률로 이 유전적 돌연변이를 물려받는다. 아주 강력한 돌연변이라 이 돌연변이가 있는 사람은 반드시 헌팅턴병에 걸리는데 보통 50대에 발병한다. 헌팅턴병의 가장 뚜렷한 증상은 움직임을 통제하는 능력을 잃어 갑작스럽게 사지를 움직이고 걸음이 둔해지는 것인데 이 외에 정신병, 과민증, 우울증 등의 정신 질환도 동반된다. 헌팅턴병으로 인한 뇌 장애는 헌팅턴이라 불리는 단백질 구조의 유전적 돌연변이 영향이라 질병에 핵심적인 역할을 하는 단백질의 이름이 병명이 되었다. 헌팅턴 단백질은 전신의 세포에서 찾아볼 수 있으나 특히 두뇌의 특정 부위에서, 그중에서도 기저핵의 특정 뉴런들에서 발견된다. 헌팅턴병의 유전적 돌연변이에 따라 세포는 돌연변이 형태의 헌팅턴 단백질을 생성하고, 이는 결국 세포의 기능 장애와 조기 사멸로 이어진다. 이 병은 결과적으로는 두뇌의 대부분을 공격하지만 가장 초기 징후는 기저핵에서 나타난다. 헌팅턴병 돌연변이를 지녔지만 뚜렷한 증상이 발현되기까지 10년 이상 남은 것으로 예상되는 청년층의 뇌 영상을 보면 기저핵의 변화 조짐이 분명하게 나타난다.[5]

헌팅턴병과 습관 또는 루틴 상실의 연관성을 밝히기 위해 맥린은 1978년 에릭 케인Eric Caine과 그의 동료들이 출판한 일련의 사례 연구에서 드러난 증거를 참고했다.[6] 한 예로 헌팅턴병 환자 한 명은 추수감사절 저녁 식사 준비에 필요한 개별적인 단계들은 알고 있지만 늘 하던 대로 식사를 차리는 것이 어려워졌다고 불평했다. 그녀는 이 개별적인 단계들을 어떠한 순서로 진행해야 하는지 혼란스러워했다. 논문 저자들은 이 불만을 '체계화하고 계획하고 일의 순서를 정하는 데 어려움을 느끼는 증상'으로 정리했지만 맥린은 루틴화된 행동을 행하는 능력을 상실한 것으로 봤다.

이러한 환자들의 진술은 암시하는 바가 분명 있었으나 헌팅턴병을 앓는 사람들이 새로운 습관을 배우는 데 문제가 있다는 점을 직접적으로 보여주지는 못했다. 샌디에이고의 캘리포니아 대학의 또 다른 연구진은 코헨과 스콰이어의 연구에 착안해 처음으로 헌팅턴병 환자들의 학습 능력이 손상됐는지 여부를 실험했다. 기술skill과 습관의 밀접한 연관성으로 미루어보아 그럴 가능성이 있었다. 매리언 마튼Maryanne Martone과 그녀의 동료들은 코헨과 스콰이어가 했던 것처럼 좌우 반전된 글 읽기 실험을 했지만 여기서는 코르사코프 증후군 환자들뿐 아니라 헌팅턴병을 앓는 사람들도 참여시켰다.[7] 마튼과 동료들이 헌팅턴병 환자와 기억 장애 환자들에게 좌우 반전된 글자를 읽는 능력을 시험하자, 이 두 집단은 능력 결핍에서 거의 반대되는 양상을 보였다. 기억상실증을 앓는 코르사코프 환자들은 코헨과 스콰이어의 연구에 참가한 환자들과 매우 유사하게 좌우 반전 글자를 읽는 기술을 학습하는 능력은 상대적으로 정상에 가까웠지만 어떤 단어였는지를 기억하는 데는 어려움을 보였다. 이와 대조적으로 헌팅턴병 환자들은 실험에 등장한 단어를 기억하는 데는 정상적인 능력을 보였으나, 좌우 반전 글자를 읽는 훈련에서는 그 학습 능력이 기억상실증 환자 또는 통제 집단에 비교해 상당히 떨어졌다. 우리가 이중 해리double dissociation라고 하는 현상, 즉 두 집단이 두 개의 서로 다른 작업을 수행하는 데 있어 한 작업에서는 정상적인 능력을 보이거나 문제를 보이는 대조적인 패턴이 발견되었다. 해리 현상은 서로 다른 작업이 뇌의 서로 다른 시스템에 의존한다는 훌륭한 증거로 간주된다. 이 실험의 결과는 기저핵이 손상된 사람들이 기술을 학습하는 데 장애가 있다는 최초의 증거 중 하나가 되었다.

흥미로운 점은 습관적 행동에서 기저핵의 역할이 중요하다는 맥린의 생각은 오랜 세월 건재하지만, 이 두뇌 영역을 정확히 '파충류'스럽다고 볼 수 있는지는 신경 과학자들 사이에서도 반대의 목소리가 크다. 척추동물(파충류, 새, 포유류)의 뇌 구조를 비교한 여러 후속 연구에 따르면 세 그룹 간 뇌 구조의 전반적인 설계가 상당히 유사하다는 결과가 나왔다.[8] 현존하는 척추동물 중 가장 오래된 칠성장어마저도 뇌 구조가 유사하다. 따라서 전반적인 구조로 보면 파충류의 뇌가 근본적으로 인간의 뇌와 다르다고 볼 수는 없다. 인간의 뇌가 조직이 훨씬 많고 훨씬 복잡한 방식으로 짜여져 있을 뿐이다. 뒤에 나올 장들에서 보게 되겠지만, 도마뱀을 포함해 수많은 다른 종의 특징이 되는 루틴과 습관적 행동을 인간이 뛰어넘을 수 있는 이유는 정확히는 전전두피질이 발달한 덕분이다.

어떤 길로 가느냐에 따라 결과가 달라진다

뇌 깊숙한 곳에는 기저핵이라고 알려진 핵들의 집합체(세포들이 모여 이룬 구조물)가 있다. 기저핵은 그림 2.3과 같이 미상핵, 조가비핵, 측좌핵(이 세 부위를 합쳐 선조체라고 한다), 담창구(외담창구와 내담창구로 나뉜다), 시상하핵 이렇게 여러 부위로 구성되어 있다. 여기에 더해 도파민을 분비하는 뉴런이 있는 흑질과 복측 피개부 또한 기저핵의 일부로 간주한다. 뇌 중앙의 여러 부위에 퍼져 있는 이 영역들은 상호 밀접하게 연결된 방식을 통해 하나로 통합되어 기능한다.

연결의 대부분은 대뇌피질의 뉴런이 기저핵으로 향하는 과정에서 선조체 영역에 접촉하는 것으로 발생한다. 중요한 점은, 선조체의 각 부위는 대뇌피질의 서로 다른 부위에서 인풋을 받는다. 조가비핵은 운동과 감각 영역에서, 미상핵은 전전두피질과 시각에 관여하는 측두엽 영역에서, 측좌핵은 보상과 감정을 처리하는 데 관여하는 전두엽frontal lobe 영역에서 신호를 받는다. 이렇듯 서로 다른 연결성에 따라

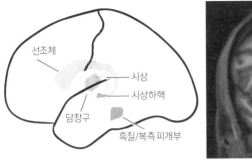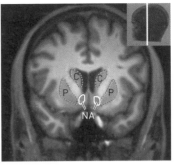

[그림 2.3] 기저핵을 구성하는 영역들

좌: 기저핵을 구성하는 서로 다른 영역이 대뇌피질 내 어디에 자리하고 있는지를 보여주는 도식.
우: 선조체를 구성하는 영역인 미상핵(C), 조가비핵(P), 측좌핵(NA)의 위치.

각 영역의 기능이 정해진다. 가령, 측좌핵은 중독에 핵심적인 역할을 하는 반면, 조가비핵은 루틴 행동에 관여한다.

　대뇌피질에서 전달된 신호가 선조체에 도달하면, 현미경으로 봤을 때 돌기가 나 있는 외형 때문에 중간돌기뉴런medium spiny neuron이라고 불리는 특정 뉴런의 집합체와 대체로 연결된다. 여기서 신호는 두 개의 경로로 전달되는데, 그림 2.4에서 보듯이 직접 경로direct pathway와 간접 경로indirect pathway라고 한다. 직접 경로는 선조체에서 내담창구로 이어지는 한편, 간접 경로는 추후 보게 되겠지만 기저핵 내부에서 좀 더 우회적인 경로를 지난다. 이렇게 신호가 시상으로 전달되고 이 신호는 대뇌피질로 되돌아가는데, 보통은 처음 신호가 시작된 대뇌피질 영역과 매우 근접한 곳으로 되돌아간다. 이런 이유로 이 회로를 피질선조체 고리corticostriatal loop라고 한다.

　직접 경로에서 신호가 어떻게 이동하는지 한번 살펴보자. 이 과정

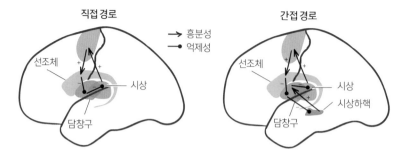

[그림 2.4] 직접 경로와 간접 경로를 보여주는 기저핵 회로 지도

흥분성 연결은 화살표와 플러스로, 억제성 연결은 끝이 동그란 막대와 마이너스로 표시되었다. 직접 경로에서는 억제성 단계를 두 번 거쳐 그 결과 대뇌피질이 흥분되고, 간접 경로에서는 외담창구에서 시상하핵으로 억제성 단계가 한 번 더 추가되어 내담창구가 흥분되고 대뇌피질이 억제된다.

을 이해하기 위해서는 뉴런이 연접하는 뉴런에 어떠한 효과를 미치는지에 따라 구별된다는 점을 이해해야 한다. 흥분성excitatory 뉴런은 타깃으로 삼은 뉴런의 활동성을 높이는 반면, 억제성inhibitory 뉴런은 타깃 뉴런의 활동성을 억누른다. 추후 이 뉴런들의 반응을 조절하는 역할을 하는 세 번째 뉴런에 대해서도 이야기할 예정이다. 대뇌피질의 뉴런이 선조체로 인풋을 보내면 이 인풋을 받는 중간돌기뉴런이 더욱 활성화된다. 이 특정한 대뇌피질 뉴런은 흥분성이기 때문이다. 실로 두뇌의 한 영역에서 다른 영역으로 장거리 메시지를 보내는 뉴런은 거의 모두 흥분성이다. 인풋을 수신하는 선조체의 중간돌기뉴런은 억제성인데, 이 말인즉, 중간돌기뉴런이 발화하면 담창구의 타깃 뉴런 활동성이 저하된다는 뜻이다. 담창구 뉴런들 또한 억제성이라 발화하면 시상의 타깃 뉴런의 활동성을 억제한다. 동물이 휴식을 취하고 있을 때 담창구 뉴런은 1초에 60회에서 80회 사이로 발화가 많이 일어난다.[9] 이 지속적인 억제성이 시상 뉴런을 대부분의 경우 침묵시켜, 시상 뉴런의 타깃인 대뇌피질의 뉴런도 흥분하지 못하게 만든다. 여기서 어떤 일이 일어나는지 주목하길 바란다. 억제성 뉴런 두 개가 연달아 이어지고 있는데, 첫 번째 억제성 뉴런(선조체의 중간돌기 뉴런)으로 전달된 인풋이 두 번째 억제성 뉴런(담창구의 뉴런)의 지속적인 억제성을 저하시켜 시상과 그다음의 대뇌피질에서 흥분을 일으킨다.[10] 음수를 곱하면 양수가 되는 것과 같은 원리다. 따라서 연구자들은 직접 경로의 자극 효과가 고리의 마지막 단계인 대뇌피질의 활동성을 흥분시켜 어떠한 행동이나 사고의 시작을 유발한다고 보고 있다.

기저핵의 간접 경로는 이와 정반대의 효과를 보인다. 고리의 마지막에 있는 대뇌피질 뉴런을 억제해 행동과 사고를 정지시킨다. 직접 경로와 매우 유사하게 시작해 선조체에서 담창구로 연결되지만, 간접 경로의 경우에는 외담창구로 이어진다. 외담창구는 앞으로 자주 등장하게 될 시상하핵subthalamic nucleus, STN이라는 영역으로 억제성 신호를 보낸다. STN은 흥분성 아웃풋을 내담창구로 보내는데, 이곳에서 직접 경로의 두 번째 억제성 단계가 벌어지는 것을 기억할 것이다. 이 억제성 단계가 자극되며 STN의 활동성 효과는 시상과 대뇌피질의 전반적인 활동성을 억제하는 것으로 발현된다. 즉, 회로에 추가적인 단계가 더해져 간접 경로의 활동은 행동과 사고의 억제 효과로 이어지는데, 이 부분은 제5장에서 반응 억제에 대해 이야기할 때 다시 볼 예정이다.

그렇다면 인풋은 대뇌피질에서 선조체까지 어느 경로를 택해야 할지 어떻게 아는 걸까? 선조체 내 두 개의 서로 다른 그룹의 중간돌기 뉴런이 직접 경로나 간접 경로로 아웃풋을 보내는데, 이 두 뉴런 세트의 가장 큰 차이점 중 하나는 모두의 사랑을 받는 신경화학물질과 관련이 있다. 바로 도파민이다.

도파민: 좋거나 혹은 나쁘거나

도파민은 어디에나 존재하는 것 같다. 과학 저널리스트인 베서니 브룩셔Bethany Brookshire는 2013년 블로그 포스트에 이 사실을 멋진 글로 표현했다.

> 사람들이 '화학물질로 넘쳐난다'고 즐겨 표현하는 두뇌에서 항상 한 가지 화학물질이 유독 눈에 띈다. 바로 도파민이다. 우리의 가장 사악한 행동과 비밀스런 갈망 일체의 이면에 자리한 분자이다. 도파민은 사랑이다. 도파민은 욕망이다. 도파민은 동기다. 도파민은 관심이다. 도파민은 페미니즘이다. 도파민은 중독이다. 나의, 도파민은 아주 바쁘게 지내고 있다.

많은 대중매체에서 도파민에 대한 글을 아마도 읽어본 적이 있을 것이다. 매체가 가장 좋아하는 신경전달물질이 도파민이라고 해도 과언이 아니다. 매체에서 '기쁨의 화학물질'이자 사랑부터 중독까지 모든 일에 관여하는 물질로 자주 소개되지만, 이는 도파민이 두뇌에서 행하는 수많은 복잡한 역할을 잘못 설명하는 것이다. 이제부터 보게 되겠지만 도파민은 좋은 그리고 나쁜 습관 발달의 핵심이 되는 화학물질이다.

우선, 도파민이 어디에서 생성되고 어떤 일을 하는지부터 살펴보자. 뇌 속 도파민의 대부분은 두뇌 중앙에 위치한 두 개의 작은 핵에서 생성된다. 흑질(정확히 말하면 치밀부pars compacta라는 부분)과 복측 피개부다(그림 2.5 참고).[11] 이 뉴런들은 두뇌의 대부분에 투사하지만 기저핵을 향한 투사가 특히나 강하다. 두뇌의 도파민 뉴런 수는 인간의 경우 약 60만 개로 아주 적다.[12] 우리의 생각과 행동에 행사하는 대단

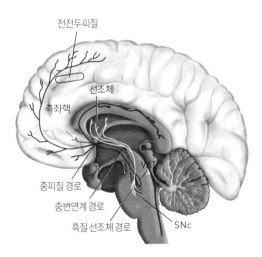

[그림 2.5] 도파민이 생성되는 곳
도파민을 생성하는 뉴런은 두뇌 중앙의 깊은 곳, 흑질치밀부(SNc)와 복측 피개부(VTA) 내부에 자리한다. 도파민 생성 뉴런은 아웃풋을 두뇌 전역에 널리 전달하지만, 그중 대다수는 선조체로 전달된다.

한 영향력과는 모순되는 규모가 아닐 수 없다. 도파민은 신경을 조절하는neuromodulatory 신경전달물질로, 다시 말하면 도파민이 영향을 미치는 뉴런에 직접적으로 흥분이나 억제를 유발하지 않는다는 뜻이다. 그보다는 뉴런에 전해지는 다른 흥분성 또는 억제성 인풋의 효과를 '조절하는' 쪽에 가깝다. 기타 앰프에 달린 음량 조절기를 생각해보면 된다. 앰프의 음량 조절기로 스피커를 통해 나오는 기타 소리의 세기를 조절하는 식이다. 이후 보게 되겠지만 도파민은 경험에 의해 두뇌 속에 벌어지는 변화들, 신경 과학자들이 말하는 가소성plasticity에 결정적인 역할을 한다.

도파민의 또 한 가지 까다로운 면은 뉴런에 존재하는 도파민 수용체에 다양한 유형이 있다는 점이다. D_1형 수용체로 알려진 어떤 수용체는 자신이 존재하는 뉴런의 흥분성을 증가시키는(즉, 음량을 높이는) 효과를 지닌 반면, 다른 수용체(D_2형 수용체)는 해당 뉴런의 흥분성을 저하시키는(즉, 음량을 낮추는) 효과가 있다. 각각의 뉴런들은 이 두 가지 유형의 도파민 수용체 중 단 하나만을 발현express하는, 즉 이 수용체를 만들어 세포의 표면으로 가져다 놓는 경향이 있다. 직접 경로와 간접 경로에서의 중간돌기뉴런에 대한 여러 연구들을 통해 직접 경로에서는 뉴런들이 주로 D_1형 도파민 수용체를 발현하는 반면, 간접 경로에서는 보통 D_2형 도파민 수용체를 발현하는 것이 드러났다. 이러한 구분은 수년간 논쟁의 대상이었지만, 광유전학optogenetics이라는 새로운 신경과학 기법이 강력한 증거를 제공했다.[13]

알렉사이 크라비츠Alexxai Kravitz와 샌프란시스코 캘리포니아대학교의 아나톨 크레이처Anatol Kreitzer의 획기적인 연구에서는 생쥐를 대상으로 광유전학을 이용해 D_1형 또는 D_2형 도파민 수용체를 발현하는 선조체 뉴런을 활성화시켰다. 그렇게 기저핵의 두 경로에서 도파민 수용체 유형의 매핑을 검사했고, 이 뉴런의 활성화가 동물의 행동에 미치는 영향을 조사했다.[14] D_1형 수용체가 있는 선조체 뉴런은 직접 경로로 향하고 이 뉴런을 활성화시킬 때 동물의 활동성이 증가한다는 것을 기억할 것이다. 크라비츠와 크레이처가 D_1형 도파민 수용체를 발현하는 뉴런을 자극하자, 동물들이 케이지 안에서 돌아다니는 시간이 더 늘어났고, 가만히 앉아 있는 시간은 줄어들었다. 이 뉴런이 대뇌피질 내 활동성을 증가시킨다는 개념과 일치하는 결과였다. 두 사람이 D_2형 수용체를 발현하는 뉴런을 자극했을 때는 정반대의 상황이 펼쳐졌다. 쥐들이 제자리에 굳은 채로 있는 시간이 훨씬 더 늘었고, 케이지 안을 돌아다니는 시간은 줄었다. 이러한 결과는 서로 다른 유형의 뉴런이 행동을 유발 또는 저지하는 역할을 한다는 사실을 확실히 증명했다.

이러한 배경지식을 바탕으로 우리는 이제 왜 헌팅턴병에 걸리면 걷잡을 수 없이 몸을 움직이는 특유의 증상을 보이는지 이해할 수 있다. 완벽히 파악하지 못한 이유들로 인해 헌팅턴병은 직접 경로의 뉴런에 손상을 가하기 전에 간접 경로의 뉴런에 영향을 미친다. 따라서 건강한 두뇌의 경우 신체 움직임이 간접 경로에서 억제되지만, 헌팅턴병에 걸린 사람들의 뇌에서는 이 경로가 손상되어 직접 경로로 균형이 더 기울고, 이것이 통제 불가능하게 움직이는 증상으로 이어지는 것이다. 우리는 그 원인이 거의 알려지지 않은 헌팅턴병보다 더욱 보편적인 신경학적 장애인 파킨슨병에서 어떠한 일이 벌어지는지도 이해할 수 있다. 파킨슨병의 증상은 헌팅턴병과는 정반대인 면이 있다. 바로 느린 움직임, 자세 경직, 떨림이다. 파킨슨병은 흑질에서 도파민 뉴런이 퇴화되어 생기는 질병이다. 도파민 뉴런의 소실로 뇌에 도파민이 결핍되고, D_2 유사 수용체를 통해 간접 경로 뉴런의 활동을 억제하는 도파민이 결핍되어 간접 경로에서 활동성이 상대적으로 증가한다. 이와 반대로 도파민 결핍은 직접 경로에서의 활동성 저하로 이어진다. 도파민이 D_1 유사 수용체로 직접 경로 뉴런의 활동을 증가시키기 때문이다. 이 두 가지 질병은 두뇌가 건강하게 기능하기 위해 두 개의 경로가 얼마나 섬세하게 균형을 이루어야 하는지를 보여준다.

도파민과 두뇌 가소성

위에서 언급했듯이 도파민은 두뇌에 수많은 영향을 미치는데 그중 하나는 습관 형성에 핵심적인 역할을 한다는 것이다. 도파민은 두뇌 속 변화의 기본 메커니즘, 시냅스 가소성synaptic plasticity을 조절한다. 시냅스 가소성을 이해하기 위해 뉴런이 다른 뉴런과 소통할 때 어떤 일이 벌어지는지 살펴보자.

대뇌피질의 뉴런은 선조체의 중간돌기뉴런에 투사한다고 생각해보자. 대뇌피질 뉴런이 활동 전위를 발화하면, 선조체 뉴런과 시냅스

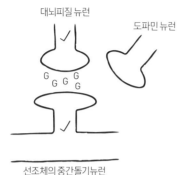

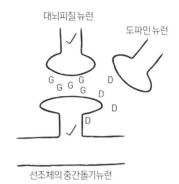

도파민이 없는 상태로 두 뉴런이 발화 ⇒
약화된 시냅스

도파민이 존재하는 상태로 두 뉴런이 발화 ⇒
강화된 시냅스

[그림 2.6] 선조체 내 시냅스의 가소성을 조절하는 도파민

대뇌피질 뉴런이 글루타메이트(G)를 분비하면 선조체 뉴런이 발화된다. 시냅스에서 변화가 일어나는데, 이는 도파민(D)이 존재하느냐에 달려 있다. 도파민이 있다면(우측 그림) 시냅스가 강화되는 반면, 도파민이 부재할 때는 시냅스가 약화된다(좌측 그림).

를 형성하는 축삭돌기 말단의 소포에 저장되어 있던 흥분성 신경전달물질(글루타메이트)이 분비된다. 이 분자들은 축삭돌기와 선조체의 타깃 뉴런 사이의 틈새로 분비된다. 이 틈새를 시냅스synapse라고 한다. 분비 후 신경전달물질 분자들은 시냅스를 타고 흘러가는데, 이 중 일부는 반대편 시냅스의 뉴런 표면에 있는 수용체와 결합한다. 이때 신경전달물질 분자들이 세포에 전기적 변화를 일으키고 결과적으로 뉴런의 활동 전위를 발생시키는 것으로 이어진다. 여기서 다양한 이유로 특정 뉴런 하나가 활동 전위를 일으키는 데 있어 다른 뉴런들보다 강력한 효과를 발휘한다. 이유를 몇 개만 들어보자면, 해당 뉴런이 신경전달물질을 더 많이 분비할 수도 있고, 시냅스가 더 많은 것일 수도 있고, 아니면 시냅스의 크기가 더 클 수도 있다. 그 밖에도 후속 뉴런의 표면에 수용체가 더 많은 경우도 있다. 시냅스 가소성은 경험이 시냅스의 강도를 변화시키는 과정으로, 이를 통해 어떤 뉴런은 다른 뉴런들을 흥분시키는 힘이 더욱 강해지고 또 어떤 뉴런은 그 힘이 약해진다. 이 가소성은 학습에 대단히 중요한 것으로 알려져 있다.[15]

도파민은 시냅스 가소성을 직접적으로 유발하지 않는다. 대신 세 가지 요인 법칙three-factor rule(그림 2.6 참고)을 통해 가소성을 조절하는 데 중요한 역할을 한다. 가소성의 가장 일반적인 형태 중 하나는 세포 하나가 연달아 다른 세포를 발화시키고 두 세포 간 시냅스의 강도가 높아지는 것이다. 이런 유형의 가소성(신경 과학자인 도널드 헵Donald Hebb의 이름을 따 헤비안 가소성Hebbian plasticity이라고 한다)은 '함께 발화하는 세포들은 연결되어 있다'라는 말로 표현될 때가 많다. 선조체를 포함해 두뇌의 어떤 영역은 살짝 변형된 세 가지 요인 법칙을 따른다. "도파민이 있을 때 함께 발화하는 세포들은 연결되어 있다. 도파민이 없으면 함께 발화하는 세포들은 연결이 끊긴다." 여기서 세 가지 요인은 접근하는 뉴런의 발화, 타깃 뉴런의 잇따른 발화, 인접해 존재하는 도파민이다. 이렇게 도파민은 습관을 포함한 새로운 행동 발달의 문을 여는 역할을 한다.

경험을 통해 학습하는 원리

독일의 신경 과학자인 볼프람 슐츠Wolfram Schultz는 도파민을 이해하는 데 자신의 커리어를 바친 인물로, 그의 연구는 무엇이 도파민 분비를 유도하는지를 밝히는 실마리가 되었다. 그는 연구를 통해 원숭이의 두뇌 속 도파민을 분비하는 뉴런의 활동성을 기록하고 무엇이 도파민을 발화시키는지 이해하고자 했다. 오래전부터 도파민과 보상은 연관된 개념으로 정립되었는데, 그 바탕에는 토끼의 뇌 속 도파민 분비를 자극하는 위치에 전극을 부착하면 토끼는 그 자극을 받기 위해 무엇이든 한다는 것을 밝힌 초기 연구들이 있다. 슐츠가 원숭이들을 대상으로 한 초기 연구를 통해 보상을 주는 사건들이 실제로 원숭이 두뇌 속 도파민 뉴런의 활동을 일으킨다는 것이 밝혀졌다. 한편, 그는 도파민의 역할에 대한 우리의 인식을 획기적으로 변화시킨 한 가지 현상을 발견했다. 원숭이가 예기치 못한 보상을 받자 도파민 뉴런이 발화한 것이었다. 이후 슐츠는 원숭이가 보상에 앞서 한 차례 번쩍이는 불빛 신호를 받는 상황을 실험했다(그림 2.7 참고).[16] 원숭이가 불빛이 보상을 예고하는 신호임을 몰랐던 실험 시작 단계에서는 보상이 등장하고 나서야 도파민 뉴런이 발화했다. 하지만 불빛이 보상의 전조라는 것을 배운 후로는 불빛이 나올 때 도파민 뉴런이 발화했고, 보상이 등장했을 때는 발화하지 않았다. 더 나아가 불빛 이후 기대했던 보상이 나오지 않자 도파민 뉴런의 활동이 기본적인 활동 수준 이하로 떨어졌다. 도파민 뉴런이 보상에만 국한되어 민감한 것이

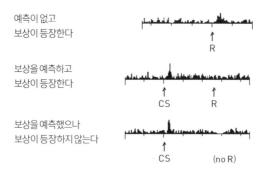

예측이 없고
보상이 등장한다

↑
R

보상을 예측하고
보상이 등장한다

↑   ↑
CS   R

보상을 예측했으나
보상이 등장하지 않는다

↑
CS   (no R)

[그림 2.7] 도파민 뉴런의 신호로 보는 보상 예측 오류

각각의 그래프는 한 차례의 실험 동안 시간 경과에 따른 도파민 뉴런의 활동성을 보여준다. 제일 위는 예상치 못한 보상(R)에 대한 도파민 반응이다. 중간은 보상을 예측하는 '조건 자극'(CS)에 도파민 뉴런이 반응하다가 예측한 보상에는 반응하지 않는 것을 보여준다. 가장 아래는 예측한 보상이 등장하지 않을 때 부정적인 예측 오류로 인해 도파민 뉴런의 활동성이 뚝 떨어지는 것을 보여준다.

아니라 우리의 예측과 다른 세상이 펼쳐지는 상황(보상 예측 오류reward prediction error라는 개념이다)에 민감한 것 같다는 첫 번째 암시였다.

　이 발견이 중요한 이유는 도파민과 컴퓨터과학 및 심리학 분야의 개념 사이에 연결성을 찾는 기틀을 마련했기 때문이다. 이로써 도파민의 역할을 이해하는 데 현재 우세하게 활용되는 컴퓨터 프레임워크가 탄생했다. 컴퓨터과학 분야에서 연구자들은 어떻게 해야 경험을 통해 학습할 수 있는 시스템을 만들 수 있을지 오래전부터 관심을 가져왔다. 그것이 바로 현재 머신러닝machine learning이라 부르는 분야로, 우리가 매일 상호작용하는 거의 모든 자동화 시스템의 토대다. 컴퓨터과학 연구자들이 탐구해온 학습 유형 중 한 가지인 강화 학습은 기본적으로 시행착오를 통한 학습이다. 카지노에 입장한 당신이 슬롯머신 두 대 중에 게임을 진행할 하나의 기계를 골라야 한다고 생각해보자. 처음에는 어떤 슬롯머신이 더 높은 배당금을 줄지 알 방법이 없어, 무작위로 하나를 그냥 선택한다. 몇 차례 게임을 진행하고 내내 돈을 잃다 보면 어느 시점엔가 다른 기계로 자리를 옮기겠지만, 처음 몇 차례 이겼다면 그 기계로 계속 게임을 할 것이다. 강화 학습 이론은 개인이 이런 상황에서 어떻게 행동해야 하는가를 설명한다(자세한 내용은 제4장에서 다룬다).

강화 학습의 기본 개념 중 하나는 우리의 예측과 우리가 실제로 경험하는 결과가 얼마나 정확하게 일치하는가에 근거하여 학습이 진행되어야 한다는 것이다. 결국 우리가 세상을 완벽하게 예측할 수 있다면 더 이상 학습할 것이 없을 테니 말이다! 대부분의 강화 학습 이론에서 의사결정자는 실행 가능한 모든 행위의 예상 가치를 고려해 행위를 선택한다고 상정한다. 슬롯머신 두 대의 사례로 보면, 예상 가치가 가장 높은 기계를 선택해야 한다는 의미다. 그런 뒤 결과(승 또는 패)를 관찰하고, 이 정보를 이용해 다음 라운드의 예측을 새롭게 업데이트한다. 중요한 것은 절대적인 승패의 숫자로 예측을 업데이트하지 않는다는 점이다. 예측과 관측된 결과 간의 '격차'를 활용하는데, 이것이 바로 슐츠와 그의 동료들이 보여준 도파민의 예측 오류 신호다. 도파민이 강화 학습이라는 수학 이론으로 설명될 수 있다는 것을 보여준 이 연구는 두뇌의 의사결정에 대한 연구 분야에서 여전히 대단한 영향력을 발휘하는 강력한 프레임워크를 제공해주었다.

아인슈타인은 "과학 이론은 가능한 단순해야 하지만, 지나치게 단순해서는 안 된다."는 재치 있는 말을 남긴 것으로 유명하다. 하지만 지금의 경우에는 도파민 기능의 다양한 측면을 밝히는 데 성공했음에도 보상 예측 오류는 지나치게 단순화된 것 같다. 프린스턴 대학의 일라나 위튼Ilana Witten은 도파민의 기능을 민낯까지 낱낱이 이해하는 데 매진해온 인물이다. 그녀가 도파민을 파헤치기 위해 생쥐를 연구하는 이유는 생쥐의 두뇌를 분석하는 데 사용할 수 있는 최첨단 기술 때문이다. 도파민 신호의 복잡성을 이해하기 위해서는 쥐가 복잡한 행동을 수행하는 동안 도파민 뉴런을 기록할 수 있어야 한다. 그러기 위해 위튼은 같은 프린스턴 대학 교수이자 생쥐용 가상현실 시스템 개발 팀을 이끌고 있는 데이비드 탱크David Tank와 협력했다. 이 가상현실 시스템에서 쥐는 작은 금속 헬멧으로 머리를 고정시킨 뒤 (탁구공과 비슷한) 작은 공에 올라 몰입형 영상을 보며 공 위를 달린다. 헬멧이 머리를 단단히 고정시킨 덕분에 동물이 움직이는 동안에도 소형 현미경이 두뇌의 뉴런을 기록할 수 있는데, 이때 사용되는 기술이 칼슘 이미징calcium imaging이다.[17] 이 기술 덕분에 연구자들은 단순히 보상 예측 오류만이 아니라 도파민 시스템 속 뉴런의 활동과 동물 행동의 수많은 측면 간의 관계성을 밝힐 수 있었다.

2019년 위튼과 그녀의 동료들은 가상현실 기술을 이용해 도파민 뉴런이 우리가 기존에 생각했던 것보다 훨씬 복잡한 방식으로 활동한다는 것을 알아냈다. 생쥐들은 가상의 복도를 따라 달리다가 복도 끝에 다다르면 왼쪽 또는 오른쪽으로 방향을 트는 비교적 간단한 게임을 수행했다. 옳은 방향을 선택하면 생쥐들은 물 한 모금을 얻었고 (목이 마른 생쥐에게는 큰 보상이었다), 잘못된 방향을 선택하면 진동과 함께 2초간의 타임아웃을 보내야 했다. 복도를 따라 내달리는 쥐의 양옆으로 가상의 '타워들'이 세워져 있었는데, 이는 복도 끝에서 어느 방향을 선택해야 보상을 얻을 수 있을지 알려주는 힌트였다. 타워가 더 많은 쪽에 보상이 있을 확률이 높았다. 쥐들은 이 원리를 배웠고, 훈련 후에 쥐가 특정 방향을 선택할 가능성은 그쪽에 있던 타워의 비율과 가깝게 일치했다. 스무 마리의 쥐를 대상으로 위튼과 그녀의 동료들은 쥐가 게임을 진행하는 동안 뇌에서 300개 이상의 도파민 뉴런의 활동을 기록할 수 있었다.

　보상 예측 오류 이론이 맞다면, 도파민 뉴런은 예상치 못한 보상과 보상을 예고하는 단서에 관련해서만 발화할 것이었다. 이를 시험하기 위해 위튼의 연구진은 같은 프린스턴 대학 교수이자 도파민 신호와 학습의 연관성 연구 분야에서 세계적인 전문가 중 한 명인 너새니얼 도우Nathaniel Daw와 팀을 이루었다(그의 연구는 제4장에 다시 등장할 예정이다). 연구진은 도파민 뉴런이 쥐 경험의 다양한 측면에서(복도 내 쥐의 위치부터 달리는 속도까지, 이전의 시도에서 쥐가 보상을 얻었는지까지 모든 측면에서) 어떻게 반응하는지를 검사할 통계 모형을 만들었다. 이들은 쥐가 게임을 하며 경험하는 다양한 측면마다 도파민 뉴런이 반응했다는 점을 발견했다. 물론 상당수의 뉴런이 보상 예측 오류 이론이 예상한 대로 반응을 보였다는 훌륭한 증거가 발견됐지만, 이 이론이 쥐들의 반응을 유발하는 유일한 요인은 절대 아니었다. 위튼의 이 연구를 통해 도파민이 실제로 얼마나 복잡한 물질인지가 드러나기 시작했다.

욕망은 어떻게 습관으로 변화하는가

대중적으로 알려진 개념 중 과학적으로 틀린 것을 꼽자면 흔히들 말하는 도파민과 기쁨의 연관성이 단연 1등일 거라고 나는 확신한다. 도파민과 기쁨 사이의 연관성은 충분히 타당하다. 동물들이 지쳐 쓰러질 때까지 자신의 도파민 시스템을 스스로 자극하는 것을 보면 그 행위가 즐거워서이지 않겠는가? 하지만 가끔은 당연한 답이 오답이 되기도 한다. 두뇌의 신경화학 시스템은 매우 복잡하고 긴밀하게 연결되어 있고, 지난 20년이 넘는 세월 동안 얻은 중대한 발견에 따르면 도파민은 약물 사용으로 나타나는 즐거운 감각에 '직접적으로' 관련하지 않는다. 대신 도파민의 역할은 동기motivation에 초점이 맞춰진 것으로 보인다. 신경 과학자인 켄트 베리지Kent Berridge의 표현에 따르면 '행복'liking보다는 '욕망'wanting에 말이다.

코네티컷 대학의 신경 과학자인 존 살라몬John Salamone은 쥐의 동기를 연구하는 데 커리어를 바쳤다. 실질적으로는 쥐들의 뇌 화학 구조를 조작해 게으르게 만드는 연구다. 그러기 위해 그는 쥐가 별다른 노력 없이도 접근할 수 있는 소량의 먹이와 철조망을 올라야만 접근할 수 있는 다량의 먹이를 선택할 수 있는 실험 환경을 꾸몄다. 선택권이 주어지면 평범한 쥐의 경우, 거의 항상 철조망을 올라가 더 많은 먹이를 얻으려고 한다. 그러나 여러 연구에서 살라몬과 그의 동료들은 도파민 개입이 벌어지면 쥐들이 노력을 하지 않아도 되는 소량의 먹이를 선택할 확률이 훨씬 높아진다는 것을 보여주었다. 도파민이 손상된 쥐가 철조망을 오를 수 없어서가 아니다. 철조망을 올라 먹이를 구하는 쪽과 아무런 먹이도 주어지지 않는 쪽을 택해야 한다면 쥐들은 분명 먹이를 얻기 위해 철조망을 오를 것이다. 도파민 개입이 먹이를 구하기 위해 노력하는 '의욕'을 저하시킨 것이라 볼 수 있다. 이러한 연구 결과는 도파민의 역할이 '유인적 현저성'incentive salience에 있다고 주장한 신경 과학자 켄트 베리지와 테리 로빈슨Terry Robinson의 아이디어와 일치한다. 즉, 도파민은 유기체가 보상을 얼마나 '좋아하는지'보다 유기체가 이 세계에서 어떠한 보상을 얼마나 '원하는지', 또 그것을 얻기 위해 얼마나 노력할지에 대한 신호를 보낸다는 것이다. 제6장에서 보게 되겠지만 이 개념은 중독에서 나타나는 행동 변화의 일부를 이해하는 실마리가 된다.

동기에서 도파민이 수행하는 역할의 복잡한 특징 하나는 두뇌 전반에 걸쳐 분비되는 도파민이 어느 영역에서 인풋을 받느냐에 따라 다른 효과를 발휘한다는 점이다. 이를테면 선조체의 운동 영역에 도파민을 차단하면 파킨슨병을 앓는 사람들의 운동성이 저하되듯이 동물의 신체적 활동 수준이 떨어진다. 유인적 동기에 핵심적인 역할을 하는 것은 측좌핵(선조체의 영역으로 감정에 관련한 뇌의 다른 부분과 강하게 연결되어 있다)의 도파민 수용체지만 그 역할이 복잡하다. 측좌핵의 도파민을 차단해도 먹이에 대한 기본적인 식욕이나 먹이를 먹으며 얻는 즐거움에 지장을 주는 것 같지는 않다. 그러나 먹이를 얻기 위해 필요한 일을 수행하거나 더 많은 먹이를 위해 추가적인 노력을 쏟는 의욕에는 지장이 생긴다.

도파민이 동기에 중요한 역할을 하는 반면, 보상의 즐거움은 오피오이드(헤로인과 같은 아편제 약물의 표적)와 카나비노이드(대마초 유효 성분의 표적)와 같은 두뇌 속 다른 신경전달물질에서 신호를 받은 결과로 보인다. 이를 뒷받침하는 가장 유명한 증거는 켄트 베리지의 연구에서 나왔다. 그는 두뇌 속 도파민 또는 오피오이드 신경전달물질을 차단한 후 쥐들이 보이는 '쾌락적 반응'hedonic response(입술을 핥거나 단 음식을 향해 발을 내밀거나 쓴맛이 나는 먹이에 고개를 젓는 등의)을 연구했다. 도파민을 차단했을 때는 쾌락적 반응의 표현이 줄어들지 않은 반면, 오피오이드 신경전달 물질을 차단했을 때는 반응이 줄어들었다. 이 결과는 오피오이드의 전달을 차단하는 물질이자 알코올중독 치료제로 널리 쓰이는 날트렉손의 효과를 다룬 수많은 보고서의 내용과 일치한다. 성관계부터 도박, 암페타민 투여까지 여러 측면에서 날트렉손의 효과를 검사한 연구들 역시 해당 약물이 이러한 행위를 통해 경험하는 기쁨을 저하시킨다고 밝혔다.

습관 형성의 두 가지 메커니즘

어떤 순간이든 우리가 할 수 있는 행위는 거의 무한대에 가깝다. 커피 잔을 드는 단순한 행위조차도 수없이 많은 방식으로 수행할 수 있다. 빨리, 천천히, 차분하게, 급히, 직접적으로, 우회적으로 등등 말이다. 우리가 어떤 일을 왜 하는지 이해하기 위해 물어야 할 중요한 질문은 바로 이것이다. 어떠한 행위를 선택할 때 우리의 '목표'는 무엇인가? 한편으로 우리는 행위를 통해 얻는 보상을 최대화하려 한다. 커피를 쏟지 않고 한 모금 마시는 게 될 수도 있고 아니면 슬롯머신에서 최대 배당금을 따는 것일 수도 있다. 다른 한편으로는 신체적, 정신적 노력과 시간의 관점에서 행위의 비용을 최소화하고 싶다. 커피잔을 들어 머리 위로 올렸다 내렸다를 다섯 차례 반복한 후 입으로 가져갈 수 있지만, 실제로 그렇게 하는 사람은 없다. 커피를 흘릴지도 모른다는 위험과 신체적 노력과 시간이라는 부분에서 비용이 늘어나기 때문이다. 기저핵과 도파민 시스템은 우리가 어떤 특정한 순간에 무엇을 할 것인지, 그것을 어떻게 할 것인지 결정하는 계산에서 중요한 역할을 하는 것으로 보인다.

1999년 신경학자인 피터 레드그레이브Peter Redgrave는 기저핵이 행위를 선택하는 데 있어 '중앙 배전판'과 비슷한 역할을 한다고 주장했다.[18] 이 이론에서는 대뇌피질이 잠재적인 행동을 의미하는 신호를 기저핵에 보낸다. 이 이론은 앞에서 언급했던 담창구 내 강력한 긴장성 억제를 바탕으로 한다. 두 가지 가능한 행동 중(가령 케이크에 손을 뻗을 것인가, 당근에 손을 뻗을 것인가) 선택을 내려야 하는 상황에 놓여 있다고 생각해보자. 이 두 가지 가능한 행위가 각각 대뇌피질에서 기저핵에 신호로 전달된다. 신호가 도착하기 전에 기저핵의 긴장성 억제가 모든 행위를 억제한 상태다. 선조체에 두 개의 신호가 도착하면 직접 경로와 간접 경로 내에서 여러 활동을 거쳐 서로 경쟁을 하다가 결국 한 가지 행위가 선택을 받고 직접 경로를 통해 수행된다.

오랜 세월 동안 이 모델은 대체로 추측으로 남았지만, 최근 신경과학 기술의 발달로 직접적인 증거가 등장하기 시작했다. 그중에서도 컬럼비아 대학의 신경 과학자인 루이 코스타Rui Costa의 연구는 기저핵에서 행위가 어떻게 선정되는가에 대한 최고의 증거를 제공했다. 이 연구에서는 앞서 등장한 광유전학을 활용해 개별적인 뉴런이 선조체의 어느 경로에 속하는지를 밝히고 두 개의 경로에서 각각 뉴런들의 활동성을 측정했다. 이 실험에서 연구진은 쥐들에게 특정한 순서에 따라 레버를 눌러야 하는 시퀀스를 훈련시켰다. 훈련을 거친 쥐들은 굉장히 빠른 속도로 과제를 수행할 수 있게 되었다. 쥐의 선조체 뉴런을 기록한 코스타와 그의 동료들은 직접 경로와 간접 경로 뉴런 모두가 시퀀스의 시작 단계에 활성화되는 것을 확인했다. 하지만 시퀀스가 시작된 이후에는 직접 경로의 뉴런만 계속 활성화됐다. 그러다 동작의 마지막에 접어들자 간접 경로의 뉴런들이 다시 활성화되며 간접 경로의 뉴런이 복잡한 행동을 마치는 과정에 참여한다는 것이 드러났다.[19]

이번 장의 연구는 두뇌에서 습관을 학습하는 데 기저핵이 중요한 역할을 하고 도파민은 새로운 습관을 형성하는 데 결정적인 역할을 한다는 것을 보여주었다. 이를 바탕으로 하면 두 메커니즘이 습관을 깊이 새기는 데 어떻게 작용하는지 보이기 시작한다. 한 가지 간단한 예시를 들어보겠다. 쥐가 어떤 것을 누를지 선택할 수 있는 두 개의 레버가 제시되어 있고, 이 중 하나에서만 보상인 사료 알갱이가 나온다. 처음에는 이 두 행위가 거의 동등한 가치를 지닌다. 쥐는 어떤 행위가 보상을 가져올지 모르기 때문이다(그럼에도 실험 동물은 이런 실험을 그간 충분히 해봤기 때문에 레버를 눌러야 한다는 사실만은 잘 알고 있다!). 대뇌피질이 각각의 레버에 상응하는 명령을 선조체로 보내면 선조체에서 두 신호 중 하나가 경쟁에서 이긴다. 가령, 쥐는 과거의 경험에서 상자의 오른쪽에 있는 레버가 보상을 줄 확률이 높다는 것을 배웠기에 오른쪽 레버를 선택한다. 먹이를 받는다면 예상치 못한 보상이 도파민의 분비를 유발하고, 이로써 세 가지 요소 법칙에 따라 오른쪽 레버 누르기를 초래한 대뇌피질과 선조체의 연결성이 강해진다. 이 연결성의 강도가 증가하며 다음번에도 대뇌피질 뉴런이 선조체 뉴런을 발화시킬 확률이 커진다. 만약 쥐가 보상을 받지 못했다면 이러한 반응을 야기한 연결성의 강도가 저하될 것이다. 연결성의 강도에서 일어난 변화로 인해 다음번 선택에서는 보상을 얻는 행동이 경쟁에서 이길 확률이 높아지고 시간이 지나면서 이 행위가 습관으로 굳어지는 것이다.

지금까지 우리의 뇌 속에서 어떤 복잡한 과정을 거쳐 습관이 형성되는지를 살펴보았다. 다음 장에서는 이 책의 가장 핵심적인 질문 중 하나를 살펴볼 예정이다. 바로 '습관은 왜 그토록 끈질긴 것일까?'에 대한 내용이다.

제3장

한번 습관은 영원한 습관이다

2008년 뉴질랜드로 여행을 떠난 우리 부부는 남섬의 크라이스트처치에서 여정을 시작해 북쪽으로 올라갔다. 우리는 차를 한 대 렌트해 아름답고도 비교적 산이 많은 길을 따라 북쪽으로 향했다. 뉴질랜드에서는 차가 좌측통행이라 미국에서 온 사람이라면 주의를 많이 기울여야 하지만, 이틀 정도가 지나니 점차 익숙해졌다. 여행을 하던 중 우리는 산간 도로 한 곳이 공사 중인 구간을 만났고(우리가 가는 방향의 오른쪽) 차선 하나로만 통행이 가능했다. 한동안 그런 도로가 이어졌고, 어느 지점에서인가 공사 구간이 끝났지만 나는 미처 알아채지 못했다. 나는 오른쪽 차선으로 주행을 계속했다. 몇 마일이나 그렇게 운전을 하다가 마주 오는 차를 맞닥뜨렸다. 다행스럽게도 구불구불

커브가 제법 있는 길이라 우리 차와 반대편 차 모두 속도를 늦춘 터라 정면충돌을 피할 수 있었다. 하지만 이 사건은 위험이 무척 큰 상황에서도 습관이 얼마나 끈질긴지, 그리고 예전의 습관으로 돌아가기가 얼마나 쉬운지를 여실히 보여준다.

우리는 뉴질랜드의 구불구불한 도로에서 운 좋게 위험을 피했지만 모든 사람이 그렇게 운이 좋지는 못하다. 특히나 중독성이 있는 약물을 습관적으로 사용하는 경우에는 더욱 그렇다. 필립 시모어 호프면Philip Seymour Hoffman은 2005년 아카데미 시상식에서 남우주연상을 받는 등 여러 작품 활동으로 영예를 안았던 칭송받는 영화배우였다. 대학 시절 약물과 알코올을 남용했던 호프먼은 약물 중독 프로그램을 거쳐 20년 넘게 술과 약물에서 멀어진 삶을 유지했다. 그러나 2013년 개인적인 문제를 경험하며 중독이 재발했고 그는 정면충돌을 피하지 못했다. 약물 중독 치료를 또 한 번 받았음에도 불구하고 1년도 채 지나지 않아 헤로인, 코카인, 암페타민 등 여러 약물을 과다 복용해 사망에 이르렀다. 오랫동안 중독에서 벗어난 삶을 살았음에도 다시 중독이 재발하고 마는 현상을 이해하기 위해서는 습관의 끈질긴 습성 이면에 자리한 신경과학을 알아야 한다.

오래된 습관은 죽지 않는다

앞서 제1장에서 우리는 두뇌가 언제 안정적인 상태를 유지하고 언제 변화해야 하는지를 결정해야 한다는 즉, 안정성과 유연성 간의 딜레마를 배웠다. 이 딜레마를 해결하려는 두뇌의 전략 중 한 가지가 밝혀지는 데는 버몬트 대학의 마크 부턴Mark Bouton이라는 과학자의 연구가 크게 기여했다. 지난 20년간 오래된 습관이 다시 돌아오는 이유를 밝히려고 했던 부턴은 제1장에 등장한 앤서니 디킨슨의 실험과 매우 유사한 접근법을 이용해 쥐를 연구했다. 부턴이 연구한 현상은 자발적 회복spontaneous recovery, 재개renewal, 복귀reinstatement, 부활resurgence 등 여러 이름으로 불리지만, 하나같이 일찍이 배웠던 습관이 사라진 줄 알았지만 더욱 강력하게 돌아온다는 보편적인 현상을 반영한다. 이러한 '재출현 현상'은 특히나 우리가 변화시키고 싶은 대다수의 나쁜 습관과 관련되어 있으므로 이 현상을 좀 더 자세하게 살펴볼 필요가 있다.

쥐에게서 재출현을 일으키기란 상당히 쉽다. 우선 쥐에게 레버를 누르는 것처럼(이 레버를 '레버A'라고 부르자) 특정한 행동을 수행하면 먹이가 나온다고 훈련시킨다. 그런 뒤, 쥐에게 다른 행동('레버 B'를 누르도록)을 훈련시키는 동시에 기존의 행동을 '소멸'시킨다. 즉, 레버 A를 눌러도 쥐는 더 이상 보상을 받지 못한다. 쥐는 금세 레버 A를 누르는 행동을 멈추고 레버 B를 눌러야 한다는 것을 익힌다. 만약 실험자가 쥐가 레버 B를 눌러도 보상을 주지 않는다면 어떤 일이 벌어질까? 레버 A를 누르던 원래 습관이 완전히 사라졌다면 어느 쪽 레버를 누르든 보상이 나오지 않을 것이므로 쥐는 아무런 행동도 취하지 않을 터이다. 만약 레버 A를 누르는 원래의 습관이 여전히 숨어 있다면 레버 B를 누르는 행동이 사라지자마자 기존의 습관이 돌아올 것이다. 실제로 후자와 같은 일이 벌어졌다. 레버 B를 누르는 것으로 보상을 받지 못하자 쥐는 예외 없이 레버 A를 다시 누르기 시작했다. 이는 부턴 외 여러 사람들이 연구를 통해 밝힌, 처음 학습한 행동은 어떤 상황에서도 백그라운드에서 스위치가 켜진 상태로 남아 언제든 다시 튀어나올 준비가 되어 있다는 것을 보여주는 많은 사례 중 하나일 뿐이다.

재출현 및 이에 관련한 현상을 파헤친 부턴의 연구는 오래된 습관을 새 습관으로 대체할 때 우리가 실제로 오래된 습관을 '잊어버리는' 것이 아니라 능동적으로 과거의 행동을 '억제'함으로써 새로운 행동이 나타나도록 하는 것이라는 개념을 공고히 하는 데 일조했다. 그는 더 나아가 이러한 억제성 학습이 기존의 습관보다 '학습된 환경'과 더욱 밀접한 연관이 있다는 것을 보여주었고, 이 개념은 공포증부터 외상 후 스트레스 장애, 강박 장애까지 습관적인 생각과 행동을 보이는 여러 질병의 치료법에 영향을 미쳤다. 이러한 장애를 치료하는 가장 일반적인 방법 중 하나는 노출 치료exposure therapy로, 환자가 가장 두려움을 느끼는 대상에 조금씩 노출시키는 치료법이다. 불안 장애 치료법을 연구해온 UCLA의 심리학자 미셸 크래스크Michelle Craske는 2002년 동료들과 함께 거미 공포증이 있는 대학생을 치료한 실험을 바탕으로 논문을 발표했다. 이들은 실험 설정을 무미건조한 학술 용어로 설명했다. "무독성의 칠레 로즈 헤어 타란툴라 한 마리가 공포증 자극제가 되었다."[1] 약 한 시간의 치료 동안 학생들은 거미에게 가까이 다가가는 것에서 장갑을 낀 손으로 거미를 만지고, 거미가 맨 손 위를 기어 다니도록 하는 데까지 성공했다. 굉장히 효과적인 치료법이었고, 대다수의 학생들은 세션이 끝날 때쯤에는 자신의 손 위를 거미가 돌아다니도록 할 수 있었다. 그런데 한 가지 중요한 다른 점이 있었다. 해당 노출 치료에는 두 가지 다른 상황이 주어졌고(장소 및 다른 세부적인 사항이 달랐고), 학생 개개인을 무작위로 둘 중 하나의 상황에 배정했다. 치료법이 얼마나 효과가 있었는지를 확인하기 위해 연구진은 학생들을 일주일 후 다시 불렀다. 어떤 학생들은 처음 거미에 노출되었던 상황과 같은 상황에서 테스트를 진행했고, 다른 학생들은 다른 상황에서 테스트를 진행했다. 노출 치료 일주일 후 두 집단 모두, 치료를 받기 전보다는 거미에게 공포심을 덜 느꼈지만 크래스크와 동료들은 달라진 상황이 치료의 효과를 낮추었다는 점을 발견했다. 첫 치료 때와 같은 장소에서 후속 테스트를 받은 학생들은 다른 상황에서 거미를 조우하게 된 학생들보다 공포를 덜 느끼는 모습을 보여주었다.

이 결과와 다른 유사한 결과들은 습관의 고착성에 대한 또 다른 단서를 제공한다. 즉, 습관 시스템이 안정성과 유연성 간의 딜레마를 해소하는 해결책은 이 세상이 변하지 않는다고 추정하는 것이고, 따라서 무엇이든 특정 자극의 반응으로 처음 형성된 습관은 이 세상의 영속적인 측면을 반영한 것으로 보인다. 그러므로 습관이 생겨나면 이것이 일종의 '디폴트 행동'이 되어 다양한 맥락에서 발현될 것이다.

또한 해당 습관을 대체할 목적으로 행해지는 후속 학습은 학습이 형성된 상황으로만 더욱 국한될 것이다. 다시 말해 새로운 상황에 처하게 되면 원래의 습관이 돌아올 공산이 아주 크다는 얘기다. 이 사실은 우리가 습관을 무효화시키는 방법과 관련해 아주 중요한 암시를 준다. 특히나 다양한 맥락에서 행해질 때 노출 치료의 효과성이 높아진다는 것을 시사한다. 실제로 크래스크의 그룹이 보여준 연구도 치료의 효과성 정도는 달랐지만, 이러한 사실을 뒷받침해주었다.

뇌에 습관이 '스며드는' 과정

가장 달갑지 않은 흔한 습관 중 하나는 손톱 물어뜯기다. 아동의 절반가량과 청년층의 20퍼센트 정도가 이 행동을 보인다. 나도 아내가 손톱 밑에 어떤 박테리아가 있는지 지적하기 전까지는 오랜 세월 손톱을 물어뜯는 버릇이 있었다(혐오스러운 이야기를 굳이 자세히 들려주지는 않겠다). 다른 수많은 운동 습관motor habits과 마찬가지로 손톱 물어뜯기의 특징은 실제로 그것을 하고 있다는 사실을 인지하지 못할 때가 많다는 것이다. 그 이유는 시간이 흐름에 따라 두뇌에 습관이 형성되는 방식에서 찾을 수 있다.

습관이 형성되는 과정을 이해하기 위해서는 우선 기저핵의 구조를 깊이 파헤칠 필요가 있다. 제2장에서 선조체는 피질선조체 고리로 알려진 회로로 대뇌피질과 연결되어 있다고 한 것을 기억할 것이다. 습관의 형성을 이해하는 데 이 고리의 구조는 두 가지 면에서 중요하다. 첫째로, 이 고리의 구조가 상당히 구체적으로 형성되어 있어 처음 선조체의 인풋이 발생했던 대뇌피질의 위치와 거의 같은 장소로 고리의 아웃풋이 되돌아간다는 점이다. 둘째로, 기저핵의 각기 다른 영역은 전두엽의 각기 다른 영역에서 인풋을 받지만 이 인풋들이 무작위가 아니라는 점이다. 대뇌피질의 특정 영역은 기저핵의 특정 영역과 연결되어 있다. 앞에서 잠시 언급했던 것처럼, 이 사실이 중요한 이유는 전전두피질의 서로 다른 영역이 서로 다른 기능에 관련하기 때문이다. 운동피질이라고 불리는 전두엽의 보상 영역은 움직임의 발생에 관여하고, 운동피질이 기저핵에 투사될 때는 주로 조가비핵이라 알려진 선조체의 영역을 향한다. 배외측dorsolateral 전전두피질은 계획이나 작업 기억에 정보를 담아두는 등의 고차원적 인지 기능을 담당한다. 배외측 전전두피질은 기저핵 영역 중 미상핵이라는 좀 더 앞쪽에 위치한 부위에 투사한다. 마지막으로 눈 바로 위에 자리한 전전두피질 영역인 안와전두피질orbitofrontal cortex은 (보통 '정서적' 기능이라고 알려진) 감정적, 사회적 기능에 주로 관여하고, 기저핵의 측좌핵이라는 영역에 투사한다.

우리가 아는 사실은 기저핵 각각의 영역이 습관 형성에 각기 다르게 관여한다는 것이다. 초기 연구에서는 쥐의 기저핵 내 각기 다른 영역을 상호호환적으로 여긴 반면, 2004년과 2005년 UCLA의 헨리 인Henry Yin, 바버라 놀튼Barbara Knowlton, 버나드 발레인Bernard Balleine이 행한 연구는 기저핵의 각기 다른 영역이 습관 형성에 다른 역할을 한다는 점을, 적어도 먹이를 얻기 위해 버튼을 누르는 것이나 손톱을 물어뜯는 운동 습관에서는 그렇다는 사실을 밝혔다. 또한 쥐에게서 인간의 미상핵과 유사한 영역은 목표 지향적(이들의 표현대로는 '행동-결과') 학습에 관여하는 것으로 드러났다. 인과 놀튼은 이후 두뇌에서 습관 학습이 어떻게 진행되는지를 이해하기 위해 한 가지 프레임워크를 개발했다.[2] 습관 학습은 처음에는 배외측 전전두피질과 미상핵이 연결된 '인지적' 피질선조체 고리를 통해 목표 지향적 학습으로 시작한다. 시간이 흐르며 운동피질과 조가비핵을 포함하는 '운동' 회로가 습관을 배우기 시작하고 결국 인지 고리를 대체한다.

이 같은 인지적 회로에서 운동 회로로의 전이는 선조체가 도파민 시스템에 연결되는 특정한 방식에서 기인한다. 도파민 세포의 주요 인풋 중 하나는 선조체에서 전달된 것이고, 이 투사는 피질선조체의 연결과 아주 유사한 구조의 고리loop 형태로 진행된다. 이 투사에는 지형적 구조가 형성되어 있어 선조체 내 부위들은 가까이에 있는 도파민 뉴런 세트에 투사한다(그리고 투사를 받는다). 한편, 여기서 말 그대로 약간의 꼬임 현상이 나타나는데, 신경 해부학자인 수잔 하버Suzanne Haber의 표현을 빌리자면, '나선'이 생긴다. 선조체의 일부가 도파민 뉴런에 투사하면 이 도파민 뉴런은 다시 선조체에 연결되는데, 이때 선조체는 운동 시스템에 인접한 영역에 투사를 하는 세포에게도 인풋을 보내, 선조체와 도파민 세포 사이에 연결 구조가 운동 시스템을 향한 상승 나선처럼 보인다. 선조체 뉴런이 최종적으로 운동 고리에 아웃풋을 보내는 도파민 세포에도 인풋을 보낸다는 뜻이다.

인과 놀튼은 도파민 시스템의 이러한 특징 때문에 인지 시스템이 도파민 신호를 보내고 그 결과 운동 고리의 가소성을 조절해 인지 시스템이 운동 고리에 천천히 '스며든다'고 설명했다. 습관이 운동 시스템에 새겨지는 동안 인지 시스템의 감독에서 자유로워져 결과적으로 우리가 전혀 의식하지 못하는 행동이 탄생하게 되는 것이다.

한번 시작되면 멈출 수 없다

당신이 정상적인 인지 능력을 가진 성인이라면 아마도 최근에 신발 끈을 묶으며 별다른 생각을 하지 않았을 것이다. 하지만 어린 시절 처음 신발 끈 묶는 법을 배웠을 때는 신발 끈을 구멍에 끼우는 데 주의를 기울여야 했다. 신발 끈 묶기야말로 습관의 중요한 면을 보여주는 또 다른 사례라 할 수 있다. 습관이란 하나의 행동이 아니라 연속적으로 이어지는 행동으로 구성된다는 점 말이다. 사람들이 습관적인 행동을 할 때 보이는 '행위 실수'action slips를 보면 분명해진다. 심리학자인 제임스 리즌James Reason은 사람들에게 2주간 행위 실수를 기록하게 했고, 이 기간 동안 한 사람이 평균 약 12회의 실수를 저지른다고 보고했다. 그는 다양한 오류 유형을 발견했지만 우리가 살펴볼 가장 흥미로운 점을 꼽자면, 습관이 또 다른 목표를 장악하기도 하고 방해하기도 한다는 것이다. 이를테면 습관을 행하는 도중에 멈추지 못하는 행위 실수는 거의 모든 사람이 경험해봤을 것이다. "X 장소로 차를 몰 생각이었지만 '정신을 차려보니' Y 장소로 향하는 중이었다." 또 다른 사례는 습관적 행동이 우리가 목표했던 것 이상으로 진행되는 경우다. "저녁을 편하게 보낼 추리닝으로 갈아입으려 침실로 올라갔다. 침대 옆에 서서 재킷을 벗고 타이를 풀었다. 어느 틈엔가 나는 잠옷 바지를 입고 있었다."

MIT의 신경 과학자인 앤 그레이비엘Ann Graybiel의 연구는 새로운 습관을 습득할 때 우리의 두뇌가 행동을 덩어리chunks로 나누는 방식에 대해 상세한 통찰을 제공한다. 지금껏 나온 강력한 신경과학적 도구를 모두 활용한 그녀의 연구는 쥐가 새로운 습관을 형성할 때 기저핵의 활동이 습관을 구성하는 일련의 행위를 '시작과 끝을 구분 짓거나 나누기' 때문에 한 번 시퀀스가 시작되면 추가적인 행위 없이 단번에 완수한다는 것을 보여주었다.

그레이비엘은 연구에서 T 모양의 미로를 활용해 쥐에게 아주 단순한 과제를 수행하도록 했다. 쥐가 T의 아랫 부분에서 시작해 좁은 통로를 통과한 뒤 왼쪽 또는 오른쪽으로 방향을 틀면 되는 것이다. 그녀는 쥐들이 가능한 빨리 먹이를 얻기 위해 정확한 방향으로 전환하는 법을 신속하게 익히도록 지속적으로 같은 장소에 먹이를 두었다. 쥐들이 해당 과제를 처음 학습하는 단계에서는 미로를 달리는 동안 선조체의 활동이 있었다. 하지만 보상을 향해 방향을 전환하는 과정이 하나의 습관으로 자리 잡은 후에는 선조체 활동이 주로 행위의 시작과 끝에서만 발생했다. 뛰어난 아이디어가 돋보인 일련의 후속 연구에서 그레이비엘과 카일 스미스Kyle Smith는 쥐들이 해당 과제를 수행할 때 가끔씩 관찰되던 한 가지 현상을 검사했다. 쥐는 한 번씩 선택의 기로(T의 출발선과 가로선이 만나는 연결 지점)에서 멈추었다가 앞뒤를 살폈는데, 두 사람은 이를 '심사숙고'라고 지칭했다.[3] 스미스와 그레이비엘의 연구에서는 선조체와 더불어 쥐가 습관을 형성하는 데 필수적으로 알려진 (변연계아래infralimbic 피질이라고 하는) 전전두피질 부분의 활동성을 측정했다. 쥐가 습관을 익힐수록 선조체에서 '행위 구간을 나누는' 패턴(움직임의 시작과 끝에서만 활동성이 나타나는 현상)이 생겨나기 시작했고, 이 현상이 나타나자 쥐는 숙고를 덜 하기 시작했다. 스미스와 그레이비엘이 선조체의 활동 패턴과 쥐의 심사숙고 간의 관계성을 살피자 아주 흥미로운 사실이 드러났다. 어떠한 일을 수행할 때 심사숙고의 여부는 행위 구간을 나누는 패턴이 심사숙고가 벌어지기 훨씬 전인 (다시 말해 선택의 기로에 서기 훨씬 전인) 수행의 시작 단계에서 생성되는지에 달려 있다. 이들은 이와 유사한 패턴이 변연계아래피질에서도 나타나는 것을 발견했지만, 여기서는 행동이 실제로 습관화됐을 즈음인 훨씬 뒤에야 패턴이 나타났다. 이 결과는 습관이 형성되는 과정에서 선조체와 전전두피질이 협력해 행위 연속체를 '개별적인 행위의 집합'이 아니라 '하나의 행동'으로 바꿔놓고, 이로 인해 습관적 행동이 한 번 시작되면 해당 시퀀스를 중간에 멈추기가 훨씬 어려워진다는 것을 보여주었다.

사전 경고: 신호는 습관을 어떻게 유발하는가

누군가의 스마트폰에서 알림이나 진동이 울릴 때 즉시 본인의 스마트폰을 꺼내 메시지를 확인한 적이 몇 번이나 있었는가? 스마트폰을 사용하는 사람이라면 거의 누구나 이러한 경험을 한 적이 있을 텐데, 심리학자들이 파블로프-도구적 전이Pavlovian-instrumental transfer라는 복잡한 이름으로 칭하는 현상이다. 두 개의 다른 학습이 결합된 형태라 이렇게 이름 지어졌다. 파블로프 학습은 자극이 가치의 결과와 관련될 때 일어난다. 먹이를 의미하는 종소리가 울리자 파블로프의 개들이 침을 흘렸던 것처럼 말이다. 도구적 학습은 앞서 강화 학습을 언급할 때 이야기했던 것처럼 특정한 상황 또는 자극으로 특정한 행위를 수행하게 하는 학습을 의미한다. 파블로프-도구적 전이는 파블로프 학습을 통한 결과와 관련한 신호(누군가의 스마트폰 알림 소리)가 도구적 학습으로 형성된 행위 (메시지를 확인하는 등의)를 이끌어내는 현상을 의미한다.

파블로프-도구적 전이는 나쁜 습관을 유발하는 데 특히나 중요한 기제로 간주된다. 단순히 누군가 흡연하는 모습을 보거나 담배 연기가 자욱한 바에 들어가면 흡연자는 담배에 불을 붙이고 싶은 즉각적인 충동을 느낀다. 이 같은 현상은 쥐를 대상으로 한 여러 연구에서도 확인됐고, 쥐를 이용한 실험은 해당 현상을 연구하는 가장 일반적인 모델로 자리 잡았다. 이를테면 피터 홀랜드Peter Holland가 진행한 한 연구에서 쥐들을 먼저 소리와 먹이에 함께 노출시켜 소리가 들릴 때 쥐가 먹이를 기대하도록 했다.[4] 본질적으로 가치가 높은 자극제(먹이)와 처음에는 중립적인 자극(소리)의 관계는 파블로프의 개들이 먹이와 종소리를 연관지었던 것처럼 파블로프 학습을 반영한다. 이후 쥐들에게 사료 알갱이를 얻기 위해서는 (소리는 제시되지 않은 채) 레버를 눌러야 한다고 훈련시켰다. 특정한 결과를 얻기 위해 '특정한 행위'를 수행해야 한다는 것은 동물이 배우는 도구적 학습이다. 이 훈련 후 홀랜드는 먼저 철장 안에 쥐들을 넣고 먹이 없이 소리만 들려주며 파블로프-도구적 전이를 실험했다. 쥐들이 (먹이와 관련이 없는) 다른 소리가 들릴 때는 반응하지 않고 기존의 소리가 들릴 때 레버를 누른다면 전이가 일어난 것이었다. 홀랜드는 오랜 시간 레버 누르기를 훈련받은 쥐들이 강력한 파블로프-도구적 전이를 보이는 것을 발견했다. 다시 말해 앞서 음식과 연관된 소리를 들은 쥐들은 실험 동안 실제로 먹이가 제공되지 않았음에도 레버를 누르려는 모습을 보였다.

이후 홀랜드는 파블로프-도구적 전이가 보상의 가치 저하에 영향을 받는지 실험했다. 제1장에서 나온 습관적 행동의 특징이었다. 그러기 위해 그는 쥐 몇 마리에게 식욕을 떨어뜨리는 염화리튬을 주입했다. 레버 누르기 반응 훈련을 짧게 받은 쥐들은 해당 독소가 주입된 후 레버를 누르려는 모습을 덜 보였다. 즉, 이 쥐들의 행동은 목표지향적이었고, 메스꺼움이 먹이라는 가치의 매력을 저하시켰다. 이와 반대로 레버 누르기를 오랜 시간 훈련받은 쥐들은 해당 독소가 주입되지 않은 쥐들만큼이나 레버를 계속해서 눌렀다. 습관적 행동의 특징이었다. 훈련을 적게 받은 쥐들은 전이가 적은 반면, 오랜 시간 훈련을 받은 쥐들은 전이가 매우 컸으며, 먹이의 가치 저하에 영향을 받지 않았다. 행동이 습관이 된 후에는 쥐가 더는 보상을 원치 않아도 관련 자극으로 행동이 유발된다는 뜻이었다! 이러한 연구는 습관이 이런 유형의 전이에 특히 민감하다는 사실을 규명했다. 담배를 끊으려고 하는 흡연자가 바에 들어간다고 생각해보자. 바 안의 다른 수많은 신호와 더불어 담배 냄새는 실제로 더는 담배를 피우고 싶지 않다 하더라도 흡연이 강력한 습관으로 자리 잡은 사람에게 행위를 가장 거세게 일으키는 요인일 것이다.

　쥐와 마찬가지로 사람에게도 같은 전이 효과가 나타날지 마땅히 의문이 생길 텐데 여러 연구에서 사람 또한 파블로프-도구적 전이를 보인다는 것이 드러났다. 산느 드 위트Sanne de Wit와 그녀의 동료들이 행한 한 연구에서 피실험자인 인간은 먼저 두 버튼 중 하나를 누르면 서로 다른 음식 두 개 중 하나(팝콘 또는 초콜릿 캔디)가 나온다는 훈련을 받았다.[5] 이후 피실험자들은 일련의 시각적 신호를 다른 음식들과 연결시키는 훈련을 받았다. 가치 저하 효과를 시험하기 위해 연구진은 피실험자들에게 10분 동안 TV를 시청하게 했고, 앞서 나온 음식 두 가지 중 하나를 사발로 제공하여 특정 음식을 향한 갈망을 충족시켰다. 이후 피실험자들은 자신이 원하는 음식을 받기 위해 버튼을 누르는 실험을 진행했다. 해당 음식은 세션 마지막에 제공될 예정이었다. 그 결과 전이 현상이 나타났다. 팝콘과 연관된 이미지가 등장하자 피실험자들은 팝콘을 선택하는 경향이 큰 반면 캔디를 의미하는 이미지가 나왔을 때는 캔디를 선택할 확률이 높았다. 홀랜드가 쥐를 대상으로 한 실험에서 발견한 것과 유사하게, 이 전이 효과는 포만감에 영향을 받지 않았다. 피실험자가 어떤 음식으로 배를 채웠는지와 관계없이 반응을 일으키는 신호의 효과는 동일했다.

파블로프-도구적 전이에서는 도파민이 중추적인 역할을 한다. 케이트 와썸Kate Wassum과 그녀의 동료들이 진행한 연구는 홀랜드와 매우 유사했지만, 한발 더 나아가 고속스캔 순환전압 전류법fast-scan cyclic voltammetry을 이용해 쥐의 측좌핵의 도파민 농도를 측정했다.[6] 이 기술은 아주 미세한 탄소 섬유 전극을 두뇌에 심어 특정한 패턴의 전류를 흘려보낸다. 도파민 농도가 변하면 전극의 전기적 반응이 달라져 연구진은 도파민의 양을 수치화할 수 있다. 와썸과 동료들은 음식과 관련 없는 소리가 나올 때와 비교해 음식 관련한 소리가 나온 뒤 시간이 지날수록 도파민의 양이 증가한다는 사실을 발견했다. 또한 도파민이 분비되는 시기를 검사하자 이들은 도파민이 더욱 직접적으로 파블로프-도구적 전이에 연계되며 쥐가 레버를 누르기 직전에 도파민 분비량이 자주 늘어난다는 것을 알아냈다. 안타깝게도 와썸과 동료들의 연구는 의미가 있긴 했지만 상관관계가 있다는 점을 밝혀내는 정도에 그쳤다. 도파민과 파블로프-도구적 전이의 인과적 관계를 밝히기 위해선 도파민에 개입할 때 전이에도 개입이 일어난다는 것을 보여주어야 한다. 션 오스틀런드Sean Ostlund, 와썸 그리고 동료들은 DREDDs라는 신기술로 뇌의 특정 영역에 신호를 보내는 도파민에 개입함으로써 이 사실을 증명했다.[7,8] 이들은 측좌핵으로 신호를 보내는 도파민에 개입할 때는 파블로프-도구적 전이가 감소한 반면, 두뇌의 다른 부분(쥐의 전전두피질의 중앙부)으로 신호를 보내는 도파민에 개입하면 전이에 아무런 영향이 없다는 것을 발견했다. 이는 측좌핵의 도파민이 트리거 신호와 보상-추구 행동의 연결에 핵심적인 역할을 한다는 의미였다.

우리가 신호를 무시할 수 없는 이유

세상을 둘러보면 다른 것들보다 좀 더 우리의 주의를 사로잡는 대상이 있기 마련이다. 크기나 색 같은 특징 때문일 때가 많지만 좀 더 색다른 특징 때문에 관심이 가는 경우도 있다. 만약 당신이 자동차광이라면 1957년식 포드 썬더버드에 눈길이 가겠지만, 조류 연구자라면 자동차 옆 우편함에 앉은 초록어치에 관심이 더욱 갈 것이다. 보통 주의 편향attentional bias이라고 알려진 이 현상은 중독의 두드러진 특징으로 등장한다.

중독 상황에서는 개인의 선택 약물과 관련한 시각적 신호에 주의를 빼앗기는 강력한 편향이 발생한다. 제1장에서 나왔던 스트룹을 각색한 과제가 주의 편향을 입증하는 좋은 사례이다. 이 과제에서는 색이 입혀진 글자를 보고 글자의 색깔을 말해야 한다. 단어의 의미와 글자의 색이 상충할 때('파랑'이라는 단어가 빨간색으로 쓰여 있을 때) 글자 색을 답하는 데 시간이 걸리는 현상이 스트룹 효과다. 답변이 느려지는 이유는 단어가 가진 두드러진 특징으로 인해 우리의 머릿속에서 자동적으로 간섭interference이 발생하기 때문이다. 이를 보여주는 가장 적절한 예는 중독 스트룹 과제로, 약물 남용자들에게 자신이 중독된 약물과 관련한 그림이나 단어를 보여주고 이미지의 색 등 간단한 특징을 묻는 것이다. 약물 남용자들은 중독과 관련되지 않은 자극과 비교해 중독과 관련한 자극에 응답하는 속도가 느려졌는데, 이는 이들의 주의력이 자동적으로 약물 정보에 사로잡혀 좀 더 단순한 과제를 수행하는 능력에 간섭이 발생한다는 점을 보여준다.[9] 다시 말해, 특정한 습관과 관련한 신호들이 파블로프-도구적 전이에 더 강한 지배력을 행사할 뿐 아니라 개인에게 더욱 현저하게 지각되어 우리 눈에 '더욱 두드러지게 보이는' 탓에 해당 습관을 촉발시킬 확률이 높다는 것이다.

이 효과의 저변에 자리한 메커니즘을 조사한 텍사스A&M 대학의 심리학자 브라이언 앤더슨Brian Anderson은 중독에서 관찰되는 주의력 편향은 비정상적인 현상이라기보다는 기본적인 심리 메커니즘인 가치 기반 주의 포획value-based attentional capture의 발현이라고 주장했다. 앤더슨은 자신의 연구에서 사람들에게 세로 또는 가로 선이 있는 다양한 색깔의 원 여러 개를 컴퓨터 스크린으로 보여주었다. 실험이 한 번 진행될 때마다 참가자들은 색깔을 기준으로 원 하나를 찾아내고('빨간색 원을 찾으세요') 해당 원 안에 선이 어떤 방향으로 그려져 있었는지를 말해야 했다. 실험을 한 차례 마칠 때마다 참가자들은 소액의 금전적인 보상을 받았는데, 원의 색깔에 따라 보상의 규모가 달라졌다. 가령, 빨간색 원이면 피실험자는 전체 시도 중 80퍼센트의 확률로 5

센트의 보상을 받고 나머지 20퍼센트의 확률로 1센트의 보상을 받았다. 반면, 초록색 원일 때는 20퍼센트의 확률로 높은 보상을 받았다. 보상의 가치가 약해졌는지 확인하기 위해 그는 테스트 단계로 피실험자에게 색이 아니라 모양에 따라 대상을 찾도록 요구했다. 이 테스트에서 타깃 모양은 원이 아니었지만 가끔씩 참가자들의 주의를 분산시키는 선택지로 원이 등장했다. 앤더슨이 관심을 가졌던 질문은 앞서 보상이 주어졌던 색깔의 원이 주의를 분산시킬 때 집중력이 더욱 흐트러질 것인지(그래서 타깃 모양을 찾는 데 시간이 더욱 걸리게 될지), 그리고 보상이 컸던 색이 보상이 약했던 색보다 더욱 주의를 산만하게 하는지였다. 실험 결과는 그의 예상과 같았다. 어떤 규모로든 보상이 주어졌던 색깔이 등장하면 전에 보지 못했던 색깔이 제시될 때에 비해 사람들은 타깃 모양을 찾는 데 시간이 더욱 오래 걸렸고, 보상이 낮은 색에 비해 보상이 컸던 색에서 그 효과가 더욱 컸다. 효과의 차이는 1,000분의 수십 초로 대단하지 않았지만 뚜렷했고, 앤더슨은 가치 기반 주의 포획이 중독에서 확인되는 주의 편향과 많은 유사점이 있다는 것을 밝혀냈다. 바로 오래 지속되고(최소 6개월의 기간으로) 무효화시키기가 어렵다는 점이다. 한 소규모 연구에서도 기저핵 내 도파민 수용체가 많은 사람들이 주의 포획의 정도가 높은 것으로 드러나며 가치 기반 주의 포획과 도파민 시스템의 활동 간의 연관성이 나타났다. 정리하자면, 습관을 극복하는 것이 어려운 또 하나의 이유는 바로 습관을 유발하는 신호를 무시하는 것이 점점 더 어려워지기 때문이다.

습관의 끈질김 속에 담긴 비밀

앞에서 등장한 요인들이 모두 더해져 습관 고치기를 특히나 어렵게 만든다. 스마트폰 메시지를 확인하는 사례를 생각해보자. 이 행동 역시 처음에는 새로운 정보를 얻는다는 목표 지향적 행동으로 시작됐다. 그러나 이것이 습관이 되면, 처음에는 인지 기능과 관련된 피질선조체 고리에 의존했던 행동이 시간이 지날수록 운동 기능과 관련한 영역으로 옮겨가, 결과적으로 이 행동은 인지 시스템의 직접적인 감독 아래서 벗어난다.

당신이 실리콘밸리의 최신 트렌드인 '도파민 단식'에 임하기로 결정했고, 일주일 동안 스마트폰 메시지를 확인하지 않기로 했다고 가정해보자. 메시지를 확인하려는 습관은 그대로 있지만 기기를 만지지 않겠다는 새로운 목표에 따라 이 습관을 묵살한다. 수고스러운 집행통제executive control가 필요한 일이다. 제5장에서 보게 되겠지만 이런 유형의 통제력은 무너지기 쉽고 실패하는 경우가 많다. 시간이 갈수록 조금씩 쉬워질 수는 있지만 상황이 달라진다면(가령 계속된 거리 두기와 봉쇄령에 스트레스를 받는다면) 예전의 습관에 다시 빠지기 쉽다. 행동을 구성하는 요소들이 하나의 단위로 또는 '덩어리'로 합쳐져 한번 행동이 시작되면 자동적으로 끝까지 완수된다. 그럴 생각이 없었음에도 어느새 스마트폰 메시지를 확인하고 있는 자신의 모습을 발견하게 되는 것이다. 또한 파블로프-도구적 전이와 가치 기반 주의 포획이라는 두 메커니즘의 음모로 습관은 더욱 쉽게 촉발된다. 새 메시지 도착을 알리는 누군가의 스마트폰 진동 소리에 주의를 빼앗기고, 어느새 자신의 스마트폰을 확인하게 되는 것이다.

　지금껏 우리는 습관과 목표 지향적 행동을 완벽히 별개의 개념으로 다루었다. 다음 장에서는 습관에 관여하는 두뇌 시스템과 목표 지향적 학습에 관여하는 두뇌 시스템이 어떤 식으로 상호작용을 하며 우리의 행동을 결정하는지에 대해 다루겠다.

제4장

나와 나의 싸움

간식거리를 살 생각으로 편의점 안으로 걸어 들어가고 있다고 생각해보자. 당신은 무엇을 살지 어떻게 결정하는가? 시간은 좀 걸리겠지만 각기 다른 선택지를 모두 따져본 뒤 건강, 맛 또는 가격 등에서 자신의 욕구에 가장 잘 부합하는 제품을 고를 것이다. 자주 방문하는 편의점이라면 평소에 사던 제품을 그냥 고를 수도 있다. 아니면 당신의 관심을 사로잡은 신상 간식거리가 새로운 시도를 하도록 마음을 움직일 수도 있다.

하지만 '내가' 무언가를 결정했다고 말한다면 이는 내 두뇌 속 서로 협력하는 또는 가끔씩 대립하는 많은 시스템이 내 행동을 정한다는 사실과 모순되는 표현이다. 기억 체계가 여러 가지이듯 행동에 이르는 경로 또한 여러 가지 다른 경로가 존재하고, 각각의 경로는 행동을 통제하거나 변화시키는 우리의 능력에 중요한 영향을 미친다. 먼저 반사가 있다. 수억만 년의 진화를 거쳐 우리의 신경계에 내재된 행동이다. 우연히 뜨거운 표면에 손을 댔다가 통증을 느끼고는 손을 움찔한다면 반사가 작용한 것이다. 다양한 반사들이 우리의 신경계 가장 기본적인 영역에 의지한다. 고통스런 자극에서 손을 뒤로 물리는 행위는 두뇌라기보다는 척수의 반응이다. 반사는 이 세상의 여러 자극과 연관될 수도 있고, 그렇기에 어떠한 자극만으로도 행동이 유발되기도 한다. 이반 파블로프Ivan Pavlov가 밝혀낸 파블로프의 개 연구가 대표적이다.

반사의 스펙트럼 반대편 끝에는 마음속에 분명한 목적을 갖고 행하는 행동이 있다. 제1장에서 목표 지향적 행동이라고 설명했던 이러한 행동에는 우리가 일상에서 행하는 많은 일들이 포함되어 있다. 건강하다고 여겨서 또는 맛있다고 생각해서 어떠한 음식을 먹고, 교통체증을 피하겠다는 분명한 목적으로 특정 경로를 택해 일터로 향한다. 앞에서 봤듯이, 목표 지향적 행동이 다른 유형의 행동과 다른 점은 어떠한 목적에 대한 관심이 사라지고 나면 해당 행동이 나타나지 않아야 한다는 것이다. 내가 점심 식사를 하며 케이크를 너무 많이 먹었다면 그날은 케이크를 더는 원치 않을 것이고, 집에 빨리 도착해야겠다는 생각 같은 것은 하지 않고 라디오 사연에 귀 기울이고 있다면 교통체증을 피하려고 애쓰지 않을 것이다.

반사와 목표 지향적 행동 사이에는 지금 우리가 논의 중인 습관이 자리하고 있다. 습관은 어떤 시점에는 목표 지향적인 행동이지만 충분히 반복된 후에는 자동적인 행위로 변해 반사에 훨씬 가까워진다. 다만 반사는 기본적으로 행위를 멈추는 것이 불가능하지만 습관은 충분한 노력과 주의를 기울인다면 멈출 수 있을 때가 많다.

두뇌 속에서 경쟁이 벌어지고 있다?

앞의 두 장에 소개된 연구에서 우리는 습관과 목표 지향적 행동을 담당하는 두뇌 시스템이 별개로 존재한다는 것을 살펴보았다. 그러나 우리의 행동을 보면 이 서로 다른 영향력이 너무도 매끄럽게 결합된 듯 느껴지기에 자연스럽게 한 가지 의문이 떠오른다. 이 두 개의 다른 시스템이 선택의 문제에서는 서로 어떻게 작용할까?

1990년대 초, 내가 이 문제를 연구하기 시작할 당시 대부분의 연구자들은 두 개의 시스템이 완벽하게 독립적으로 운영된다고 믿었다. 그러나 현재 텍사스A&M 대학에 적을 두고 있는 마크 패커드가 진행한 일련의 연구는 사실 두 시스템이 서로 경쟁 관계에 있을지도 모른다고 제안했다. 패커드는 서로 다른 기억 시스템이 서로 다른 유형의 행동과 어떤 연관성이 있는지에 관심을 가졌다. 기억 시스템 연구는 상당 부분 기저핵과 중앙측두엽medial temporal lobe의 구별에 초점을 두고 있어, 패커드는 이 두 영역에 집중해 서로 다른 유형의 학습에서 각 영역의 역할을 이해하고자 했다.

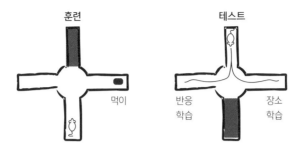

[그림 4.1] 십자형 미로 과제

훈련 중(좌측 도식)일 때 십자형의 남쪽 날개에 놓인 쥐는 동쪽(오른쪽) 날개로 이동해야 먹이를 얻을 수 있다는 것을 학습해야 했다. 북쪽 날개는 막힌 상태였다. 테스트(우측 도식)에서는 미로에 먹이를 두지 않았고, 쥐를 북쪽 날개에 놓은 채 남쪽을 막았다. 이때 쥐가 왼쪽으로 방향을 튼다면 공간 내에서 장소를 찾아가는 법을 배웠다는 의미인 반면, 오른쪽으로 튼다면 특정 반응을 보이는 법을 배웠다는 의미다.

이를 시험하기 위해 패커드는 십자형 미로 찾기라는 아주 단순한 과제를 쥐에게 수행하도록 했다(그림 4.1). 미로의 날개가 완벽히 똑같아 보이기 때문에 벽이 다양하게 장식된 방에 미로를 두어야 쥐가 미로 속에서 자신의 위치를 가늠할 수 있다. 패커드는 미로의 한쪽 날개에 먹이를 두고 다른 쪽 날개에 쥐를 놓아 쥐가 먹이를 먹기 위해서는 왼쪽 또는 오른쪽으로 방향을 틀어야 하는 상황을 만들었다. 쥐의 정면에 자리한 날개는 막혀 있어 바로 앞 장에 등장했던 그레이비엘의 연구 속 미로처럼 쥐의 관점에서는 T자형으로 보인다. 훈련을 통해 쥐는 어느 쪽으로 방향을 틀어야 먹이를 얻을 수 있는지 빨리 학습했지만, 패커드는 이것이 가능한 이유에는 두 가지 기제가 있을 거라고 추론했다. 쥐가 먹이가 있는 곳의 '위치'를 배웠을 수도 있다. 그는 이 현상을 장소 학습place learning이라고 했다. 공간 학습과 해마의 관련성에 대한 방대한 연구를 바탕으로 그는 장소 학습에도 해마가 필요할 것이라 예상했다. 다른 한편으로는 쥐가 단순히 '특정 방향'으로 틀도록 배웠을 수도 있는데, 그는 이를 반응 학습response learning이라고 했다. 이 두 가지 개념이 목표 지향적 행동, 습관적 행동과 매우 유사하다는 점에 주목하길 바란다. 장소 학습에서 동물은 목표(즉, 공간 내 장소를)를 향해 나아가는 반면, 반응 학습은 과거 보상을 주었던 행동을 단순히 반복하는 것이다.

쥐가 어떤 학습을 활용했는지를 시험하기 위해 패커드는 간단한 수를 썼다. 그는 처음 위치의 맞은편 날개에 쥐를 놓고 먹이는 두지 않은 채(그림 4.1에서 볼 수 있듯이), 쥐가 어느 쪽으로 향하는지 관찰했다. 쥐가 공간 내 먹이가 놓인 장소까지 찾아가는 법을 배웠다면 그 위치로 바로 향할 것이었고, 그러기 위해선 이번에는 기존의 훈련에서 배웠던 것과 반대로 방향을 틀어야 했다. 이와 다르게 쥐가 특정 행동을 배웠다면 아까의 상황에서 쥐가 틀었던 방향으로, 즉 먹이가 있던 방향과 반대로 틀어야 했다. 패커드는 쥐가 어느 정도의 훈련을 받았는지에 따라 행동이 달라진다는 것을 발견했다. 훈련 초기의 쥐들은 '장소 학습'의 특징을 보여주었다. 맞은편 날개에 놓자 쥐들은 기존에 먹이가 있었던 위치를 향해 방향을 꺾었다. 그러나 훈련이 거듭되자 행동이 달라졌고, 쥐들은 이제 늘 가던 쪽으로 방향을 꺾었다. 즉, 디킨슨의 최초 실험에서 쥐들이 보여준 것과 마찬가지로 습관은 경험을 통해 길러졌다.

이후 패커드는 중요한 정신적 도약을 이뤘다. 기존의 기억 시스템에 관한 연구는 대체로 서로 다른 시스템이 독립적으로 운영된다는 전제에 기반했지만, 패커드는 두 시스템이 계속 학습을 하다가 경쟁을 벌여 동물의 행동 방식을 결정한다고 제안했다. 다시 말해 한 유형의 학습에 관련한 두뇌 시스템에 지장을 주어 동물이 다른 유형의 학습을 활용하도록 전환시킬 수 있다는 의미였다. 만약 한쪽 시스템은 참여하지 않는다면 어느 날개에 먹이가 있는지 알 방법이 없는 쥐는 양쪽 통로를 무작위로 탐험할 터였다. 연구 결과 실제로 두 시스템이 동시에 학습하고 쥐의 행동을 통제하기 위해 서로 경쟁하는 것처럼 보였다. 패커드가 학습 초기 단계에서 쥐의 해마를 비활성화시키자 쥐들은 반응 학습 전략을 사용한 반면, 학습 후기에 기저핵에 지장을 주자 쥐들은 장소 학습 전략으로 전환했다. 또한 그는 한 유형의 학습을 지원하는 두뇌 영역에 화학적으로 자극을 주어 동물이 다른 한쪽 학습을 활용하도록 만들 수 있다는 것도 보여주었다. 이 연구는 두뇌의 서로 다른 기억 시스템이 우리의 행동을 결정하기 위해 끊임없이 경쟁을 한다는 사실을 시사했다.

기억 시스템 사이의 상호작용

패커드가 논문을 출판했을 즈음 나는 스탠퍼드에서 박사 후 연구 과정을 막 마치고 보스턴에 위치한 매사추세츠 종합병원에서 새 연구실을 시작하고 있었다. 더불어 내 연구실에서는 두뇌의 서로 다른 기억 시스템들이 기존의 믿음처럼 독립적이 아니라 상호적일 거라는 논의가 시작되고 있었다. 특히나 습관 시스템과 서술 기억 시스템이 서로 완전히 독립적이라는 개념이 내게는 타당해 보이지 않았다. 고도로 상호 연결적이고 역동적인 두뇌 활동의 속성을 생각해보면 건강한 뇌 안에서 두 개의 시스템이 서로 상호작용을 한다고 생각하는 게 더 합리적이었다. 나는 이 분야의 연구가 병변이 있는 환자들에만 초점을 맞췄던 것이 모두를 잘못된 방향으로 이끌었다고 생각했고, 뇌 영상을 이용해 두 시스템의 상호작용이 이뤄지는 모습을 볼 수 있을지도 모르겠다는 생각이 들었다.

럿거스 대학의 마크 글럭Mark Gluck과 다프나 쇼헤이미Daphna Shohamy와 함께 우리는 피실험자들에게 일련의 시각적 단서(도형이 그려진 카드)를 바탕으로 시행착오 학습을 거쳐 결과를 예측하는 과제(여기서는 비인지 해인지를 고르는)를 훈련시켰다. 카드는 결과와 확률적 관계(X의 발생이 Y의 발생을 유발할 가능성이 높은 관계 — 옮긴이)에 있었다. 이를테면 카드 하나는 65퍼센트의 확률로 비와 연관된 반면 다른 카드는 80퍼센트의 확률로 햇빛과 연관이 있었다. 건강한 피실험자는 훈련을 통해 이 '날씨 예측' 과제를 정확하게 수행하는 법을 배울 수 있었지만 놀튼과 스콰이어가 행한 이전의 연구에 따르면 파킨슨병에 걸린 사람들은 해당 과제를 배우는 데 어려움을 느꼈다. 두 사람은 기저핵과 도파민 모두 또는 둘 중 하나가 이런 종류의 시행착오 학습에 필요하다는 결론을 얻었다. 여기서 우리는 과제를 학습하는 방식에 약간의 변화를 준다면 두뇌가 습관 시스템을 사용하던 것에서 서술 기억 시스템을 사용하는 것으로 그 수행 방식 또한 바꿀 수 있다는 것을 직감했다. 놀튼과 스콰이어가 처음 개발한 날씨 예측 과제에서는 피실험자들이 시행착오를 거쳐 학습했다. 매 시험마다 두 개의 결과(비 또는 해) 중에 하나를 선택한 뒤 전달되는 피드백을 바탕으로 점차 수행 능력을 향상시켜 나갔다. 제2장에서 봤듯이 보상 예측 오류 신호를 보내는 도파민의 역할로 미루어봤을 때 파킨슨병 환자들(도파민 신호화가 손상된 사람들)이 이 과제를 배우는 데 어려움을 느끼는 것은 그리 놀랄 만한 사실이 아니었다. 우리는 두뇌가 과제에 접근하는 방식에 변화를 줄 의도로 약간의 수정을 더해 과제를 설계하기로 했다. 피실험자들에게 단서 카드와 날씨 결과를 제시하는 것은 같지만, 이번에는 피실험자들이 시행착오를 통해 학습하는 것이 아니라 결과와 짝이 되는 단서 카드를 단순히 함께 기억하도록 만들었다. 우리는 이를 쌍연합학습paired-associate learning이라고 지칭했다. 심리학에서 이 용어가 자료들 간에 짝을 짓는 법을 배워야 하는 상황을 설명할 때 자주 사용되기 때문이다.

우리는 피실험자들이 날씨 예측 과제에서 시행착오 또는 쌍연합 방식을 행하는 동안 fMRI로 기저핵과 중앙측두엽의 활동을 측정했다. 두 가지 서로 다른 버전의 과제에서 두뇌 활동을 비교했고, 우리가 이해하는 두뇌 기억 시스템과 일치하는 결과를 얻었다. 시행착오 버전을 행할 때는 기저핵 활동이 더욱 활발한 반면, 쌍연합 버전을 수행할 때는 중앙측두엽 활동이 늘어났다. 두 개의 시스템이 서로 경쟁을 벌인다는 패커드의 의견에 동의하게 만드는 현상을 발견하기도

했다. 두 영역의 활동이 서로 반대로 향하는 듯 보였다. 여러 사람에 걸쳐서, 그리고 같은 사람을 오랜 시간에 걸쳐 살핀 결과 기저핵 활동이 높아짐에 따라 중앙측두엽 활동이 낮아지는 현상을 확인했다. 2001년, 우리는 이 결과를 《네이처》Nature에 게재했다.[1] 현재 컬럼비아 대학의 교수인 쇼헤이미가 추후 주도한 연구에서 우리는 파킨슨병을 앓는 사람들을 대상으로 두 버전의 과제를 시험했고, 그 결과 (놀튼과 스콰이어가 보여줬듯이) 환자들이 시행착오 버전을 학습하는 데는 어려움을 겪었지만 쌍연합 버전은 훨씬 수월하게 배운다는 사실을 발견했다.

그러나 시간이 흐를수록 우리는 앞서 여러 연구에서 사용된 날씨 예측 과제의 한계를 깨닫게 되었다. 가장 큰 한계는 패커드의 십자형 미로와 달리 날씨 예측에서는 피실험자가 어떤 학습에 연계하고 있는지를 확실히 '보여줄' 방법이 없었다는 점이다. 그러던 중 한 연구진이 목표와 습관 간의 차이에 착안해 컴퓨터 공학의 신기술로 두뇌 속 두 개의 서로 다른 시스템이 어떻게 작용하는지를 더욱 명확하게 이해할 수 있는 방법을 제시했다.

목표와 습관의 차이를 형식화하다

샌프란시스코에서는 서너 명의 엔지니어가 차 위에 센서를 단 소형차를 운전하며 누비는 모습은 매우 흔한 광경이다. 괴짜 파티 차량같이 보이지만 사실 실리콘밸리의 수많은 기업에서 개발 중인 자율주행 차량의 시제품이다. 제대로 된 자율주행 차량을 만드는 데는 인간 지능의 다양한 면을 컴퓨터로 신속하고도 효율적으로 구현해야 하기에 난관이 무척 많다.

1950년대부터 시작된 인공지능을 향한 탐구는 수십 년간 의학적 진단이나 체스 등 까다로운 업무에서 인간처럼 추론하는 시스템을 개발하는 데 주로 초점이 맞춰져 있었다. 이러한 접근법은 인간 차원의 문제를 단호하고도 유연하게 해결하려는 데 발걸음조차 떼지 못하고 암흑기를 맞았다. 하지만 21세기에 들어서 인공지능을 향한 다른 접근법이 인간 수준의 지능에 도달하기 위해서 해결해야 하는 문제를 훨씬 능숙하게 처리하며 그 역량을 증명해 보였다. 머신러닝이라고 부르는 이 기법은 인간의 학습 방식과 좀 더 가깝게 학습하기 위해 엄청난 양의 데이터와 아주 강력한 성능의 컴퓨터를 활용한다. 특히 딥러닝deep learning이라 부르는 접근법은 오랜 세월 동안 컴퓨터 공학자들이 골머리를 썩인 문제 다수를 해결하는 데 굉장히 성공적인 모습을 보였다. 페이스북에서 업로드된 사진 속 사람들의 얼굴을 식별하고 각각의 이름을 찾아내는 데 쓰이는 기술이 딥러닝이다. 당연하게도 딥러닝의 대부 중 한 명인 얀 르쿤Yann Lecun이 현재 페이스북에서 일하고 있다.

머신러닝 연구자들은 인간이 됐든 컴퓨터 시스템이 됐든 세상을 배워가며 해결해야 하는 문제를 보통 몇 가지로 분류한다. 한쪽 끝에는 지도 학습supervised learning이라는 문제들이 있는데, 여기서는 시스템에 정답이 제시되고 시스템은 적절한 맥락에 맞춰 정답을 되풀이하는 법만 학습하면 된다. 어린아이가 부모에게서 다양한 동물의 이름을 배우는 과정과 유사하다. 다른 쪽 끝에 속한 문제들은 비지도 학습unsupervised learning으로, 교사 역할을 하는 대상이 전혀 없는 상태에서 세상을 보고, 관찰한 바에 따라 그 구조를 식별해야 한다. 어린아이가 부모가 하는 말을 듣고, 부모가 쓰는 특정 언어에서 중요한 언어음(음성기관에서 조음되어 의미를 지니는 음성 형식 — 옮긴이)을 파악할 때 비지도 학습이 벌어진다. 이 두 유형의 학습 사이에는 강화 학습이 있는데, 이는 앞서 도파민을 이야기하며 등장했다. 강화 학습에서 시스템은 피드백을 바탕으로 적절한 행동을 배워야 하지만 정답이 명쾌하게 주어지지 않는다. 올바른 선택을 내렸는가에 따라 당근 또는 채찍을 받는다.

컴퓨터 공학이 하나의 학문 분야로 존재하기도 전에 학습이 어떻게 일어나는지에 관심을 가졌던 몇몇 심리학자들이 강화 학습을 연구했었다.[2] 물리학과 달리 심리학에는 법칙이 거의 없지만, 가장 확실하게 정립된 이론 중 하나는 1898년 미국의 심리학자 에드워드 손다이크Edward Thorndike가 만든 '효과의 법칙'law of effect이다. 어떤 행동의 결과가 만족스러우면 해당 결과를 이끄는 특정 상황이 형성될 때 향후 이 행동이 더욱 자주 일어나는 반면, 행동의 결과가 불만족스럽다면 향후 이 행동을 할 가능성이 낮아진다는 이론이다. 20세기 심리학자들은 쥐 또는 비둘기와 같은 동물의 학습에 초점을 맞춰 효과의 법칙 원리를 이해하기 위해 연구했지만, 이 이론의 기본 개념 중 하나를 밝힌 이들은 '고전적 조건화'classical conditioning라는 또 다른 유형의 학습을 연구하던 연구자들이었다.

고전적 조건화는 파블로프가 먹이를 주기 전 울리는 종소리에 개들이 침을 흘리는 모습을 보고 발견한 학습 유형이라 파블로프 학습Pavlovian learning이라고도 불린다. 1970년대 심리학자인 로버트 레스콜라Robert Rescorla와 앨런 바그너Allan Wagner는 특히 학습에서 일어나는 차단blocking 현상을 이해하는 데 관심을 가졌다. 기존의 이론들은 동물이 어떠한 일과 다른 일 사이에 동시 발생을 인식하는 것으로 학습한다는 쪽이었다. 즉, 언제든 어떠한 행동에 관련하여 보상이 따른다면 동물은 해당 행동을 더욱 자주 수행하도록 학습한다는 것이다. 그러나 1968년 심리학자 리언 카민Leon Kamin이 보상이 이미 어떠한 자극과 연계된 경우라면 새로운 자극과 보상 간의 연결성이 차단될 수 있다는 사실을 보여주었다. 가령, 초등학교에서 특정 벨소리를 들으면 점심 시간을 연상하게 되고, 벨이 울릴 때마다 침이 고이기 시작할 수도 있다. 그러나 또 다른 자극이 이후 추가된다면, 가령 벨과 함께 번쩍이는 불빛이 제시된다면 두 번째 자극과 결과 간의 관계는 차단되어 추후 불빛만 제시될 때는 벨소리와 같은 반응을 유발하지 못한다. 이를 통해 두뇌는 이 세상에서 어떤 자극들이 동시에 벌어지는지를 단순히 기록하는 데 그치지 않는다는 것이 드러났다. 레스콜라와 바그너는 학습이 세상에 대한 학습자의 '예측이 엇나가는 정도'에 따라 달라진다는 개념을 바탕으로 즉, 우리가 도파민에서 봤던 보상 예측 오류와 완벽히 같은 개념을 바탕으로 학습의 수학 이론을 만들었다.

이 이론은 이제 여러 새로운 접근법으로 대부분 대체되었지만, 심리학에서는 이 이론 덕분에 오류에 의한 학습error-driven learning 개념이 확고해졌다.

강화 학습의 수학적 모델이 복잡하게 보이겠지만 기본 개념은 사실 상당히 간단하다. 한 사람이 슬롯머신이 네 대뿐인 아주 작은 규모의 카지노에 입장한다고 생각해보자. 네 개의 기계 중 성능이 훨씬 좋은 기계가 있다는 것은 알지만 어떤 게 좋고 나쁜지는 모른다. 이때 강화 학습 모델은 사람이(또는 로봇이) 승률을 극대화하기 위해 어느 기계를 선택해야 할지 판단할 방법을 제공해준다. 가장 기본적인 모델을 구성하는 몇 가지 중요한 요소가 있다. '정책'policy(학습하는 대상이 판단하는 방식 — 옮긴이)은 주어진 특정 상태state에서 어떤 행동을 선택해야 하는지 그 판단 방법을 의미한다. 일반적으로 특정 상태에서 취할 수 있는 각 행동의 추정 가치를 바탕으로 결정하는데 카지노를 예로 들면 슬롯머신 각각이 지닌 승리의 가치를 예측하는 것이다. 처음에는 각각의 가치를 전혀 모르기 때문에 일단 모두 같다고 전제한다. 강화 학습 모델의 목표는 경험을 통해 가치를 배우는 것이다. 가장 단순한 정책은 어떤 시점에서든 가장 높을 거라고 추정되는 기계를 선택하는 것이겠지만 여기에는 문제가 많다. 따라서 우리는 어느 정도의 탐색exploration을 통해 그에 따라 주어진 시점에서의 판단으로 승률이 낮을 것 같은 기계를 선택해나가며 우리의 추측이 맞는지 확인한다. 강화 학습 모델에서는 행동의 결과에 해당하는 보상 신호reward signal 또한 중요하다. 지금의 예시에서 보상 신호는 단순하다.

기계를 시험할 때마다 우리가 이겼는지 졌는지를 기록하기만 하면 된다.

그렇다면 슬롯머신에 강화 학습 모델이 어떻게 작동하는지 살펴보도록 하자.[3] 그림 4.2에서 확인할 수 있다. 우리가 카지노 소유주라면 각 기계당 승률(그림 상단에 위치)을 실제로 알고 있을 것이다. 이 사례에서 승률은 최고 85퍼센트에서 최저 10퍼센트의 범위로 분포되어 있다. 그러나 강화 학습 모델 초기에는 각 기계별로 예상 배당액을 전혀 모르기에 네 개의 예상 가치를 제로로 설정할 것이다. 모든 가치가 동일한 이상 무승부의 균형을 깰 방법이 필요한데, 이때는 보통 행동 선택 메커니즘에 어느 정도의 무작위성을 더하는 방식을 택한다. 보편적인 방법 한 가지는 소프트맥스softmax 정책인데, 다른 행동들과 비교해 어떠한 행동이 지닌 가치에 비례하는 확률에 따라 선택하는 것을 의미한다. 슬롯머신의 경우 모든 가치가 동일하므로 첫 시도에서 각각의 행동이 선택될 확률은 25퍼센트이다. 가령, 첫 시도에서 무작위로 2번 슬롯머신을 선택해 (해당 기계에서 40퍼센트의 확률로 벌어지는) 1달러를 땄다. 강화 학습 모델의 다음 단계는 해당 경험을 바탕으로, 엄밀히 말해 우리의 예측과 실제 경험이 어떻게 다른가를 바탕으로 가치 추정치를 업데이트하는 것이다. 이 경우 첫 시도에 슬롯머신 2에서 기대한 가치는 0달러였지만 실제 보상 가치는 1달러이고, 따라서 보상 예측 오차는 1이다. 현재의 가치 추정치에 보상 예측 오차를 더해 슬롯머신 2의 가치 추정치를 업데이트하는데, 그전에 학습률learning rate이라고 하는 상대적으로 작은 수를 곱해 한 번의 승리

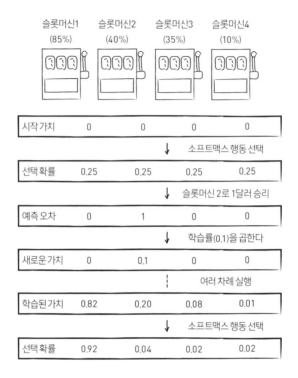

[그림 4.2] 슬롯머신을 이용한 강화 학습 모델 예시

각 슬롯머신은 추정 가치 0에서 시작해 네 대 중 하나를 선택할 확률이 25퍼센트이다. 슬롯머신 2가
(무작위 선정으로) 선택되었고, 플레이어는 1달러 보상을 얻었다. 실제 보상(1달러)과 예측 보상(0달러)의
차이로 예측 오차 가치는 1이 되었다. 이 가치에 학습률(0.1)을 곱해 슬롯머신 2의 가치는 새롭게 정립
되는 한편, 다른 슬롯머신들의 가치는 변하지 않는다. 슬롯머신을 많이 실행한다면 플레이어는 가장
높은 배당을 주는 기계(슬롯머신 1)를 선택할 확률이 높다.

가 추정치에 과도한 영향을 미치지 않도록 조정한다. 제한적인 증거
를 바탕으로 우리의 행동이 너무 빠르게 변화하지 않도록 하고, 시간
이 경과함에 따라 우리의 행동을 안정시키는 데 도움을 주는 장치이
다. 학습률 0.1을 이용해 2번 슬롯머신의 업데이트된 가치 추정치는
0.1이고 다른 슬롯머신들은 0이다. 이제 우리는 업데이트된 가치 추

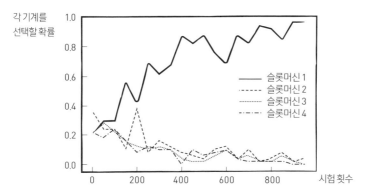

각 기계를
선택할 확률

[그림 4.3] 슬롯머신 사례를 바탕으로 한 강화 학습 모델의 수행

수차례의 훈련 시험을 거치는 동안 다른 선택지에 비해 고가치 선택지(실선)를 고르는 횟수가 점차 증가하는 것을 확인할 수 있다.

정치를 다음 시도에 활용한다. 명심할 점은 첫 번째 시도 후 가장 높은 추정 가치를 지닌 기계(슬롯머신 2)가 장기적으로 가장 높은 배당금을 제공하는 기계(슬롯머신 1)는 아니라는 사실이다. 한편, 가장 높은 가치 추정치를 지닌 슬롯머신을 단순히 선택하려 든다면(이를 탐욕적 행동 선택greedy action selection이라고 한다) 첫 번째 시도에서 무작위로 고른 슬롯머신이라는 이유만으로 영원히 슬롯머신 2를 선택하는 데 갇히게 된다. 대신, 우리는 앞서 밝혔듯이 어느 정도의 탐색을 거칠 필요가 있다. 이 사례에서는 소프트맥스 정책을 이용해 추정 가치에 따른 확률로 선택된 다른 행동들이 제시되고, 이로써 학습자는 한 번씩 다른 선택지를 탐험할 수 있다.

그림 4.3은 슬롯머신 선택에서 강화 학습 모델의 작동 사례다. 처음에는 각기 다른 슬롯머신이 대체로 동등한 비율로 선택되었다. 하

지만 시간이 지남에 따라 슬롯머신 1이 높은 승률로 가치가 상승되었고, 그 결과 해당 기계를 선택할 확률도 다른 기계에 비해 월등히 높아졌다. 이런 방식으로 아주 단순한 강화 학습 모델은 시간이 지남에 따라 가장 높은 보상을 가져오는 행동을 선택하는 법을 학습한다.

그렇다면 우리가 습관을 이해하는 것과 학습의 수학적 모델 사이에는 어떠한 관련이 있을까? 제2장에서 원숭이의 뇌 속 보상과 보상을 예측하는 신호에 반응하는 도파민 세포를 조사했던 볼프람 슐츠의 연구에 대해 이야기했던 것을 기억할 것이다. 그의 연구는 도파민 뉴런의 발화가 실제 결과와 예상 결과 간의 격차에 아주 밀접하게 연결되어 있다는 것을 보여주었는데, 이것이 바로 강화 학습 모델에서 계산하는 예측 오차다. 한나 베이어Hannah Bayer와 폴 글림처Paul Glimcher의 후속 연구는 원숭이 두뇌 속 도파민 뉴런의 활동과 강화 학습 모델에서 얻은 예측 오차 간에 강력한 수학적 관계가 있음을 보여주며 두 개념 사이의 연결 고리를 더욱 단단하게 만들었다.[4] 이것이 바로 현재 급성장하고 있는 연구 분야인 컴퓨터 신경과학computational neuroscience의 사례다. 컴퓨터 신경과학에서는 두뇌가 어떻게 기능하는지를 이해하기 위해 컴퓨터 공학 모델을 활용한다.

모델 기반 강화 학습 vs. 모델 프리 강화 학습

앞에서 소개한 강화 학습 모델은 이 세상이 어떻게 작동하는지에 대한 지식이 전혀 없다. 단순히 가능한 모든 행동을 시도하고 평균적으로 어떤 행동이 최상의 결과를 내는지를 학습하는 모델이다. 연구진은 이를 다소 혼란스러운 표현이지만 '모델 프리'model-free 강화 학습이라고 부른다. 학습자에게 세상이 작동하는 방식에 대한 모델이 주어지지 않았기 때문이다. 슬롯머신과 같은 단순한 상황에서는 문제될 것이 없다. 하지만 실제 세상에서는 부적합한 모델이다.

내가 샌프란시스코에 있는 우리 집에서 스탠퍼드 캠퍼스까지 운전을 해서 이동한다고 가정해보자. 남쪽으로 약 65킬로미터를 달려 팔로알토에 가야 한다. 이 경로에는 스무 개가 넘는 교차로와 스무 개가 넘는 고속도로 출구가 있다. 지도가 없다면 캠퍼스까지 가기 위해 교차로와 고속도로 출구마다 각각의 선택지를 모두 시도해봐야겠지만, 이것이 부질없는 짓임은 분명하다. 가능성이 너무 많기 때문이다. 컴퓨터 과학자들은 이 문제를 차원의 저주curse of dimensionality라고 하는데, 가능한 선택지의 수가 많아질수록 이 선택지들의 조합의 수가 훨씬 빠른 속도로 증가한다는 개념이다. 교차로 한 곳에서 가능한 선택지는 세 개다. 유턴은 할 수 없다는 전제하에 직진을 하거나 좌회전 또는 우회전을 하는 것이다. 교차로가 두 개일 경우 가능한 선택지의 조합은 총 아홉 개이고, 이런 식으로 숫자가 기하급수적으로 커져 스무 개의 교차로에는 30억 개 이상의 조합을(3의 20승에 해당하는 수) 시도해야 출발부터 도착까지의 경로를 결정할 수 있다! 이런 연유로, 이 세상의 가능한 모든 상태에서 가능한 모든 행동을 시도하는 것은 금세 불가능한 일이 되고 만다. 모델 프리 학습자는 세상의 변화에도 잘 대처하지 못한다. 내가 기적적으로 지도 없이도 스탠퍼드 캠퍼스에 도착할 수 있었다고 가정해보자. 나는 이 경로를 기억해두었고 이 길로만 다니게 되었다. 그러던 어느 날 내가 찾아낸 고속도로 출구가 공사로 폐쇄되는 일이 벌어졌다. 지도가 없는 나는 목적지까지 어떻게 가야 할지 알 수 없고, 무작정 다른 선택지들을 모두 시도해야 할 상황에 처했다. 모델 프리 학습자의 생각이 무척이나 한심하게 들리겠지만 이는 목표나 다른 지식에 아랑곳하지 않고 주어진 상황에서 학습된 반응만을 수행한다는 점에서 습관이 어떻게 작용하는지를 훌륭하게 설명해주고 있다.

강화 학습 시스템의 또 다른 종류인 '모델 기반'model-based 강화 학습은 체계화된 지식을 활용해 세상의 이치를 이해하고 이에 따라 결정을 내린다. 우리가 세상의 '모델'에 대해 말할 때 지도 개념을 사용할 때가 많다. 도로 지도처럼 물리적 공간의 지도가 될 수도 있지만, 세상에 대한 우리의 지식을 전반적으로 보여주는 다른 종류의 '인지 지도'cognitive map일 수도 있다. 예를 들자면 현재 위치에서 비행기를 타기 위해 공항까지 이동해야 한다고 생각해보자. 물리적인 지도가 공항까지 도착하기 위해 택할 수 있는 다양한 길을 보여주듯, 인지 지도 또한 공항까지 갈 수 있는 다양한 방법(지하철, 택시, 승차 공유 등)을 보여주고 각 방법을 수행하기 위해 해야 하는 각기 다른 행동을 알려준다. 가령, 택시를 타면 하차할 때 기사에게 요금을 지불해야 하고 승차 공유 어플을 이용할 경우에는 등록된 카드로 요금이 결제되기 때문에 기사에게 돈을 낼 필요가 없다는 것을 인지 지도가 알려준다. 인지 지도는 맥락에도 민감하다. 이를테면 승차 공유 어플을 쓸 수 없는 도시가 있고, 미국에서는 택시 기사에게 팁을 주어야 하지만 이탈리아에서는 그렇지 않은 것처럼 말이다. 인지 지도는 또한 우리의 행동이 세상을 어떻게 바꾸는지 보여주기도 한다. 이를테면 승차 공유 운전자가 공항까지 운전을 너무 느리게 해서 언짢지만 운전자에게 불평을 한다면 승객 평점에 부정적인 영향을 끼칠 수 있고, 그로 인한 불이익을 받을 수 있기에 짜증 내고 싶은 마음을 참으며 인내심을 발휘한다.

모델 기반 강화 학습자는 이런 식의 인지 지도를 이용해 목표를 달성하는 데 최상의 행동을 결정한다. 이런 측면에서 보면 효율적인 행동을 위해선 모델 기반 강화 학습을 사용해야 한다는 사실이 분명해 보인다. 한편, 모델 프리 시스템은 특정 행동이 가장 좋다는 것을 배운 뒤 이를 계속 반복하는 습관을 잘 설명해준다. 프린스턴 대학의 신경 과학자인 너새니얼 도우는 이 두 가지 학습이 인간의 두뇌에서 어떻게 함께 작용하는지를 이해하는 데 커리어를 바쳤다. 컴퓨터 과학자로 교육받은 도우는 이후 전설적인 컴퓨터 신경 과학자인 유니버시티 칼리지 런던의 피터 다얀Peter Dayan과 몇 년간 함께 연구했다. 컴퓨터과학과 신경과학의 개념에 착안한 도우는 각 시스템이 두뇌에서 어떻게 기능하고 또 어떻게 연관되어 있는지를 이해하기 위해 뇌 영상법과 컴퓨터 모델링을 결합한 방식을 활용했다.

모델 기반과 모델 프리 강화 학습이 인간의 두뇌에서 어떻게 작용하는지에 대한 문제를 연구하기 위해 도우는 이 두 시스템을 모두

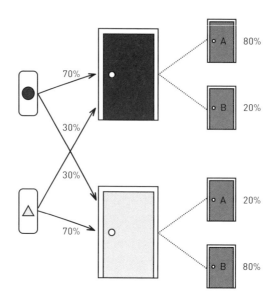

[그림 4.4] 도우의 2단계 학습 과제 예시

참가자가 먼저 초인종 하나를 선택하면, 어떠한 확률로 문 하나가 열린다. 그 후 참가자는 다음 방에 준비된 문 A 또는 B 중 하나를 선택해, 확률에 따라 보상을 받는다.

시험할 수 있는 실험 과제를 개발해야 했다. 그가 고안한 '2단계 과제'two-step task는 인간과 설치류의 의사결정 연구에 광범위하게 사용되고 있는데 두 개의 후속 결정이 필요한 과제라 이러한 이름을 붙였다. 보통 컴퓨터 화면으로 색이 칠해진 도형을 보며 행하는 과제이지만, 여기서는 좀 더 친숙한 용어로 설명할 생각이다(과제를 묘사한 그림 4.4를 참고하라).

당신이 낯선 건물에 입장해 보물찾기를 한다고 생각해보길 바란다. 가장 먼저 두 개의 초인종 중 무엇을 누를지 하나를 선택해야 한다. 동그라미 버튼과 세모 버튼이라고 하자. 이 두 개의 버튼은 정해진 확률에 따라 두 개의 문 중 하나를 열 수 있다. 예를 들면 동그라미 버튼은 70퍼센트의 확률로 동그라미 방과 30퍼센트의 확률로 세모 방의 문을 여는 반면, 세모 버튼은 이 반대로 작용한다. 어떤 문을 열어 방에 입장한 후에는 또 다른 선택에 마주해야 한다. 각 방마다 두 개의 문('문 A'와 '문 B'로 부르겠다)이 있고, 문 뒤에는 또 한 번 어떠한 확률로 보상이 놓여 있다. 가령, 동그라미 방의 문 A에는 80퍼센트의 확률로, 문 B에는 20퍼센트의 확률로 보상이 있고, 세모 방에는 이 반대의 확률로 보상이 준비되어 있다.

먼저 모델 기반 학습자가 이 과제에 어떻게 접근할지 생각해보자. 여기서 '모델'은 상태 전이 확률(즉, 각 버튼을 눌러 각 문이 열릴 가능성)과 각각의 최종 상태에서 각각의 행동이 보상을 얻을 확률(즉, 각 방에서 어떤 문이 최상의 선택인지)을 설명한다. 학습자는 우선 첫 단계에서 어떤 버튼을 몇 번 눌렀을 때 각각의 방문이 열리는지 학습한다. 두 번째 단계에서는 각 문이 보상으로 이어지는 빈도 또한 학습한다. 이 지식을 바탕으로 첫 번째 단계에서 가장 가치가 높은 행동과 연계된 두 번째 단계로 갈 수 있는 선택을 내리고, 두 번째 단계에서는 가장 가치가 높은 행동을 선택한다. 반면, 모델 프리 학습자는 이 과제에 대한 정신적 모델이 없기 때문에 어떠한 일련의 행동이 보상으로 이어질지를 학습한다. 도우는 첫 번째 단계에서 빈도가 낮은 전이가 벌어지고 선택 행동이 보상을 받을 때 즉, 세모 버튼이 동그라미 방의 문을 열고 문 A에 보상이 있는 상황을 관찰하는 것으로 모델 기반과 모델 프리 학습을 구분할 수 있다고 생각했다. 모델 기반 학습자는 보상을 받은 것은 곧 두 번째 단계(동그라미 방) 상태의 가치가 더욱 높다는(이 상태에서 보상을 받았기 때문에) 의미라고 깨달을 것이다. 하지만 첫 번째 단계에서의 선택이(세모 버튼) 가치가 높은 상태로 이끌 확률이 상대적으로 낮다는 것 또한 깨달으며 다음번에는 세모 버튼을 선택하지 않으려 할 것이다. 다시 말해, 이 세계에서 특정 상태가 보상에 어떻게 연관되는지를 학습한다. 반면, 모델 프리 학습자는 어떠한 행동이 보상으로 이어졌는지를 단순히 기록하기에 다음에도 세모 버튼을 선택할 가능성이 높다.

도우와 그의 동료들 그리고 다른 연구자들이 진행한 다수의 연구에서 인간과 쥐는 2단계 과제에서 대체로 모델 기반 학습에 참여하지만, 모델 기반 통제model-based control의 정도는 개개인에 따라 달라진다는 것이 드러났다. 일련의 연구에서는 모델 기반 통제와 모델 프리 통제의 정도가 개인에 따라 차이가 난다는 사실을 보여주었다. 그러나 이 차이는 모델 기반 통제에서 안정적인 개인차를 반드시 반영한다기보다는 상황 변인이 작용했다고 볼 근거가 있다(과제를 완수할 당시 개인이 스트레스나 피로를 느낀 정도 등). 나와 내 동료들은 150명을 대상으로 한 2단계 과제를 몇 달 간격을 두고 두 차례 시험했고 이 결과를 논문으로 출판했다.[5] 우리는 어떤 참가자든 두 시점 간에 모델 기반 통제 정도의 관계성이 매우 약하다는 사실을 발견했고, 이는 곧 모델 기반 통제를 행하는 정도에 안정적인 개인차가 없을 수도 있다는 점을 시사했다.

또한 특정 상황 변인이 모델 기반 대 모델 프리 강화 학습의 전개에 영향을 미친다는 증거가 있다. 특히, 주의력을 방해하는 요소가 사람들에게 모델 프리 통제를 활용하도록 이끄는 것으로 보인다. 현재 맥길 대학의 교수인 로스 오토Ross Otto가 캐린 포드Karin Foerde와 바버라 놀튼 그리고 내가 참여했던 초기 연구에서 영감을 받아 진행한 한 연구에서 이 사실을 입증했다. 우리가 진행한 연구에서 참가자들은 앞서 등장했던 날씨 예측 과제를 집중력을 발휘할 수 있는 상태에서 그리고 집중력이 분산된 상태(특정 소리가 몇 번 들렸는지 머릿속으로 세야 하는)에서 각각 행했다. 집중을 방해하는 요소가 날씨를 정확하게 예측하는 참가자의 능력을 저하시키지는 않았지만, 경험에 관한 의식적인 기억을 현저히 감소시켰다는 것을 발견했다. 오토와 그의 동료들은 피실험자들에게 2단계 의사결정 과제를 제시했고, 피실험자들은 해당 과제를 집중 환경 또는 이중 과제 환경에서 수행했다. 오토는 피실험자들이 집중한 상태에서는 모델 기반 학습자처럼 행동한 반면, 집중력이 분산될 때는 모델 프리 학습을 활용할 확률이 높다는 것을 발견했다. 멀티태스킹에 전전두피질이 연관되어 있음을 보여주는 탄탄한 연구 자료가 있고, 오토의 연구 결과는 전전두피질이 모델 기반 의사결정에 필요하다는 사실과 일치하는 바, 멀티태스킹이 모델 기반 시스템의 효과성을 저하시키고 모델 프리 시스템이 경쟁에서 이기도록 만드는 것으로 볼 수 있다.

목표는 습관이 될 수 있을까?

지금껏 나온 습관들은 쥐가 레버를 누르거나 사람이 자판기에서 특정 음식을 선택하는 등 대체로 단순하고 운동 동작과 밀접한 관련이 있는 유형이었다. 그러나 우리가 실제 세계에서 우려하는 '습관' 대부분은 사실 목표 지향적 행동에 훨씬 가깝다. 아마도 가장 좋은 사례가 제6장에서 자세히 다룰 약물 추구 습관일 것이다. 인터넷에는 약물을 구하기 위해 복잡한 계획을 세운 환자를 만난 응급 의료진의 경험담이 가득하다. 다음의 이야기처럼 말이다.

> 얼마 전, 단정치 못한 행색을 한 여성이 독사에게 다리를 물렸다며 병원에 나타났다. 우리가 도착하기 전에 친절한 시민 한 명이 그녀의 다리에 압박 붕대를 해두었다. 우리가 도착하자 그녀는 근처 공원에서 죽은 뱀을 발로 찼는데 그 뱀이 다리를 물었다는 아주 이상한 이야기를 했다. 발목 위에 긁힌 것 같은 아주 작은 상처가 하나 있었다. 구급차에 오르자 그녀는 곧장 진통제를 달라고 애원하며 오피오이드 외에는 모든 진통제에 알레르기가 있다고 했다. 증상을 묻는 내 질문에 전부 그렇다고 답했지만 하나같이 애매하게 말했다. 병원에 도착한 후, 그녀가 이번 주에 같은 사고로 구급차를 타고 다른 도심형 병원 세 곳을 방문한 적이 있다는 것이 드러났다.[6]

이 여성에게 약물 중독 문제가 있다는 사실은 분명하지만, 약물을

124

얻으려고 시도한 방법은 하나의 단순한 행동이 결코 아니다. 따라서 개별적인 행동들이 아니라 약물을 얻고 소비하겠다는 '전반적인 목표'가 습관이 되었다고 볼 수 있다.

대다수의 연구가 습관적 행동에 집중하지만, 목표 또한 습관적이 될 수 있다는 개념에 점차 관심이 높아지고 있다. 하버드 대학의 심리학자인 피어리 쿠시먼Fiery Cushman은 모델 프리 강화 학습을 통해 생각과 목표가 어떻게 학습되는지를 중점적으로 연구한다. 모델 프리 강화 학습은 생각과 목표를 습관에 더욱 직결되도록 이끈다. 일련의 연구에서 쿠시먼은 도우의 2단계 과제를 각색해 무작위로 주어지는 큰 보상이 특정한 목표를 향한 미래의 선택에 영향을 미치는지를 조사했다.[7] 실험 설정은 좀 복잡하지만 실험 개념은 우리 현실 속 사례에서도 찾아볼 수 있다(그림 4.5 참고). 가령, 투자할 여유자금이 있는데 테크주와 금융주 가운데 하나를 선택해야 하는 상황이라고 생각해보자. 시스템상 사용자는 한 번 매입할 때 업종 내 두 주식 중 하나만 선택할 수 있다. 한편 이 시스템에는 한 가지 부가 기능이 있다. 완벽히 무작위로 선택된 주식 거래의 일부를 모아 사용자에게 큰 규모의 보너스를 제공하고, 사용자가 어떤 주식을 매입했든 상관없이 동등한 확률로 보너스를 받을 수 있다. 만약 두 주식 가운데 하나를 선택해야 하는 사용자가 금융주를 택했고, 보너스도 받았다고 가정해보자. 모델 기반 시스템에서 보너스는 완벽히 무작위로 행해지는 것이고 이것이 금융주라는 목표의 가치를 바꾸지 않는다. 한편, 모델 프리 시스템은 단순히 선택과 결과를 연관시키는 법을 학습하기에 보

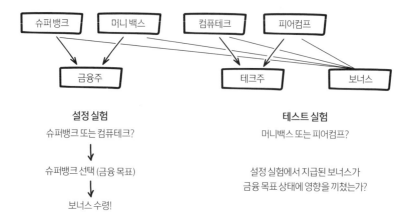

[그림 4.5] 목표의 모델 프리 선택을 검사한 과제의 도식 예시

금융주 두 개와 테크주 두 개가 있고, 한 번 매입 때 거래자는 이 중 하나만 구매할 수 있다. 한편, 완벽히 무작위로 선택된 주식 거래의 일부를 모아 거래자에게 큰 규모의 보너스를 제공한다. 여기서 모델 프리 영향력에 대한 중요한 질문은 한 업종에서 하나의 주식을 선택한 후 보너스를 수령한 것이 다음 거래 때 같은 업종의 다른 주식을 구매하도록 유도하는가이다. 즉, 보너스 수령이 추구하던 목표의 가치를 높였는가이다.

너스가 금융주 매입이라는 목표의 가치를 높인다. 일련의 연구에서 쿠시먼은 바로 이와 같은, 목표 상태의 모델 프리 학습을 보여주며 목표가 습관과 유사한 방식으로 학습될 수도 있다고 제안했다. 이 연구 및 이와 비슷한 연구들은 더 나아가 강화 학습을 더욱 계층적으로 바라봐야 하며 모델 기반 시스템이 습관을 선택하고 모델 프리 학습이 우리가 목표에 부여한 가치에 영향을 미칠 수 있다는 점을 이해해야 한다고 제안했다.

지금까지 우리는 습관과 목표가 어떻게 합쳐져 우리의 선택을 이끄는지, 습관이 왜 이토록 끈질긴지 살펴봤다. 습관은 처음 우리가 습관을 시작하게 된 계기인 '목표'에서 분리되고, 하나의 디폴트 행동으로 자리잡아, 이 자동적인 디폴트 행동을 중단시켜야만 습관을 바꿀 수 있다. 또한 우리는 습관과 목표 지향적 행동이 모델 프리 강화 학습과 모델 기반 강화 학습에 매우 밀접한 관련이 있다는 것도 살펴봤다. 각각의 사례에서 우리는 계획 또는 행동의 통제에 대한 필요성에 대해서도 논했는데, 계획과 통제는 전전두피질이 관여한다. 다음 장에서는 전전두피질이 우리의 행동을 통제하는 데 어떠한 역할을 하는지 또 그러한 통제에 자주 실패하는 이유는 무엇인지에 대해 살펴볼 예정이다.

제5장

자제력은 아무 잘못이 없다

즉각적인 욕구와 장기적 목표 간의 싸움은 인간이 자신의 마음에 대해 생각하기 시작했을 때부터 늘 존재해왔다. 《파이드로스》Phaedrus 에서 플라톤은 인간의 영혼을 말 두 마리가 끄는 마차에 비유했다. '겸손함과 자제력을 갖추고 명예를 사랑하는' 고결한 말과 말 주인을 '욕망의 흥분과 자극에' 사로잡히게 만드는 야수 같은 말이 있고, 마부는 이 두 상반된 열정 사이에 우리의 행동을 이끌기 위해 고삐를 당긴다. 내면의 이성적인 사상가와 열정적인 향락자가 싸움을 벌인다는 개념은 지그문트 프로이트의 글로 널리 대중화되었다. 프로이트는 정신생활을 쾌락을 추구하는 이드Id와 도덕적이고 논리적인 초자아Superego의 싸움으로, 에고Ego는 이 갈등을 중재하는 역할로 개념화시켰다. 이제 우리의 목표에 부합하기 위해 두뇌가 통제력을 어떻게 행사하는가에 대한 문제를 생각해보고자 한다.

우선, 심리학자들이 말하는 '자제력'이란 무엇인가를 살펴보겠다. 아래 각각의 설명을 읽고 해당 문장들이 얼마나 당신을 정확하게 묘사하는지 생각해보자.

- 모든 대안들을 충분히 생각하지 않고 행동할 때가 많다.
- 게으르다.
- 집중하는 데 어려움을 느낀다.
- 내게 해를 끼치지만 재밌기 때문에 하는 일이 있다.
- 부적절한 발언을 한다.
- 나쁜 습관을 끊는 것이 굉장히 힘들다.
- 잘못된 줄 알면서도 어떤 행동을 멈출 수 없을 때가 있다.
- 자기 절제력이 좀 더 있으면 좋겠다.
- 기쁨과 재미를 좇느라 할 일을 마치지 못할 때가 있다.

위는 조사 연구에서 자제력을 측정할 때 사용되는 설문지에서 항상 등장하는 내용이다. 위의 문항에 전부 또는 대부분 '아니오'로 답했다면 자제력 스펙트럼에서 높은 쪽에 속할 확률이 높다. 반대로 많은 문항에서 그렇다고 답했다면 비교적 자제력이 낮은 쪽에 속한다고 볼 수 있다.

심리학자들이 자제력을 무척이나 중요하게 여기는 이유는 중요한 삶의 결과 다수에서 자제력이 강력한 영향력을 발휘하는 것으로 드러났기 때문이다. 이에 대한 가장 설득력 있는 증거 일부는 듀크 대학의 테리 모피트Terrie Moffitt와 아브샬롬 카스피Avshalom Caspi의 연구다. 두 사람은 뉴질랜드 더니든에서 1972년부터 1973년 사이에 태어난 1,000명 이상의 아이들을 오랜 시간 연구했다. 이들은 아이들이 세 살일 때 처음 자제력을 측정했는데, 부모와 교사 그리고 아이 본인에게 행동을 하기 전에 먼저 생각하는지, 기다리거나 다른 사람들과 교대로 무언가를 하는 데 어려움을 느끼는지, '버럭 짜증을 내는' 경향이 있는지, 좌절감에 대한 내성이 낮은지와 같은 자제력 문제의 징후에 대해 문답하는 방식으로 이를 측정했다. 그리고 일련의 연구를 통해 어린 시절의 자제력 수준이 성인이 된 후 사회적인 성취나 교육 수준, 신체 건강과 어떠한 연관성이 있는지 조사했다. 결과는 조금의 과장 없이 대단히 놀라웠다. 어릴 때 더욱 높은 자제력을 보인 아이들은 거의 모든 면에서 삶의 결과가 더욱 긍정적이었다. 몇 가지만 들자면, 이들은 경제적으로 더욱 성공했고, 신체적 건강도 더욱 좋았으며, 약물이나 알코올 문제에 빠지는 경향이 낮았고, 범죄로 기소될 확률도 적었다. 가장 중요하게는 높은 자제력이 모피트와 카스피가 '덫', 즉 어린 나이부터 흡연을 시작하거나 학교를 중퇴하는 등의 바람직하지 않은 결과에 휘말리게 만드는 삶의 선택을 피하게 만드는 데 도움을 주는 것으로 보였다.

위의 설문 조사에 등장한 문항이 계획, 동기부여, 집중력, 쾌락 추구, 억제 등 심리적 기능의 다양한 측면을 가리키고 있다는 것을 눈치

챘을 것이다. 이를 자제력의 '심리적 구성 요소'라고 생각할 수 있는데, 놀랍게도 이 모든 요소들은 인간에게서만 진화한 두뇌 영역과 관련되어 있다. 바로 전전두피질이다.

사고로 성격이 달라진 사람들

두뇌의 영역이 정신 기능에 어떠한 역할을 하는지 이해하는 가장 일반적인 방법은 해당 영역이 손상되었을 때 어떤 일이 벌어지는지를 관찰하는 것이다. 전두엽 손상으로 가장 잘 알려진 사례는 아마도 피니어스 게이지Phineas Gage일 것이다. 그의 이야기는 1848년 9월 14일 버몬트 주 러틀로 지역 신문인 〈프리 소일 유니언〉Free Soil Union에서 처음 알려졌다.

> 끔찍한 사고―어제 캐번디쉬[버몬트 주]에서 철도 현장 감독인 피니어스 게이지가 폭파를 위해 화약을 다져 넣던 중 화약이 폭발하며 당시 그가 사용하고 있던 지름 3센티미터, 길이 111센티미터 쇠막대 도구가 그의 머리를 관통했다. 쇠막대는 얼굴 측면으로 들어가 위턱을 부수고 왼쪽 눈을 지나 정수리로 나왔다. 이 음울한 사건에서 가장 특이한 점은 그가 정신이 온전한 채로 아무런 통증도 느끼지 않고 오늘 오후 2시까지도 생존해 있다는 것이다.

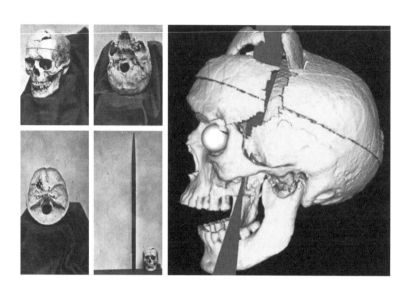

[그림 5.1] 피니어스 게이지의 두개골 사진
좌: 게이지의 두개골과 그의 뇌 손상을 일으킨 쇠막대. 우: 게이지의 뇌 손상을 재건한 이미지
(사진 출처: 밴 혼Van Horn외)

쇠막대는 게이지의 얼굴과 두개골에 굉장한 손상을 주었는데(그림 5.1 참고[1]), 이 일이 현대 수술 기술, 항생제, 진통제가 등장하기 이전에 벌어졌다는 사실을 기억해야 한다. 그는 의사인 존 할로우John Harlow의 기민한 처치로 뒤따른 여러 차례의 감염에도 살아남을 수 있었고, 몇 개월이 흐른 후에는 몇몇 일상적인 활동을 수행할 수 있었다. 그는 평범하게 말하고 걷는 듯 보였지만 그러나 무언가 달라져 있었다. 부상을 입기 전 그는 하청업자가 고용한 감독들 가운데 '가장 능률적이고 유능한 감독 중 한 명'이자 '상황 판단이 빠르고 영리한 비즈니스맨'으로 '정열적이고 꾸준하게 자신이 계획한 바를 실행하는' 사람이라는 평을 들었다. 의사 할로우는 '머리를 관통한 쇠막대가 낸 길에서

의 회복'이라는 지극히 사무적인 제목의 후기 보고서에서 게이지의 행동이 사고 이후 어떻게 변했는지 설명했다.[2]

> 그는 지능과 동물적 성향 사이의 균형이 파괴된 것처럼 보인다. 한 번씩 끔찍할 정도의 저속한 말을 발작적으로 내뱉고(이전에는 이런 습관이 없었다), 동료들에게 존중을 보이지 않으며, 자신의 욕망과 상충하는 규제나 조언을 견디지 못하고, 가끔씩 집요할 정도로 고집을 부리다가도 변덕스럽고, 우유부단한 모습을 보이고, 미래에 대한 계획을 잔뜩 세우지만 이를 준비하기도 전에 더욱 매력적인 계획이 나타나면 기존의 계획을 버렸다. (…) 이런 면에서 그의 정신이 근본적으로 변했고 그의 친구들과 지인들이 '예전의 게이지가 아니다'라고 말할 정도로 분명하게 달라졌다.

몇몇 저자들은, 특히 멜버른 대학의 말콤 맥밀런Malcolm Macmillan은 게이지가 사고를 당했던 1848년부터 사망한 해인 1860년까지 여러 가지 일을 계속했던 사실을 미루어 할로우와 다른 이들이 게이지의 장애를 과장한 것이 아닌지 의문을 품었다.[3] 그러나 어찌 됐건 부상을 당한 이후 그의 성격 상당 부분이 변했던 것은 분명하고, 이는 전두엽 손상이 정신적 변화를 불러올 수 있다는 사실을 보여주는 대단히 놀라운 사례로 남았다.

전두엽 손상 후 탈억제적 행동과 부적절한 행동을 보이는 사람들도 있지만 어떤 이들은 이와 굉장히 다른 양상을 보이기도 한다. 1940년대와 1950년대 우울증 또는 조현병 같은 주요 정신 질환의 흔한 치료법이었던 전두엽 절제술은 전전두피질과 뇌의 다른 부분과의 연결을 외과적으로 끊어내는 수술이다. 전전두피질을 두뇌에서 없애는 것과 같은 효과를 발휘한다. 전두엽 절제술의 가장 유명한 사례는 미국 대통령인 존 F. 케네디 대통령의 여동생이다. 로즈메리는 지적 장애와 정신질환으로 고통받았고, 불같이 화를 낼 때가 많았을 뿐 아니라 간질 발작으로 보이는 증상도 자주 있었다. 당시는 정신의학 약물이 생기기 전이었고, 다른 치료법이 없었던 만큼 케네디 일가는 로즈마리가 스물세 살 때 전두엽 절제술을 하기로 결정했다. 수술 후 로즈메리는 완전히 쇠약해졌고 걷고 말하는 능력을 잃었으며 남은 평생 동안을 보호 시설에서 지내야 했다.

전두엽 손상이 성격에 끼치는 영향에 대해 가장 상세한 연구 중 몇몇은 대니얼 트라넬Daniel Tranel과 아이오와 대학의 동료들이 진행한 것이었다. 트라넬이 책임자로 있는 아이오와 신경학적 환자 연구소는 아이오와 대학 병원에서 뇌 손상이나 뇌 장애로 치료받은 적 있는 환자들을 40년 가까이 모집하고 추적해왔다. 이 환자들은 개별적으로 조사 연구에 참여해 달라는 연락을 주기적으로 받고, 그 데이터베이스의 규모는(현재 3,500명 이상이다) 뇌 손상 영향에 대한 연구에 있어 유일무이한 자원이 되었다. 이 기관에 속한 194명을 조사해 뇌 손상에 따른 성격 변화의 유형을 평가한 연구가 2018년에 출판되었다.[4] 뇌 전체에 걸쳐 손상을 입은 사람들을 조사한 연구진은 이들의 절반 이상이 성격에 어느 정도 변화가 생겼고, 그 형태가 다양하게 나타났음을 발견했다. 가장 공통적인 영향은 사회적, 정서적 기능 장애로, 피니어스 게이지에게서 발견된 증상과 유사했다. 또 다른 공통적인 영향은 '집행 장애'로, 판단력 결여, 우유부단함, 사회적 부적절성을 포함해 다양한 증상을 보였다. 또 다른 집단은 로즈메리 케네디의 사례에서 관찰된 증상과 유사한 무관심, 사회적 위축, 체력 또는 에너지 저하를 보였다. 마지막으로 몇몇 환자들은 정서적 고통과 불안 징후를 보였다.

흥미롭게도 전두엽 손상이 성격에 긍정적인 영향을 미치는 경우도 종종 있었다. 아이오와 연구소의 환자 97명을 대상으로 진행된 또 다른 연구에서 마시 킹Marcie King과 트라넬, 동료들은 환자들의 친척 또는 친구에게 환자의 뇌 손상 이전과 이후의 성격을 평가해달라고 요청했다.[5] 다소 놀랍게도 환자의 절반 이상이 이전에 비해 뇌 손상 이후 성격의 어떤 측면이 향상되었다는 평가를 받았는데, 이에 해당하는 환자들은 전두엽의 가장 앞쪽(전측anterior) 부위에 손상을 입은 경우가 대부분이었다. 그중 한 사례를 살펴보면 한 여성 환자는 전두엽 종양 수술을 받기 전 매우 짜증을 잘 내고 직설적이었으며 남편에게서 '단호하다'는 평을 들었지만 수술 후에는 훨씬 행복해졌고, 온화해졌으며, 남편 역시 그녀가 예전과 다르게 자주 웃는다고 설명했다. 또다른 환자는 뇌동맥류가 생기기 전에는 화를 잘 내고, 일에 대해 자주 불만을 늘어놓고, 딸에게 신경질적으로 대했으며 아내는 그를 '무기력하다'고 표현했다. 하지만 전전두피질 일부에 손상을 일으킨 뇌동맥류가 생긴 이후 그는 훨씬 느긋해졌고, 만족할 줄 알게 되었으며,

그와 아내 모두 이러한 성격의 변화를 긍정적이라고 표현했다. 이러한 결과들은 성격의 가장 심오한 측면이, 심지어 그리 좋지 않은 면도 전두엽의 깊숙한 곳에 자리하고 있음을 보여주었다.

아이들의 자제력이 떨어지는 생물학적인 이유

전전두피질의 무엇이 자제력에 그토록 중요한지 묻는다면 핵심적인 특징은 배선wiring에 있다. 이를 이해하기 위해선 대뇌피질의 서로 다른 영역을 살펴봐야 한다(그림 5.2 참고).[6] 우리 뇌의 일차primary 영역들(시각, 촉각 또는 청각 등)은 구체적인 감각 형태의 인풋을 처리하거나 직접적으로 아웃풋 신호를 발생해 움직임을 통제하는 데 전념한다. 연합association 영역은 일차 영역에서 온 정보를 통합하고 기존의 정보와 연결 짓는다. 연합피질 중 단일unimodal 연합피질은 주로 하나의 감각에서 전달된 정보를 처리한다. 반면 다중heteromodal 연합피질은 서로 다른 감각의 정보를 결합한다. 이러한 영역들은 계층적으로 배치되었는데, 가장 위에는 전전두피질이 자리해 아래 단계의 단일피질 영역 각각에서 전해지는 인풋을 수신한다. 뿐만 아니라, 전전두피질 내에도 계층이 나누어져 있는데, 앞쪽에 위치한 영역들은 좀 더 복잡한 정보를 처리한다. 이런 식으로 계층의 가장 위에 있는 영역(즉, 전전두피질의 가장 앞부분에 자리한 영역)은 두뇌의 가용 정보 일체에 대한 '개요서'에 접근할 수 있다.

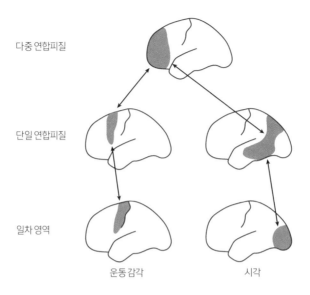

다중 연합피질

단일 연합피질

일차 영역

운동 감각

시각

[그림 5.2] 대뇌피질의 영역들

전전두피질은 일차 영역(하단)에서 시작하여 단일 연합피질(중간)로 이동한 후, 최종적으로 전전두피질을 포함한 다중 연합피질 영역에 연결되는 뇌 시스템의 상단에 위치한다. 뇌의 연결이 거의 항상 상호적이라는 사실을 강조하기 위해 양방향 화살표로 선을 표시했다.

인간의 전전두피질이 다른 영장류에 비해 크다고 추정했던 적도 있지만, 최근 MRI 검사에 따르면 그 비율은 다양한 영장류와 비교해 크게 다르지 않음이 드러났다. 그렇다면 왜 인간은 계획을 하고, 기다리고, 스스로를 통제하는 능력이 이토록 남다른 것일까? 한 가지 설명을 찾자면, 가장 추상적인 사고에 관여하는 전전두피질의 부분(두뇌의 가장 앞에 있는)이 인간의 경우 상대적으로 좀 더 커 보였다. 그리고 또 다른 설명은 두뇌의 배선 때문일 수도 있다. 두뇌의 모든 뉴런 세포체를 수용하는 회백질gray matter 아래에 있는 백질white matter 은 두뇌의 서로 다른 부분을 연결하는 배선의 통로 역할을 한다. 몇몇 연구에서는 다른 영장류에 비교해 인간의 백질 영역이 (두뇌 전체 크기에 비해) 좀 더 크다고 밝히며 덕분에 전전두피질 내부 및 두뇌의 다른 부분에서도 연결성이 더욱 강해질 수 있다고 했다.

한편, 어떠한 차이도 인간과 다른 영장류 간의 뚜렷한 지능 차이만큼 놀라운 것은 없을 것이다. 조직 내 뉴런이 어떻게 분포되어 있는지, 뉴런이 전전두피질의 여러 부분에서 어떻게 뻗어 나가는지 등 우리 두뇌 속 뉴런이 '조직화된 방식'에 대한 차이가 종간 차이를 설명하는 또 다른 열쇠를 쥐고 있을 수 있다. 뇌 조직 구조에서 이러한 차이가 종간 인지 능력의 엄청난 격차를 어떻게 불러오는지는 아직 완전히 밝혀지지 않았다.[7]

전전두피질은 두뇌에서 가장 늦게 발달하는 부위이기도 하다(청소년 시기의 자녀들과 많은 시간을 보낸 사람에게는 그리 놀랍지 않은 이야기일 것이다). 초기에 뉴런과 시냅스의 수가 폭발적으로 증가한 뒤 오랜 기간 동안 불필요한 뉴런과 연결을 제거하는 '가지치기'의 시기가 이어지는 뇌의 발달 과정은 다소 우리의 직관과 어긋난다. 일차 감각 영역과 일차 운동 영역의 경우에 성장과 그 이후 이어지는 가지치기는 초기에 발생해 탄생 후 몇 년 내에 끝나는 반면, 전전두피질에서의 가지치기는 아동 중기가 되어야 본격적으로 시작되어 성인 초기가 되어야 끝난다. 이를 확인할 수 있는 방법은 발달 과정에서 회백질 두께를 살피는 것인데, MRI 영상으로 측정이 가능하다. 뇌에 따라 다르지만 보통 대뇌피질의 두께는 3~4밀리미터이다. 엘리자베스 소웰Elizabeth

Sowell과 그녀의 동료들이 진행한 획기적인 연구에서는 아동 후기(5~10세 사이) 동안 뇌 대부분의 영역에서 피질의 두께가 감소하지만, 같은 기간 동안 언어 기능과 가장 관련이 깊은 전두엽과 측두엽의 일부 영역에서는 피질의 두께가 실제로 증가한다는 것을 밝혀냈다.

전전두피질과 다른 뇌 부분을 연결하는 백질 또한 비교적 성숙이 느리다. 뇌의 백질은 전선 모양의 부속기관(축삭돌기)으로 구성되어 있는데, 이것이 뉴런에서 전달받은 신호를 타깃으로 전달한다. 축삭돌기는 전선에 플라스틱을 감싼 것처럼 절연 처리를 해주는 미엘린myelin이라는 물질로 덮여 있다. 미엘린은 신호가 축삭돌기의 몸체를 빠르게 뛰어넘도록 하며 전달 속도를 높이는 데도 도움을 준다. 수초화myelination(미엘린 수초가 축삭돌기에 감겨 자극의 전달 속도를 높이는 현상 ─ 옮긴이) 과정은 자궁에 있을 때 시작되어 아동기까지 이어지지만, 전전두피질에서는 이 과정이 훨씬 오래 지속되어 성인 초기까지 이어진다. 장기적인 백질의 발달을 보여주는 최고의 증거 일부는 확산강조영상diffusion-weighted imaging이라는 자기공명 화상법을 이용한 여러 연구에서 나왔다.[8] 피터 코슈노브Peter Kochunov와 데이비드 글란David Glahn이 진행한 한 연구에서는 11세부터 90세까지 1,000명이 넘는 사람들을 대상으로 대뇌피질의 두께와 백질의 미세구조 변화를 측정했다.[9] 두 사람은 백질의 구조적 완전성을 의미하며, 수초화와 관련이 있다고 여겨지는 분획 이방성fractional anisotropy이 두뇌 전반에 걸친 피질 두께가 정점에 이르고 한참 뒤에야 최고조에 이르는 것을 발견했다. 성인기까지 백질의 발달이 지연되는 현상은 특히나 전전두피질과 다른 뇌 부위를 연결하는 백질 영역에서 분명하게 확인되는데 이 연구 결과를 비롯해 다른 수많은 결과가 대뇌피질이 성인기의 절정에 이르고도 한참 후까지 계속해서 발달한다는 점을 보여준다. 전전두피질이 나머지 뇌 영역에 통제를 행사하기 좋은 위치에 자리한다고 볼 수 있는 이유에 대해 간략하게 설명했으니 이제는 전전두피질의 지원을 받는 자제력의 '기본 요소' 몇 가지를 살펴볼 차례다.

계획대로 행동하기 위해 필요한 능력은 무엇인가

계획적으로 행동하는 데 중요한 요소 중 하나는 시간이 흘러도 목표에 대한 정보를 '마음에 담아두는 능력'이고, 여기서는 전전두피질의 역할이 단연 중요해 보인다. 예일 대학 신경 과학자인 패트리샤 골드먼-라키시Patricia Goldman-Rakic가 진행한 일련의 연구가 이 사실을 증명했다. 그녀는 짧은 꼬리 원숭이가 간단한 과제를 수행하는 동안 전전두피질 내 뉴런이 어떤 반응을 보이는지 연구했는데(그림 5.3 참고) 이 과제에서 원숭이는 먼저 응시점fixation point인 화면 중앙에 있는 한 점에 시선을 고정하는 훈련을 받는다. 다음 단계로 시선을 한 점에 고정시킨 원숭이에게 응시점에서 떨어진 주변 시야에 신호를 제시한다. 원숭이는 내내 응시점을 바라보다 그것이 사라지면 신호가 나타났던 (하지만 이젠 사라진) 지점으로 시선을 움직여야 한다. 원숭이가 정확한 지점으로 시선을 옮기면 보상으로 원숭이의 입안으로 과일 주스

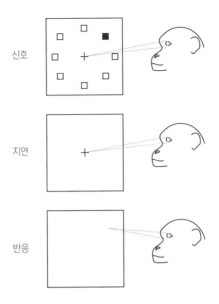

신호

지연

반응

[그림 5.3] 안구 운동 지연 반응 과제의 도식

신호 단계에서 원숭이는 시선을 화면 중앙의 응시점에 두지만 타깃의 위치(우측 상단 검게 표시된 지점)를 기억하고 있다. 지연 단계에서 원숭이는 타깃 위치를 마음에 담아둔 채 응시점에 계속 집중한다. 응시점이 사라지는 것이 신호가 되어 원숭이는 시선을 (화면에서 사라진) 타깃 위치로 옮긴다.

를 뿌려준다. 잠시 지연된 후 안구 운동을 하기 때문에 이 과제를 안구 운동 지연 반응oculomotor delayed response이라고도 한다.

원숭이가 해당 과제를 수행하는 동안 전전두피질 특정 영역의 뉴런 발화를 기록한 골드먼-라키시는 어떤 뉴런은 신호가 등장할 때만 활성화되고, 또 어떤 뉴런은 응시점이 사라진 후 원숭이가 시선을 옮길 때에만 활동한다는 것을 발견했다. 또한 그녀는 '선택적 지연' 활동을 보이는 뉴런을 발견했다. 다시 말해 원숭이가 시선을 옮기려고 기다리는 동안에만 활성화되는 뉴런이었다. 이 세포들의 발화는 특정한 움직임의 방향에 선별적으로 이루어졌는데, 이는 곧 있을 안구 운동이 구체적인 방향으로 향할 때에만 발화하는 세포가 있다는 뜻이다.

골드먼-라키시와 동료들은 작업 기억에 도파민이 중요하다는 점 또한 밝혀냈다. 한 연구에서 이들은 도파민 D_1 수용체의 기능을 차단하는 약물을 원숭이의 전전두피질에 직접적으로 투여했다.[10] 약효가 발휘하자 원숭이들은 안구 운동의 목표 지점을 기억하는 데 더욱 많은 오류를 저질렀고, 신호와 반응 사이에 지연 시간이 길어질수록 오류는 더욱 심해져 기억력이 점차 퇴화하는 현상을 보여주었다. 이후 진행된 연구에서 연구진은 도파민 차단 약물을 주입하고 전전두피질 뉴런들의 활동을 기록했다.[11] 약물이 신호나 운동에 반응하는 뉴런들에는 효과가 작았던 반면, 지연 시간 동안 반응하는 세포들의 활동성은 저하되었다.

골드먼-라키시와 동료들이 밝혀낸 사실, 즉 두뇌의 지속적인 활동성이 있어야 작업 기억에 정보를 담아둘 수 있다는 사실은 신경과학 분야에서 널리 인정받는 정설이 되었다. 그러나 최근 들어 작업 기억에 전전두피질의 지속적인 활동이 필요한지에 의문이 제기되고 있고, 이 둘의 관계는 훨씬 복잡하다는 근거가 점점 더 늘어나고 있다. 특히 MIT의 신경 과학자인 얼 밀러Earl Miller와 동료들은 연구를 통해 전전두피질의 뉴런 대부분이 작업 기억 과제에서, 특히나 골드먼-라키시가 사용했던 것보다 훨씬 복잡한 과제에서 지연 기간 동안 지속적으로 발화하지 않는다는 것을 알아냈다. 대신 이 뉴런들은 활동을 멈춘 시기 사이사이에 한 번씩 강력하게 동기화된 활동을 격렬하게 보여주었다. 실제로 이런 '폭발적인 활동'이 정보를 유지하는 데 훨씬 효과적이라고 생각할 만한 근거가 많다. 2018년 연구에 대한 개요에서 밀러와 동료들은 이렇게 표현했다. "두뇌의 끊임없이 이어지는 수다 속에서 내내 이어지는 속삭임보다 짧은 비명 소리가 더욱 잘 들린다."[12] 특히나 밀러와 동료들이 밝혀낸 패턴을 통해 뉴런 전체가 더 많은 정보를 저장할 수 있고, 본질적으로 서로 다른 집단의 뉴런들이 서로 다른 시기에 '발언'할 수 있다. 뉴런이 어떤 식으로 정보를 저장하는지에 관해 이러한 복잡한 문제들이 있음에도 전전두피질 뉴런이 정보를 담아두는 데 필수적인 역할을 한다는 것만은 분명하다.

수행력에 영향을 미치는 스트레스

에이미 안스튼Amy Arnsten은 골드먼-라키시와 박사후 연구 과정을 하던 중 여러 면에서 도파민의 외면받는 사촌이었던 신경조절 시스템을 연구하기 시작했다. 바로 노르아드레날린이라는 신경화학물질을 분비하는 노르아드레날린 시스템이다.

　대다수의 사람들이 불안하거나 흥분될 때 분출되는 '아드레날린'은 익히 알고 있다. 노르아드레날린은 아드레날린과 화학적으로 아주 약간만 다를 뿐이다. 노르아드레날린은 도파민과도 화학적으로 매우 유사하고, 실제로 노르아드레날린은 뇌 속 도파민에서 직접적으로 만들어지는 물질로, 둘 다 카테콜아민catecholamines이라는 신경화학물질에 속한다. 두 물질은 두뇌 속 아주 작은 영역인 청반locus coeruleus이라는 곳에서 다른 길로 갈라지게 되는데, 뇌를 해부했을 때 해당 영역이 파란색을 띠어 '파란색 점'이란 의미의 라틴어에서 이러한 이름이 붙여졌다. 도파민 시스템처럼 청반은 두뇌의 대부분에 투사하지만 전전두피질을 향한 투사가 특히나 강하다. 또한 도파민처럼 노르아드레날린은 작업 기억에 핵심적인 역할을 한다.

안스튼과 골드먼-라키시는 우선 작업 기억에서 노르아드레날린의 역할을 파악하기 위해 원숭이가 나이가 들어감에 따라 뇌에서 어떤 일이 벌어지는지를 연구했다. 나이 든 사람과 마찬가지로 나이 든 원숭이들은 작업 기억이 떨어졌고, 노르아드레날린 수용체의 수도 줄어들었다. 도파민에 서로 다른 종류의 수용체가 있듯 노르아드레날린에도 서로 다른 종류의 수용체가 있는데, 바로 알파alpha 수용체와 베타beta 수용체다. 여기서도 서로 다른 종류의 수용체가 상반된 효과를 지닌다. 고혈압이 있는 많은 사람들이 '베타 차단제'라는 약물을 섭취하는데, 이름에서 드러나듯 베타 수용체라는 노르아드레날린의 특정 수용체를 차단하는 기능을 한다. 이로써 노르아드레날린과 도파민 같은 화학물질이 우리의 두뇌뿐 아니라 몸 전체에도 여러 중요한 역할을 한다는 사실을 알 수 있다. 베타 수용체는 우리가 통상적으로 생각하는 아드레날린의 효과를 불러일으킨다. 실제로 나를 포함해서 많은 이들이 사람들 앞에서 발표를 해야 할 때면 베타 차단제를 섭취하는데, 베타 차단제가 불안 증상 일부를 완화시켜주는 효과가 있기 때문이다.[13] 안스튼과 골드먼-라키시는 다른 종류의 수용체 역할에 집중해 알파-2A라는 특정 수용체를 연구했다. 이 수용체는 베타 수용체와 정반대의 효과를 발휘하고, 실제로 알파-2A 수용체를 활성화시키는 약물은 고혈압 치료제로도 쓰인다. 안스튼과 골드먼-라키시가 나이 든 원숭이들의 알파-2A 수용체를 활성화시키자 안구 운동의 목표 위치를 지연 후에 기억하는 능력이 향상되었고, 지연 시간이 길어질 때 최대 효과를 발휘했다.[14] 이후 이어진 빛나는 커리어 동안 안스튼은 알파-2A 수용체와 작업 기억에 대한 생물학적 기제를 상세히 밝혔고, 특히나 스트레스가 우리의 전전두피질에 대단한 피해를 초래하는 원인에 초점을 맞추어 연구를 계속했다.

안스튼은 전전두피질의 카테콜아민 농도와 전전두피질 뉴런의 기능 간에 '뒤집힌 U자형' 관계가 형성되어 있다고 주장했다(그림 5.4 참고[15]). 카테콜아민의 농도는 '딱 적당한 수준'이어야 최적으로 기능하는데 농도가 너무 낮거나 너무 높으면 전전두피질은 신뢰하기 어려운 상태가 되고, 사고하고 계획하는 우리의 능력은 사라진다. 이러한 관계성은 또 다른 심리학의 기본 법칙인 여키스-도슨 법칙Yerkes-Dodson law(1908년 이 법칙을 만든 두 심리학자의 이름)의 바탕이 되었다. 여키스와 도슨은 쥐의 발에 전기 충격을 주어 이 스트레스가 두 자극의 밝기를 구분하는 법을 배우는 능력에 어떠한 영향을 미치는지 알고자 했다. 밝기의 차이를 구분하기 쉬울 때는 충격을 높이면 과제를 수행하는 능력이 좋아졌지만 구분이 어려울 때는 뒤집어진 U자형 관계가 나타났고, 이에 따라 충격을 높이면 수행력이 좋아지다가 어느 지점

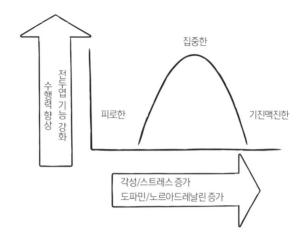

[그림 5.4] 각성과 수행력 사이의 '뒤집힌 U자형' 관계 도식
각성 또는 스트레스 수준이 높아질수록 전전두피질의 카테콜아민(도파민과 노르아드레날린) 양 또한
증가한다. 이로 인해 전전두피질 기능이 향상되고 수행력이 높아지다가 일정 지점에 도달하고 나면
나빠지기 시작한다(안스튼 외의 연구 각색).

에 이르면 떨어졌다. 이 초기 연구는 오늘날 연구에 적용하는 기준에
따라 행해지지 않았지만, 그 결과만은 지난 한 세기를 이어왔고, 수행
에 '최적의 각성 수준'이 있다는 개념은 심리학의 기본 원리로 뿌리내
리게 됐다.

한 연구진이 미군을 대상으로 진행한 일련의 연구는 스트레스가
인지 기능에 미치는 영향을 매우 생생하게 보여준다. 연구진은 '지옥
주간'이라고 부르는 고강도 군사 훈련을 받는 해군 특수 작전 군대(네
이비실)의 한 집단을 연구했다.[16] 자원한 군인 절반 이상이 기권할 정
도로 힘든 훈련인데, 그 이유는 잠을 거의 자지 못한 상태로 고강도
육체 훈련을 견뎌야 하기 때문이다. 지옥의 주 첫 사흘이 지나고 인지

수행 능력을 검사한 결과, 해당 훈련을 시작하기 전과 비교해 군인들은 기억력과 주의력 테스트에서 심각한 기능 손상을 보였다. 한 예로, 컴퓨터 키패드에서 키를 특정한 순서에 따라 입력하는 법을 학습하는 과제에서 사흘간의 고강도 스트레스를 받은 군인들은 전에 비해 두 배나 학습 속도가 느렸다.

전전두피질의 카테콜아민과 뉴런 기능 간의 뒤집혀진 U자형 관계는 개인의 각성 수준이 전두엽 기능에 미치는 영향을 일부 설명해준다. 정신이 기민하고 흥분한 상태일 때는 적정한 양의 노르아드레날린이 전전두피질로 분비되고 이로 인해 뉴런의 발화 패턴이 더욱 정확해져 뉴런의 기능이 최적화된다. 적정량의 노르아드레날린은 특정 그룹의 노르아드레날린 수용체(앞에서 말한 알파-2A 수용체라는)와 작용하는데, 이것이 전전두피질 뉴런의 연결성을 강화하여 시간이 지나도 정보를 더욱 잘 기억하게 해준다. 안스튼과 동료들이 진행한 연구에서 작업 기억 과제를 수행하는 원숭이의 전전두피질에 알파-2A 수용체를 활성화시키는 구안파신guanfacine이라는 약물을 낮은 용량으로 주입하자 해당 영역의 뉴런이 더욱 정확하게 발화했지만, 고용량의 구안파신은 지연 기간 동안 뉴런의 발화 능력을 저해했다.[17] 전전두피질에 통제하기 어려운 정도의 스트레스와 높은 수준의 노르아드레날린이 분비될 때는 다른 종류의 수용체인 알파-1 수용체와 작용하는데, 이것이 전전두피질의 뉴런 발화를 억제하고 작업 기억 수행력을 손상시킨다. 흥미로운 점은, 현재 외상 후 스트레스 장애 치료법으로 알파-1 수용체를 차단하는 약물을 시험하고 있지만 아직까지는 엇갈린 결과를 내놓고 있다.

도파민 또한 각성 수준에 비례해 전전두피질에 분비되고, 노르아드레날린과 비슷한 효과를 발휘한다. 안스튼과 골드먼-라키시는 원숭이들이 앞서 등장했던 작업 기억 과제를 수행하는 동안 큰 소음에 노출시키는 실험을 통해 이 사실을 증명했다. 소음이 있을 때 원숭이들은 작업 기억을 요하지 않는 다른 과제들은 멀쩡하게 수행했지만, 작업 기억 과제를 수행하는 능력은 저해됐다. 전전두피질에서의 도파민 기능을 차단하는 약물들을 스트레스를 받은 원숭이들에게 주입하자 작업 기억 과제에서 수행력이 향상되었지만, 같은 약물이 스트레스를 받지 않은 원숭이들의 수행 능력은 저하시켰고, 이것으로 최적의 수행 능력을 발휘하기 위해서는 도파민 수치가 어느 정도로 '조정'되어야 한다는 것이 드러났다.

마시멜로 실험이 이야기하는 것

이 책을 읽는 대부분의 독자들에게 가장 친숙한 심리 실험을 들자면 월터 미쉘Walter Mischel의 '마시멜로 실험'일 것이다. 이 연구는 사실 단발성이 아니라 그가 스탠퍼드 대학의 교수로 재직하던 1960년대부터 시작된 일련의 연구다. 스탠퍼드 대학 내에 마련된 유치원의 아동들(대부분이 교수진의 자녀들이었다)을 대상으로 한 이 연구에서 미쉘은 '서프라이즈 룸'으로 들어간 아이들에게 잠시 후에 장난감을 갖고

놀 수 있다는 이야기를 해주었다. 하지만 놀이를 시작하기 전에 프레
츨 두 개와 마시멜로 두 개 등 아이들의 욕구에 따라 서로 다른 보상
두 가지를 다양하게 제시했다. 마시멜로 실험으로 널리 알려져 있지
만, 사실 미쉘은 해당 실험 전 테스트를 통해 밝혀진 아이들의 욕구
에 따라 다양한 보상을 마련해 마시멜로를 싫어하는 아이들도 원하
는 보상을 얻을 수 있도록 했다. 아이들에게 실험자가 이 방을 나갈
예정이고, 실험자가 돌아올 때까지 기다린다면 둘 중 더 원하는 보상
을 얻을 것이고(마시멜로 두 개처럼), 기다리고 싶지 않다면 종을 쳐 실
험자를 부르면 된다고 알려주었다. 이때는 덜 원하는 보상(프레츨 두
개)만 받을 수 있었다. 아이들이 음식과 함께 기다려야 하는 경우도
있었고 실험자가 음식을 가지고 나간 경우도 있었다.

　미쉘은 이 주제를 많은 아이들을 대상으로, 다양한 버전으로 시험
하며 중요한 사실을 많이 배웠다. 첫째로, 아이들은 어떤 면에서는 놀
라울 정도의 자제력을 발휘했다. 종을 치지 않고 그냥 간식을 먹는
아이들은 극소수였다. 둘째로, 유혹에 견디는 능력은 지연 시간 동안
눈앞에 무엇이 있는지에 따라 달라졌다. 음식 두 가지가 모두 앞에
있을 때는 심각할 정도로 기다리지 못했고 평균 겨우 1분만 버틴 반
면, 음식 두 가지를 다 없앴을 때에는 아이들은 훨씬 인내심을 발휘
해 평균 11분 이상을 기다렸다. 보상이 눈앞에서 사라졌다 해도 보상
을 생각나게 만드는 단서가 주어질 때면 아이들은 기다리는 것을 힘
들어 한 반면, 다른 생각할 거리가 제시되었을 때는 훨씬 긴 시간을
기다릴 수 있었다. 하지만 미쉘의 연구 결과들 가운데 가장 놀라운

사실은 참가자들을 10년이 더 지난 뒤에 추적 조사했을 때 드러났다. 어렸을 때 기다림을 발휘할 줄 알았던 십대 아이들은 부모에게서 말재주가 있고, 세심하며, 유능하고, 신뢰할 수 있다는 평을 들었다. 한편, 어렸을 때 기다리는 것을 힘들어 했던 십대 아이들은 미숙하고, 고집스러우며, 스트레스를 받으면 '무너져 내리는' 경향이 있다는 평을 받을 때가 많았다.

미쉘은 연구에 참여했던 아이들 중 몇몇의 SAT(미국 대학입학 시험 — 옮긴이) 점수를 입수할 수 있었는데, 이를 분석한 결과가 아마도 그의 연구에서 가장 전설적인 발견으로 꼽힐 것이다. 자제력을 발휘하기 가장 힘든 버전의 실험에, 즉 보상 두 개가 모두 눈앞에 제시되고 유혹을 이겨내는 데 도움이 될 만한 그 어떤 것도 제공되지 않았던 상황에 참여했던 서른다섯 명의 아이들의 경우, SAT 점수와 기다린 시간 간에 비교적 강력한 상관관계가 형성되어 있었다. 하지만 이 관계성은 다른 버전의 과제에 참여한 아이들에게서는 찾아볼 수 없었고, 이를 통해 미쉘은 어려운 버전의 테스트가 훗날의 성공을 좌우하는 의지력을 측정하는 데 가장 효과적이라는 사실을 발견했다. 그는 서른다섯 명이라는 표본 크기가 강력한 결론을 도출하기에는 너무 작다는 점을 선뜻 인정했지만, 늘 그렇듯이 연구 결과를 둘러싼 이어진 여러 담론에서는 그의 이 같은 중요한 경고가 누락되고 말았다. 그렇게 이 연구가 만족을 지연시키는 능력이 지능과 더불어 성공의 필수 요소라는 점을 증명한다는 이야기가 사람들 사이에 널리 퍼져나갔다.

후속 연구에서 만족을 지연시키는 능력과 미래의 삶의 결과 사이에 실제로 관계가 있다는 것이 대체로 입증되긴 했지만, 이 관계가 알려진 내용보다 훨씬 복잡하다는 것 또한 드러났다. 그중에서도 중요한 연구 두 건은 미국 국립 소아 건강 및 발달 연구소에서 자금을 지원받아 진행됐던 '유아 돌봄 및 청소년 발달 연구'Study of Early Child Care and Youth Development, SECCYD라는 비교적 대규모의 데이터 세트를 바탕으로 진행됐다. 이 연구는 1,300명이 넘는 아동을 대상으로 발달 과정을 추적하며 다수의 교육적, 심리적 결과를 측정했으며 4세 아이들을 대상으로 만족 지연을 측정하기도 했다. 이 데이터 세트의 한 가지 주요 자산은 미셸의 연구에 참여했던 '상대적으로 부유한 백인'보다 훨씬 다양한 인구가 포함되어 있어 절제력과 삶의 결과 간의 좀 더 일반화할 수 있는 관점을 제시한다는 것이다. 한편, 이 데이터 세트의 중대한 한계도 있었으니 미셸의 연구에서는 피실험자에게 종을 치기까지 최소 15분을 준 반면, 여기서는 최대 7분만 주었다는 점이다. 이 실험에서는 기다려야 하는 시간이 짧았기 때문에 정해진 시간이 되기 전에 종을 울린 아이들은 절반 정도뿐이었다. 두 가지 보상이 눈앞에 있을 때 끝까지 기다렸던 아이들이 극소수였던 미셸의 연구 설계와 데이터를 비교 분석하는 것이 어렵다.

앞서 말한 두 개의 중요한 연구 중 첫 번째 연구에서는 앤절라 더크워스Angela Duckworth와 그녀의 동료들이 위의 데이터 세트 속 아이들이 중학생이 되었을 때의 여러 결과와 만족을 지연시키는 능력에 어떠한 관련이 있는지를 조사했다.[18] 연구진은 4세 때 만족 지연 테스트에서 기다림을 발휘했던 것과 청소년기의 높은 성적 및 시험 점수 사이에 관계가 있다는 것을 발견했다. 흥미롭게도 연구진은 기다림과 체질량지수와의 관련성도 발견했는데 기다리기 힘들어 했던 아이들은 과체중인 경우가 많았다. 연구진은 오래 기다릴 줄 알았던 아이들의 자제력과 학업 성취도 사이의 연관성이 높은 지능에서 기인한 것은 아닌지를 검사하기 위해 아이들에게서 추가적으로 수집한 자제력과 지능 측정치를 활용했다. 그 결과 기다림과 평균 성적 간의 관계는 지능이 아니라 주로 자제력에 기인한다는 사실을 깨달았다. 한편, 자제력과 지능은 지연 과제와 표준화된 시험 성적 간의 관계에 중요한 역할을 했는데, 이 현상은 자제력이 부담이 큰 일회성 시험에서보다 그날그날의 수업 태도에 더욱 중요하게 작용한다는 사실을 반영한 것으로 보였다.

뉴욕 대학의 타일러 와츠Tyler Watts와 그의 동료들이 진행한 SEC-CYD 데이터 세트의 두 번째 연구는 만족을 지연시키는 능력이 미래의 삶의 경험을 예측하는 '인자'가 될 수 있는지에 대해 더욱 큰 의문을 제기했다. 와츠는 4세 때의 기다림 데이터와 15세 때 측정한 삶의 결과를 비교했다. 여기서 와츠의 연구가 보여준 중요한 차이점은 아이의 엄마가 학사 학위가 있는지에 따라 데이터를 분류했다는 것이었다. 학위가 있는 엄마에게서 자라는 아이들은 백인에 부유한 경우가 많았고 학위가 없는 엄마를 둔 아이들은 미국 인구의 대표 표본에 훨씬 가까웠다. 두 집단의 아이들 간 자제력 차이는 놀라웠다. 학위가 있는 엄마를 둔 아이들은 그렇지 않은 아이들에 비해 90초나 더 오래 기다렸고, 처음 20초 내에 종을 울리려고 하는 아이들의 수는 절반 이하였다. 그리고 당연하게도 이 아이들은 표준화된 학업 성취도 시험에서도 더 나은 성과를 보였다. 기다리는 시간에서의 차이는 사회경제학적 변수와 밀접하게 연관되어 있었지만 이 또한 학위가 없는 엄마를 둔 아이들에게만 해당했다. 다른 아이들의 가정 간에는 사회경제적 지위에서 기다림 시간과의 관련성을 찾을 만한 변산성이 충분치 않았다. 학위가 없는 엄마를 둔 아이들의 학업 성과와 기다리는 시간을 비교한 와츠는 관련성을 발견했지만 그 정도는 미쉘이 보고한 바의 절반 정도에 그쳤다. 아마도 더욱 중요한 사실은 와츠가 학위가 없는 엄마를 둔 아동들의 기다리는 시간과 학업 성과 간의 관련성은 처음 20초 내에 종을 울린 아이들에게서 주로 나타난다는 것을 발견했다는 점이다. 20초보다 더 오래 기다렸던 아이들의 경우에는 얼마나 오래 기다리는지와 학업적으로 얼마나 좋은 성과를 내는지 간의 관련성이 없는 듯 보였다.

이 결과들의 한 가지 문제는 '기다린다는 것'이 아이들에게 항상 옳은 일이라고 볼 수 있는지가 불확실하고, 실제로 어떤 경우 '틀린' 일일 수도 있다는 점이다. 사회 및 경제적으로 불안정한 동네의 빈곤한 가정에서 살고 있는 아이가 만족 지연 과제를 수행하는 실험 환경에 놓이게 됐다고 생각해보길 바란다. 이러한 가정환경 출신의 아이는 성인들의 범죄와 사기를 경험했을 공산이 크고, 때문에 실제로 무언가를 얻기 위해서는 그것을 보는 즉시 가져야 한다는 믿음이 타당하게 형성되었을 수도 있다. 실제로 이 문제를 셀레스트 키드_{Celeste}

Kidd와 그녀의 동료들이 실험했다.[19] 마시멜로 실험의 변형 과제에 참여하기 전, 3~6세의 피실험자들은 '미술 수업'의 일부로 실험자를 먼저 대면하는 시간을 가졌다. 실험자는 아이들에게 낡은 크레파스 세트를 갖고 놀아도 되고, 아니면 실험자가 새로운 미술 용품 세트를 갖고 돌아올 때까지 기다려도 된다고 알려주었다. 한 집단의 아이들을 대상으로는 실험자가 약속한 대로 새 용품을 가져왔지만 다른 집단의 아이들에게는 실험자가 돌아와 새 것이 없다며 사과를 전했다. 이후 아이들은 만족 지연 과제에 참여했는데, 예상했던 대로 실험자를 신뢰할 수 없다고 여긴 아이들은 실험자가 약속을 지킨 아이들에 비해 보상을 기다리려 하는 모습을 훨씬 덜 보였다. 다른 연구에서도 실험자를 신뢰할 수 없을 때 또는 전반적으로 사람에 대한 신뢰가 없을 때 아이들이 기다릴 가능성이 훨씬 더 낮았다.

이러한 결과들은 만족 지연과 학업 성과 간의 관련성에 영향을 미칠 수 있는 다양한 요인들을 구분하는 것이 상당히 어려운 일임을 잘 보여준다. 하지만 그럼에도 만족을 지연시키는 능력이 미래의 성공과 신뢰할 만한 상관관계에 있음을 밝히는 이론적 토대를 제공했다는 점만큼은 틀림없는 사실이다.

눈앞의 20달러 vs. 두 달 뒤 30달러

인내심의 바탕이 되는 두뇌 시스템에 대한 우리의 이해는 마시멜로를 먹는 아이들을 대상으로 한 연구들이 아니라 서로 다른 시간대에 주어지는 금전적 보상을 두고 선택을 내리는 성인들을 대상으로 한 연구들, 즉 시점 간 선택intertemporal choice 연구를 통해 얻어졌다.

일반적인 시점 간 선택 실험에서는 지금 일정 금액의 돈(20달러)을 받을 것인지, 나중에 더 큰 금액 가령, 두 달 후에 30달러를 받을 것인지 선택해야 한다. 우리는 이런 유형의 선택을 내릴 때가 많은데, 즉각적인 보상과 비교해 지연된 보상의 상대적인 우수성에 따라 선택이 달라진다. 이런 선택을 내릴 때 사람들은 경제 이론이 주장하는 것보다 즉각적인 보상을 훨씬 강하게 중시하는 경향이 있다. 이런 현상의 한 결과로 '동태적으로 비일관적인'dynamically inconsistent 선택이 발생하는데, 다시 말해 선택 결과에 대한 상대적인 선호가 시간이 흐름에 따라 달라진다는 뜻이다. 내가 오늘 당신에게 2주 후에 20달러를 주거나 4주 후에 30달러를 주는 선택권을 제시한다고 가정해보자. 거의 모든 사람들이 더 큰 그리고 나중의 보상을 택할 것이다. 하지만 2주 후에는 같은 선택지가 오늘 20달러를 받을 것인지, 2주 후 30달러를 받을 것인지로 달라진다. 이 경우 많은 사람들은 자신의 선호를 바꿔 즉각적인 보상을 취하려 한다. 사람들이 결과를 고려하는 시기에 따라 결과의 가치를 다르게 생각하는 경향이, 즉 고전 경제학의 기본 원칙을 위반하는 현상이 벌어진다는 뜻이다. 이런 현상은 행동 변화와 관련한 여러 영역에서 개인이 보이는 행동과도 유사한 점이 많다. 오늘은 금주를 하겠다고 아침에 결심하지만 칵테일 아워가 시작되면 이 결심이 번복되는 것처럼 말이다.

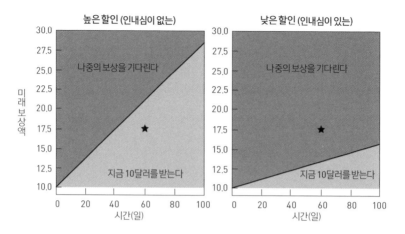

[그림 5. 5] 인내심이 있는 사람과 없는 사람의 할인 곡선

각 그래프에서 선은 현재 10달러를 받는 것과 비교해 기다림을 견디기 위해 필요한 최소한의 미래 보상액이다. 옅은 회색 구역은 현재의 보상을 택하는 시간 지연과 최소한의 미래 보상액이고, 짙은 회색 구역은 기다림을 택하는 지연과 보상액이다. 각 그래프의 별은 두 사람이 동의하지 않는 특정한 선택, 즉 현재의 10달러와 두 달 후의 17.5달러를 나타낸다. 좌측의 인내심이 없는 사람은 즉각적인 보상을 택하는 반면 인내심이 있는 사람은 지연된 보상을 기다린다.

인내심이 있는지 또는 없는지는 개인이 미래의 보상을 얼마나 빠르게 할인discount시키는지를 의미하는 숫자, 보통 'k'라고 표현하는 값을 추산하는 것으로 정량화할 수 있다. 그림 5.5는 서로 다른 정도의 k를 지닌 두 명의 할인 함수를 나타낸 것이다. 우측의 인내심이 있는 사람은 미래의 보상을 할인하는 정도가 상대적으로 적은 반면, 좌측의 인내심이 없는 사람은 미래의 보상을 빠르게 할인시켜, 두 사람은 지금 10달러를 받을 것인지, 두 달 후 17.5달러를 받을 것인지를 두고 서로 다른 선택을 하는 상황이 펼쳐진다. k가 충분히 크다면 할인이 매우 급격하게 벌어져 인내심이 없는 사람은 즉각적인 보상만 안중에 있는 것처럼 보일 정도다. 이 사람에게는 무엇이든 미래의 것은 기본적으로 아무런 가치가 없는 셈이다.

사람들을 보면 k가 저마다 크게 다르다는 것을 알 수 있다. 이를테면 2만 명 이상을 대상으로 한 대규모 연구에서 k를 측정한 결과, 가장 높은 k 값은 가장 낮은 값에 비해 1,000배 이상으로 컸다! 이 연구에서 가장 인내심이 많은 사람은 20달러의 즉각적인 보상보다 30일을 기다려 20.10달러를 받는 쪽을 선호한 반면, 가장 인내심이 없는 사람은 현재의 보상 20달러를 포기하고 30일을 기다리기 위해선 지연된 보상이 167달러가 되어야 했다. 이처럼 할인율에서 사람들마다 차이를 보이는 이유는 유전과 환경적 영향이 합쳐진 결과로 보인다. 앞에서 마시멜로 과제를 이야기하며 이미 환경적 영향을 일부 살펴봤다. 다른 이들을 믿지 않는 사람은 누군가 실제로 가져오리라 믿기 어려운 지연된 보상을 기다리기보다 즉각적인 보상을 취할 공산이 크다. 할인율에 영향을 미칠 또 다른 요인은 개인의 사회경제적 지위이다. 행동경제학자인 센딜 멀레이너선Sendhil Mullainathan과 엘다 샤퍼Eldar Shafir는 빈곤한 사람이 매일 그렇듯 결핍을 경험할 때는 눈앞의 문제 해결에 급급한 나머지 미래를 생각하는 것은 말도 안 되는 일처럼 느껴진다고 주장했다. 가난한 사람들이 고금리의 소액 단기 대출을 받는 것도 이런 이유일 수 있다. 멀레이너선과 샤퍼가 일련의 연구를 통해 밝혔듯(연구에서는 욕구 충족의 도구로 비디오 게임을 사용했다), 결핍이 많을수록 사람은 즉각적인 욕구를 채우는 데 치중하고 그로 인해 미래를 담보로 삼으려고 할 가능성이 높다.[20] 이와 같은 맥락으로, 연구는 또한 소득이 할인율에 직접적인 관련이 있다는 것을 보여주었다. 소득이 낮은 사람들은 소득이 높은 이들에 비해 금전적 보상에 대한 지연 할인이 더욱 빠르게 일어났다.[21]

그 영향력의 정도는 불분명하지만 유전도 할인율에 영향을 미친다. 일란성, 이란성 쌍둥이를 대상으로 한 여러 연구에서 일란성 쌍둥는 이란성에 비해 유사한 할인율을 보인다는 것이 드러났고, 이 데이터를 바탕으로 해당 연구자들은 개인 간의 할인율 변산성의 절반가량은 유전적 차이에서 온다고 추정했다.[22] 할인에 관여하는 특정한 유전적 차이를 밝혔다고 주장하는 기존의 연구들이 있고, 이 중 대부분이 도파민 기능과 연관된 유전자에 초점을 맞추었다. 하지만 이 연구들의 규모가 비교적 작았고, 이런 경우 재현이 불가능한 결과를 도출할 때가 많다. 2만 명 이상을 대상으로 한 대규모 연구 하나만이 전체 게놈을 분석해 할인에 연관된 특정한 유전자들을 찾으려 했다.[23] 이 연구는 할인에 연관된 유전자 하나를 밝혀내긴 했지만 이조차도 사람들 간의 할인율 차이의 극히 일부만 설명할 수 있을 뿐이었다. 결국 이 검정력 높은 연구는 개별 후보 유전자candidate genes를 살핀 기존의 소규모 연구가 주장했던 할인율과 유전자 간의 연관성을 인정할 만한 명백한 증거를 찾지는 못했다.

마시멜로 과제에서의 행동이 삶의 결과와 관계가 있었던 것처럼 미래의 금전적 보상 할인 역시 그러했다. 이 관계성은 약물 남용에서 가장 뚜렷하게 나타나는데, 수많은 연구에서 약물 중독을 앓는 사람들이 중독되지 않은 사람들에 비해 할인이 상당히 빠르게 진행된다는 것을 입증했다.[24] 물론 할인이 약물 중독을 초래한다는 것은 아니다. 어쩌면 중독 때문에 사람들이 할인을 더욱 심하게 하는 것일 수 있고 아니면 공통 요인(사회경제적 지위나 어린 시절의 트라우마와 같은)이 중독과 가속 할인 모두에 원인이 되는 것일 수도 있다. 시간의 경과에 따라 사람들을 추적하며 할인과 흡연 간의 연관성을 측정한 한 연구에서 할인이 중독의 결과가 아니라 중독의 위험 인자라는 사실을 가리키는 일부 증거가 나왔다.[25] 이 연구는 할인의 차이가 훗날 흡연을 할 것인지 예측할 수 있는 반면, 흡연을 시작하는 것은 할인의 변화 양상을 예측할 수 없고, 할인 성향은 시간이 흘러도 매우 안정되게 유지된다는 것을 발견했다. 또한 약물 남용에서 할인의 중요성은 연구자들에 의해 부풀려졌음이 거의 확실하다 볼 수 있는데 몇몇 연구자는 금전적 보상의 빠른 할인이 '중독의 행동 표지'라고까지 주장했다.[26] 할인의 정도로 누가 중독에 빠지게 될지 예측할 수 있다는 의미였다. 그러나 우리는 연구를 통해 할인율이 실제로 약물 남용 및 비만과 일부 관련이 있기는 했지만 사람들 간의 차이를 5퍼센트 미만으로 설명한다는 것을 발견했다. 다른 여러 연구들도 약물 남용 패턴과 지연 할인 정도 간에 강력한 관계성을 찾는 데 실패했다. 즉, 할인율을 중독의 '표지'로 삼으려는 시도는 중독되지 않은 사람들을 잠재적인 중독자로 규정하는 것이나 다름없고, 자칫 위험할 수도 있는 과도한 발상으로 보인다.

시스템 1과 2의 싸움

아이들이 마시멜로 과제에 참여하는 장면이 무척이나 강렬했던 나머지 유튜브 영상 한 편이 급속도로 퍼져 나가며 700만 뷰를 달성했다.[27] 마시멜로를 먹고 싶은 유혹을 이겨내는 모습을 보며 아이들의 이성적인 두뇌가 쾌락을 추구하고자 하는 욕망 중추와 싸우는 모습을 떠올리지 않을 수 없다. 실제로 이 장의 시작에 언급했듯이, 이성과 욕망의 싸움은 인간 사유의 역사만큼이나 오래되었을 것이다.

신경과학과 경제학 모두에서 충동적인 두뇌 시스템과 이성적인 두뇌 시스템이 싸움을 벌인다는 개념은 의사결정의 다양한 이중 시스템dual systems 이론의 형태로 시간 간 선택을 설명하는 데 중요한 역할을 했다. 이 이론은 인간의 의사결정에서 두 개의 두뇌 시스템이 작용한다고 제안한다. 경제학자인 리처드 탈러Richard Thaler와 허시 셰프린Hersh Shefrin은 '행동하는 자아'doer라고 표현하고[28], 월터 미쉘은 '뜨거운 시스템'hot system, 대니얼 카너먼Daniel Kahneman은 '시스템 1'이라고 부르는 첫 번째 시스템은 목표를 고려하지 않고 신속하고 즉각적으로 보상을 소비하도록 우리를 이끄는 '자동적인 시스템'이다. 이 시스템은 보통 측좌핵, 복측 전전두피질ventromedial prefrontal cortex처럼 도파민 시스템을 포함한 보상과 관련한 두뇌 영역과 연결되어 있다. '계획하는 자아'planner, '차가운 시스템'cold system, '시스템 2'로 다양하게 불리는 두 번째 시스템은 이성적이고, 목표 지향적이며, 인내심 있는 사상가로 여겨진다. 일반적으로 이 시스템은 전전두피질의 측면 부분과 연결되는데, 이곳은 신경 과학자들이 인지 제어cognitive control 과정이라 부르는 활동과 연관된 영역이다. 작업 기억에 정보를 담고, 집중을 방해하는 대상에 저항하고, 미래의 행위를 계획하고, 원치 않는 행위를 억누르는 일을 포함하는 이 과정은 자제력의 기본 요소로 여겨진다.

시간 간 선택이 이 두 개의 두뇌 시스템 간의 싸움으로 이해할 수 있음을 보여준 최초 증거는 샘 맥클러Sam McClure와 그의 동료들이 2004년에 발표한 연구에서 나왔다. 이들의 연구는 경제학자인 데이비드 레입슨David Laibson이 제안한 이중 시스템 모델인 '베타-델타 모델'을 구체적으로 구현했다. 이 모델에 따르면 한 시스템('베타')은 즉각적인 보상만 중요시여겨 사실상 그 어떤 미래 보상도 가치를 제로로 매기고, 또 다른 시스템('델타')은 표준적인 경제 이론에 부합해 시간의 경과에 따라 아주 느린 속도로 보상을 할인한다. 연구진은 조기 금전적 보상 또는 지연 보상 선택을 내리는 피실험자들의 fMRI 데이터를 취합했다. 오늘 10달러를 받는 것과 내일 11달러를 받는 식으로 조기 보상이 즉각적으로 주어지는 경우도 있었고, 7일 후 10달러를 받는 것과 8일 후 11달러는 받는 식으로 두 보상 모두 지연되는 경우도 있었다. 즉각적인('베타') 시스템에 관여하는 두뇌 영역을 파악하기 위해 연구진은 조기 보상이 포함된 모든 실험 상황과 지연 보상만 주어지는 실험 상황에서의 두뇌 활동성을 비교했다. 분석을 통해 보상과 관련한 영역을 발견했고, 그중 복측 전전두피질과 측좌핵은 지연 보상만 주어진 선택보다 즉각적인 보상이 포함된 선택을 내릴 때 더욱 활성화되었다. 인내심이 있는('델타') 시스템에 관여하는 영역을 찾기 위해 연구진은 델타 프로세스는 모든 결정에 관여한다는 전제를 하고 모든 선택에서 활동하는 영역을 살폈다. 뇌 전반에 걸쳐 여러 영역을 발견했는데, 그중에는 집행 통제와 연관된 측면 전전두피질이 포함되어 있었다. 두뇌 활동과 선택의 직접적인 연관성을 밝히기 위해 피실험자가 즉각적인 보상을 내리는 실험 상황과 지연된 보상을 내리는 실험 상황의 두뇌 활동을 비교한 연구진은 피실험자가 즉각적인 보상을 선택할 때 '베타' 영역이 더욱 활성화된 반면, 지연된 보상을 택할 때는 '델타' 영역이 더욱 활성화되는 것을 발견했다. 이 발견을 바탕으로 개미와 베짱이 이솝 우화를 떠올린 이들은 이렇게 결론을 내렸다. "시간 간 선택의 문제에서 사람들 간에 발생하는 차이는 우리 안의 충동적인 변연계 베짱이와 앞날을 준비하는 전두엽 개미 간의 경쟁을 반영한 것으로 보인다."[29]

그러나 이 연구를 강하게 비판하는 후속 연구를 시작으로 많은 연구들이 시간 간 선택이 참을성 없는 두뇌 시스템과 인내심 있는 두뇌 시스템의 경쟁을 반영한다는 개념을 거부했다. 그 선두에는 펜실베이니아 대학의 신경 과학자 조 케이블Jeo Kable이 있었다. 신경경제학의 선구적인 연구자 폴 글림처Paul Glimcher와 함께한 그의 초기 연구는 맥클러의 연구에서 인내심이 없다고 칭한 영역의 활동성은 즉각적인 결과에 대한 편향으로 설명하기보다는 결정의 주관적 가치에 단순히 응답한 것으로 봐야 한다. 그리고 즉각적인 선택과 지연된 선택의 주관적 가치가 각각 다르다는 것을 보여주었다. 다른 연구는 복측 전전두피질에 손상을 입을 때 사람은 더욱 인내심이 없어지고 미래의 보상을 더욱 심하게 할인한다는 것을 밝혔다. 복측 전전두피질이 성급한 선택을 이끈다고 생각한 사람들의 예측과 정반대의 결과였다. 이론대로라면 해당 영역에 손상이 가해졌을 때 인내심이 없어지는 현상이 줄어들어야 마땅했다. 이와 반대로 전전두피질의 측면 부위가 인내심 있는 결정에 필요한 통제를 발휘하는 데 중요한 역할을 한다는 비교적 훌륭한 증거가 있다. 맥클러의 연구와 마찬가지로 수많은 연구에서 사람들이 인내심이 없는 선택과 비교해 인내심 있는 선택을 내릴 때 측면 전전두피질이 더욱 활성화된다는 사실이 드러났다. 측면 전전두피질의 병변이 시간 할인에 미치는 영향을 주제로 한 연구가 발표된 바는 없지만, 뇌 자극을 활용해 건강한 사람들 뇌에서 해당 영역의 기능을 방해한 연구는 많았다.[30] 이 연구들은 측면 전전두피질의 장애는 시간 간 선택 과제에서 사람들로 하여금 더욱 인내심이 없는 상태로 이끌었다는 사실을 하나같이 보여주었고, 이로써 인내심을 발휘하지 못하는 우리의 성향에 통제력을 행사하는 측면 전전두피질의 역할이 확실해졌다.

충동을 통제하는 법

자신의 충동을 통제하는 법을 배우는 것이야말로 제대로 된 성인으로 살아가는 데 가장 중요한 요소 중 하나다. 어린아이들은 떼쓰기부터 같은 공간에 있는 모든 이들의 관심을 요구하는 것까지 무엇이든 자기 멋대로 행해도 용인이 되지만 성인들은 이런 충동을 억누르는 법을 배워야만 타인에게 피해를 입히지 않고 사회생활을 할 수 있다. 그래서 충동 조절 능력이 명백히 떨어지는 주의력 결핍 과다행동 장애 즉, ADHD를 앓는 성인들은 특히나 사회활동을 하는 데 많은 어려움을 겪곤 한다. 충동적인 성격의 아이가 불쑥 대화에 끼어들며 머릿속에 떠오르는 생각을 일일이 나열하는 모습은 귀엽게 보일 수 있지만 성인이 그런다면 그저 짜증스럽게 느껴질 테니 말이다.

충동성은 심리학자들이 수십 년에 걸쳐 연구해온 복잡한 현상으로, 보통 아래와 같은 질문이 적힌 검사지를 통해 조사한다.

- 충동적으로 행동하는 일이 자주 있습니까?
- 연극을 보거나 수업을 들을 때 몸을 계속 움직입니까?
- 취미를 자주 바꿉니까?
- 문제를 해결하는 데 싫증을 느낍니까?

이 질문들을 보면 삶의 전반에 걸친 충동성의 개념을 확인할 수 있는데, 여러 연구자들이 충동성의 특징을 분류하기 위해 노력했다. 충분한 검증을 거쳐 널리 알려진 한 프레임워크에서는 충동성의 핵심적인 측면을 다음과 같이 네 가지로 정리한다.[31]

- 긴급성: 긍정적이거나 부정적인 기분일 때 생각하지 않고 행동하는 경향

- 인내심 결여: 의도한 계획을 끝까지 해내지 못함

- 사전 계획 결여: 행동하기에 앞서 충분히 생각하지 못함

- 감각 추구: 위험할지라도 새롭고 흥미진진한 활동에 참여

위의 서로 다른 요소들을 통계적 방법으로 유추하는 요인분석factor analysis은 사람들이 비슷하게 답하는 설문 문항들을 구분해 요인으로 규명한다.

할인처럼 충동성 또한 그 기저가 되는 강력한 유전적 요소가 있다. 샌드라 샌체즈-로이지Sandra Sanchez-Roige와 그녀의 동료들이 진행한 대규모 전장유전체 연구는 충동성의 유전성에 대해 특히나 훌륭한 증거를 제시했다.[32] 이 연구는 유전자 기업인 23앤드미23andMe와 협력하여 진행되었고, 기업의 도움으로 연구진은 2만 2,000명 이상의 유전 정보와 더불어 충동성 설문지 데이터를 취합할 수 있었다. 만약 당신이 23앤드미의 사용자이고 이 설문지 중 하나에 답변했다면 아마도 이 연구에 포함되었을 것이다. 연구진은 게놈에서 50만 개 이상의 위치를 살피며 해당 위치의 유전적 차이와 충동성 질문지에서 드러난 행동 간에 연관성이 있는지 뿐만 아니라 약물 실험(약물을 실험 삼아 시도하는 행위―옮긴이)과의 관련성도 함께 알아봤다. 연구에서 가장 먼저 밝힌 사실은 충동성과 실제 삶의 결과들 간에 강력한 연관성이 있다는 점이었다. 더 충동적인 사람은 가계 소득과 교육 수준이 더 낮고, 체중은 더 나갔으며 약물에 손을 댔을 가능성도 더욱 높았다. 유전 데이터에 접근할 수 있었던 덕분에 연구진은 여러 형질 간

의 유전상관genetic correlation 즉, 이 형질 간의 유사성이 사람들 간의 게놈 유사성에 어느 정도 관련하는가를 분석할 수 있었다. 흥미롭게도 충동성과 약물 사용, 우울증 및 ADHD와 같은 정신 건강 문제를 포함해 부정적인 결과 다수 간에 강력한 유전적 상관관계가 있었다. 이 모든 부정적인 결과를 초래할 수 있는 유전적 위험도가 (적어도 어느 정도는) 충동성에 관계가 있다는 이야기다.

현재로서는 충동성 저변의 두뇌 시스템에 대한 우리의 이해가 비교적 부족한 편이다. 이 책을 집필하면서 여러 문헌을 검토하며 그간 두뇌 기능과 충동성의 관계를 측정하고자 시도한 연구들을 상당히 많이 보았지만 거의 모든 연구들이 너무 소규모였던지라 진지하게 고려할 수 없는 수준이었다. 안타깝게도 소규모 연구들은 상당히 가변적이고 신뢰하기 어려운 결과를 도출하는데, 특히나 행동과 두뇌 기능 간의 상관관계를 측정할 때는 이런 현상이 더욱 심해진다.[33] 실제로 한 연구에서는 뇌 구조와 행동 간 상관관계를 발표한 17개의 연구(전부 다 비교적 소규모의 표본을 대상으로 했다)를 재현하려 했지만 기존의 결과를 하나도 재현할 수 없었다. 현재의 내 경험을 토대로 말하자면 사람들의 두뇌와 행동 간의 관련성을 살피고자 하는 연구라면 적어도 100명의 참가자를 대상으로 해야 최소한의 신뢰성을 확보할 수 있다. 그러나 내가 본 이 분야의 연구 대부분이 이보다 훨씬 작은 규모로 진행됐다. 최근 연구들을 보면 이런 연구에서 신뢰할 수 있는 결과를 도출하는 데 필요한 표본 사이즈는 수천 명 수준이다.

두뇌 기능과 충동성 간의 관계를 상당히 높은 검정력을 갖고 최초로 분석한 연구는 켄트 키엘Kent Kiehl과 그의 동료들이 수감된 청소년 집단과 평범한 청소년 무리를 연구한 것이다.[34] 연구에서는 휴지 상태resting state fMRI 기법을 이용해 두뇌 연결성을 측정하는 데 중점을 두었는데 휴지 상태 fMRI란 MRI 스캐너 안에서 안정을 취한 상태로 두뇌 활동을 측정하는 방식이다. 측정을 통해 연구진은 뇌의 서로 다른 영역이 어떻게 연결됐는지를 추론할 수 있었고 특히나 운동 제어와 행동 계획에 중요한 역할을 한다고 여겨지는 전운동피질premotor cortex에 집중했다. 그들은 평범한 청년들과 덜 충동적인 범죄자들에서는 전운동피질이 집행 통제와 관련한 다른 뇌 신경망과 기능적으로 연결된 반면, 가장 충동적인 범죄자들의 경우 이 연결성이 분열되어 있음을 발견했다. 또한 유사한 패턴이 인간의 발달 과정에서도 드러난다는 점을 발견했다. 즉, 어린아이들에게서 보이는 낮은 연결성 패턴은 충동적인 청소년 범죄자들에게서 관측되는 전반적인 패턴과 유사했다.

한편, 다른 연구들은 두뇌 연결성과 충동성 간의 관계성을 달리 보여주었다. 이를테면 대니얼 마굴리스Daniel Margulies와 그의 동료들이 2017년 발표한 연구는 앞서 등장한 충동성의 여러 측면을 평가하는 설문 조사를 마친 200여 명의 휴지 상태 fMRI를 취합했다. 이 연구진은 인지 통제에 중요한 역할을 하는 전대상피질anterior cingulate cortex이라는 영역에 집중했다.[35] 이들은 개인의 충동성 수준에 따라 전대상피질과 다른 두뇌 영역의 연결성 강도에 차이가 있다는 점을 발견했다. 특히나 인내심 부족은 전대상피질과 전전두피질의 측면 부분의 연결성과 관련이 깊었다. 다만 이 관련성은 예측했던 것과는 반대로 인내심에 문제가 있는 사람들은 두 영역의 연결성이 약한 게 아니라 더욱 강했다. 두뇌의 차이가 충동성과 어떤 관련이 있는지를 완벽히 이해하기 위해선 더욱 큰 규모의 많은 연구가 필요하다.

나쁜 습관 '정지'시키기

폭식은 말 그대로 자제력을 잃고 음식을 먹는 장애다. 이후 거식증으로도 고생했던 한 폭식 장애 환자는 자신의 첫 폭식을 다음과 같이 묘사했다.

> 아침 식사로 M&Ms를 먹고 싶었다. 등굣길, 오전 7시에 슈퍼에서 거대한 패밀리 사이즈의 피넛 M&Ms를 샀다. 한 봉지를 다 먹을 생각이었는지 딱 한 움큼만 먹자는 생각이었는지 기억은 안 나지만, 너무 굶주린 상태였다. 육체적인 굶주림이 아니었다. 정서적인 굶주림이었다. 고통스러운 굶주림이었다. 학교까지 차를 운전해 가는 동안 M&Ms를 먹기 시작했다. 처음엔 하나씩 먹었다. 그러다 점차 속도가 빨라지기 시작했다. 더는 맛도 느끼지 않은 채 사실상 통째로 삼키기 시작했다. 통제 불능의 움직임으로 한 번에 입안으로 잔뜩 쑤셔 넣었다. 무아지경의 상태에 있는 것 같았다. 아무것도 보이지 않는 블랙홀 같은 곳에 빠져 버렸다. 몸에서는 이제 그만 먹으라고

배가 부르다고 말하고 있었다. 하지만 그 신호들을 무시했다. 어떤 일이 벌어졌던 건지 정확히 기억은 안 나지만 얼마 후 한 봉지가 텅 비어 있었다. 450그램짜리 M&Ms 한 봉지가 사라져 있었다.[36]

어떤 일을 시작하기 전이든 시작한 후든 그 일을 멈추는 능력은 자제력의 필수적인 측면으로, 이를 반응 억제response inhibition라고 한다. 이러한 반응 억제의 실패가 폭식부터 약물 중독까지 다양한 장애를 불러일으키는 것으로 알려져 있다.

반응 억제는 아주 간단한 실험실 과제인 정지신호 과제stop-signal task를 이용해 오랫동안 연구해온 현상이다. 이 과제에서 참가자는 자극을 보고 가능한 빨리, 정확하게 반응해야 한다. 가령 참가자들에게 여성 또는 남성의 얼굴이 담긴 사진을 제시하고, 남성의 사진일 때는 어떤 버튼을 누르고 여성의 사진일 때는 다른 버튼을 눌러 달라고 요청하는 식이다. 보통의 건강한 젊은 사람이라면 이 과제를 1초 만에 수행할 수 있다. 그러나 여기에는 한 가지 중요한 지시 사항이 있다. 크게 울리는 삐 소리처럼 또 다른 신호가 제시될 텐데, 이 신호가 등장하면 반응을 보여선 안 된다고 참가자에게 알린다. 이 정지신호는 비교적 드물게 제시되고 신호의 효과성은 언제 제시되는지에 크게 좌우된다. 신호가 늦게 울려 참가자가 이미 손가락을 움직여 반응을 하려고 한 상황이라면 행동을 멈추는 것이 상당히 어렵지만 신호가 일찍 나오면(즉, 자극이 등장하고 수천 분의 1초 내로 신호가 제시되면) 상대적으로 행동을 멈추는 것이 쉽다. 정지신호의 지연 시점을 다양하게 해 사람들이 얼마나 성공적으로 행동을 멈추는지 검사하는 것으로 연구자들은 수학적 모델을 활용해 시작되려는 행동을 중단시키는 데 얼마의 시간이 걸리는지 추정할 수 있다.

정지신호 과제 수행에 대해 우리의 이해를 증진시키는 데 가장 많은 기여를 한 사람은 현재 밴더빌트 대학의 교수로 재직 중인 캐나다 심리학자 고든 로건Gordan Logan이다. 특히나 그는 행동을 멈추는 데 필요한 시간, 즉 정지신호 반응 시간stop-signal reaction time을 가늠하는 수학적 프레임워크를 개발했다. 즉, 정지신호 과제에서 '어떤 일이 벌어지지 않는 데' 시간이 얼마나 걸리는지를 가늠하려는 것이었다. 경주 모델race model이라는 이름의 이 프레임워크는 억제의 성공 또는 실패가 서로 다른 두 개의 프로세스 간의 '경주'로 결정된다고 본다. 하나는 출발 프로세스go process로, 자극이 제시될 때 시작되는 프로세스다. 정지신호가 없는 상황에서 이 프로세스는 거의 언제나 완주를 하며 운동 반응으로 이어진다. 한편, 정지신호가 발생하면 출발 프로세스와 경주를 벌이는 별개의 정지 프로세스stop process가 유발된다. 정지 프로세스가 우승하면 반응이 성공적으로 억제되는 반면, 출발 프로세스가 이기면 반응을 멈추는 데 실패한다. 몇 가지 추가적인 추정을 더한다면 경주 모델을 이용해 아무 일도 수행하지 않는 데 걸리는 시간도 추정할 수 있다.

우리는 내가 대학원생이고 고든 로건이 일리노이 대학교 교수이던 1990년대부터 알고 지냈고, 당시 내 사무실이 그의 사무실 바로 맞은편에 있었다. 그럼에도 2003년 박사후 연구 과정으로 젊은 연구자

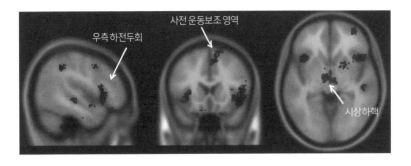

우측하전두회

사전 운동보조 영역

시상하핵

[그림 5.6] 정지신호 과제를 수행할 때 활성화되는 영역들

이미지 속 뇌의 짙게 보이는 영역은 논문 초록에 정지신호 과제를 언급한 99개의 발표된 연구에서 활성화된 부분이다(Neurosynth.org의 메타 분석 도구를 이용해 도출했다). 화살표가 가리키는 영역은 2006년 우리가 논문으로 처음 발표한 곳으로 우측 하전두회RIFG, 사전 운동보조 영역pre-SMA, 시상 하핵STN이다.

애덤 애런Adam Aron이 내 연구실에 합류하고 나서야 나는 본격적으로 반응 억제에 대해 연구하기 시작했다. 애런은 영국 케임브리지 대학에서 석사 과정을 밟을 당시 신경 과학자인 트레버 로빈스와 함께 일하며 두뇌의 서로 다른 영역에 손상을 입었을 때 정지신호 과제에서 행동을 멈추는 능력에 어떠한 영향이 있는지를 배웠다. 애런의 연구는 우측 하전두회right inferior frontal gyrus 또는 'RIFG'라고 알려진 우측 전전두피질 부분에 손상을 입은 사람들은 특히나 행동을 멈추는 데 문제가 있다는 점을 밝혀냈다(그림 5.6 참고).[37] 그가 내 연구실에 합류한 이유는 뇌 영상법을 사용해 건강한 사람들의 뇌에서 행동을 멈추는 일이 어떻게 수행되는지를 더욱 잘 이해하고 싶었기 때문이었다.

애런은 지극히 단순했던 초기 연구를 진전시켰다.[38] 그는 참가자들이 간단한 버전의 정지신호 과제를 행하는 동안 fMRI를 통해 두뇌 영상을 촬영했다.[39] 우리는 먼저 정지신호가 없는 출발 실험에서 참가자가 반응을 보일 때 두뇌의 어떤 부분이 활성화되는지를 판단하기 위해 데이터를 분석했다. 이런 단순한 반응에 관여하는 두뇌 시스템은 잘 알려져 있었던지라 단지 사실 확인을 위해 이러한 과정을 거쳤고, 해당 과제 수행 시 시각과 운동피질, 기저핵 내 조가비핵을 포함해 우리가 예상했던 영역들이 활성화되는 것을 확인했다. 중요한 문제는 출발 실험과 비교했을 때 정지신호가 등장하는 실험에서 어떤 부분이 더욱 활성화되는가였다. 연구 결과, 정지신호로 우측 하전두회와 더불어 전전두피질의 또 다른 부분인 사전 운동보조 영역pre-supplementary motor area이 활성화되며 애런의 이전 연구를 재확인시켜주었다. 한편, 제2장에서 이미 등장한 바 있어 익숙하게 느낄 또 다른 부위도 활성화되는 것을 확인할 수 있었다. 바로 시상하핵이다. 시상하핵은 기저핵 내 간접 경로의 일부이고 이 영역을 활성화시키면 행동이 억제됨을 기억할 것이다. 우리가 이 연구를 진행할 당시 기저핵 내 초직접 경로hyperdirect route라는 경로가 하나 더 있다는 새로운 아이디어가 등장했다. 전전두피질이 직접적으로 시상하핵을 활성화시킬 수 있는 경로였다.[40] 원숭이를 대상으로 한 초기 연구에서 이 경로에 전기 자극을 줄 때 진행 중인 행동을 무효화시킨다는, 즉 신속한 정지에 필요한 바로 그 역할을 한다는 것이 드러났다. 하지만 전전두피질과 시상하핵의 연결성이 인간에게서는 밝혀진 적이 없었다.

초직접 경로가 정지에 관련하는지를 밝히기 위해 우리는 옥스퍼드 대학의 연구진과 협력했다. 이 연구진은 앞서 등장했던 확산강조

영상 분석의 전문가들이었다. 옥스퍼드 대학의 동료인 팀 베렌스_{Tim Behrens}와 스티브 스미스_{Steve Smith}는 뇌신경섬유지도_{tractography}라는 기법으로 뇌의 백질 신경로를 가상으로 추적하는 소프트웨어를 개발했다. fMRI 연구에 참여했던 사람들에게서 얻은 확산강조영상 데이터와 함께 이 기술을 활용한 우리는 정지를 행하는 동안 식별되었던 전두엽의 두 부분(우측 하전두회와 사전 운동보조 영역)에서 시상하핵까지의 백질 연결성을 확인할 수 있었다.[41]

우리의 신경 영상 연구 결과는 전두엽에서 시상하핵까지의 초신경회로가 정지와 관련이 있다는 초기 증거가 되었다. 한편, 생쥐를 대상으로 비슷한 정지신호 과제를 수행한 일련의 연구가 이미 시상하핵의 역할을 좀 더 분명히 입증한 바 있다. 정지신호 과제를 각색한 이 과제에서 생쥐는 코를 가운데에 있는 통 안에 넣은 채로 소리가 들릴 때까지 기다린다. 고음의 소리가 들리면 쥐는 코를 한쪽 통으로 가져다 댄다. 저음의 소리가 들릴 때는 다른 쪽 통에 댄다. 정확히 수행했을 때는 달콤한 간식으로 보상받는다. 사람이 하는 정지신호 과제와 마찬가지로 30퍼센트의 확률로 정지신호가 제시되면(여기서는 짧은 백색 소음이 신호로 주어진다) 쥐는 어느 쪽 구멍에도 코를 넣지 않아야 한다. 반응을 성공적으로 억제하면 역시 달콤한 보상을 얻는다. 규칙을 쥐들에게 설명하는 것이 불가능한 만큼, 이 과제를 수행하기 위해 쥐들은 훈련을 받아야 했고, 몇 개월까지 걸릴 수도 있지만 한 번 훈련을 받고 나면 훌륭하게 수행할 수 있었다. 조쉬 버크_{Josh Berke}와 그의 동료들은 쥐들이 정지신호 과제를 하는 동안 시상하핵의 뉴런을 기록했고, 이 기록을 통해 정지신호가 발생할 때는 항상 시상하핵이 실제로 작동한다는 것이 확실히 드러났다.[42] 하지만 이 활동성은 쥐가 성공적으로 행동을 멈추는지와 무관하게 나타난 반면, 뇌의 다른 부분(시상하핵에서 입력을 받는 간접 경로의 일부)은 쥐가 성공적으로 정지할 수 있을 때에만 활동성을 보였다. 시상하핵의 역할이 정지신호를 간접 경로의 다른 부분들에 있는 뉴런에 전달하는 것임을 보여주는 증거였다. 이 영역에서의 반응 타이밍을 연구진이 분석한 결과, 정지의 성공 또는 실패가 기저핵 내 서로 다른 뉴런 세트 활동의 상대적 타이밍과 연관이 있다는 것이 드러나며 로건의 경주 모델을 직접적으로 입증했다. 행동을 성공적으로 정지시키기 위해서는 시상하핵의 정지와 연관된 활동이 선조체의 운동과 연관된 활동 전에 일어나야 했다. 버크와 다른 연구자들의 후속 연구는 정지에 대한 두뇌 메커니즘이 이보다 좀 더 복잡하다는 사실을 보여주었지만 정지 행위에 있어 시상하핵이 핵심적인 역할을 한다는 개념에는 변함이 없었다.

의지력에 대한 집착을 내려놓아라

사람들에게 삶에서 원하던 변화를 성공적으로 이뤄내지 못한 이유를 물으면 이들이 말하는 1등 원인은 '나는 의지력이 부족해요'이다. 이러한 의지력에 대한 믿음은 의료인들에게까지도 넓게 퍼져 있다.

한 연구에서는 과체중, 당뇨를 앓는 사람들의 식단을 짜주는 영양사들이 체중 문제의 가장 중요한 요인 중 하나가 의지력 부족이라고 믿었고, 영양사가 판단하는 환자의 의지력 정도에 따라 환자마다 다른 조언을 주었다는 것이 드러났다.

'의지력'이라 하면 대다수의 사람들은 자신이 원하는 일을 거부하거나(디저트를 하나 더 먹고 싶지만 참는 것), 자신이 원치 않는 일을 하는 것(운동을 하기 싫지만 헬스장에 가는 것)으로 여긴다. 우리는 '훌륭한 의지력'을 지닌 사람들은 흡연의 욕구를 무시하거나 케이크보다 당근을 선택하는 식으로 그 순간의 충동에 거부하는 사람이라고 오랫동안 믿어왔다. 하지만 이런 생각이 완벽히 틀렸다는 것을 보여주는 증거가 점차 많아지고 있다.

앞서 우리는 행동 억제 능력을 측정하는 정지신호 과제를 접한 바 있다. 만약 이런 류의 억제가 의지력에 필수적이라면, 어떠한 순간에 행동을 멈추는 능력이 자제력의 정도와 연관이 있다고 예상할 수 있다. 자제력은 보통 이 장의 초반에 등장한 자기보고 설문 조사로 측정한다. 최근 한 연구에서 내가 속한 연구 팀은 500명 이상의 사람들을 대상으로 반응 통제 능력과 자제력을 측정했다.[43] 그 결과 행동을 멈추는 데 걸리는 시간을 수치로 나타낸 정지신호 반응 시간과 자제력 척도 사이에는 사실상 아무런 관계가 없었다. 매우 다양한 측정 방법을 동원했지만 다른 연구자들이 행한 수많은 연구 결과가 그렇듯, 집행 통제를 측정하는 여러 과제와 자제력을 측정하는 설문 조사 간에 그 어떤 관련성도 발견하지 못했다. 이렇듯 연관성이 부족한 바, 기본적인 억제 기능의 차이가 사람들 간의 자제력 차이의 원인이라고 보기 어렵다.

자제력이 높다고 여겨지는 사람들은 충동을 잘 억제한다기보다는 애초에 자제력을 발휘해야 하는 상황을 피하는 데 더욱 능한 것으로 여겨진다. 이 증거는 빌헬름 호프먼Wilhelm Hofmann과 동료들이 경험 표집experience sampling이라는 방법으로 욕구, 목표, 자제력 간의 상호작용을 조사한 연구에서 나왔다.[44] 208명의 연구 참가자들에게 스마트 기기를 주고 하루 동안 두 시간에 한 번씩 기기에서 신호가 울리면 자신의 경험을 보고하도록 했다. 먼저 현재 어떠한 욕구를 경험하는지 또는 지난 30분 내에 그런 경험이 있었는지 보고했다. 만약 그랬다면 어떤 욕구였고, 욕구의 강도가 어느 정도였는지 1(욕구를 느끼지 않음)에서 7(억누를 수가 없는)의 척도로 평가했다. 이후 참가자들은 해당 욕구에 저항하기 위한 시도를 했는지, 욕구와 자신의 목표 사이에서 얼마나 갈등했는지 등 기타 사항을 포함해 다수의 항목에 답변했다. 또한 참가자들은 우리가 앞서 봤던 것과 유사한 자제력에 대한 설문 조사에도 답했다.

모든 데이터를 취합한 후 호프먼은 개인이 보고한 자제력 정도가 경험 표집으로 기록한 다양한 요소와 각각 어떠한 관련이 있는지를 살폈다. 자제력의 역할이 목표를 위해 욕구를 억누르는 것이라면 자제력이 높은 사람들은 욕구와 목표 사이에서 갈등을 더 많이 경험해야 하고 본인의 충동에 저항하는 일도 더욱 자주 일어나야 할 것이었다. 하지만 결과는 완전히 정반대였다. 자제력이 높은 사람들은 낮은 사람들에 비해 갈등을 더 적게 드러냈고, 욕구에 저항하는 빈도도 더 낮았다. 뿐만 아니라 자제력이 높은 사람들은 대체로 욕구 자체를 더 적게, 더 약하게 경험했다.

펜실베이니아 대학의 브라이언 갈라Brian Galla와 앤절라 더크워스가 진행한 또 다른 연구는 자제력이 높다고 보고된 사람들이 역설적으로 자제력을 덜 필요로 하는 것처럼 보이는 이유에 대한 한 가지 신빙성 있는 답을 제시했다. 바로 이들은 '좋은 습관'을 형성하는 데 더욱 능하다는 것이었다. 이 역설을 조사하기 위해 두 사람은 먼저 대규모의 사람들에게 간식 먹기와 운동하기처럼 일상적인 습관과 자제력 수준에 대한 설문 조사를 진행했다. 당연하게도 연구진은 자제력이 높은 사람들이 운동을 더욱 많이 하고, 더욱 건강한 간식을 섭취한다는 것을 발견했는데 여기서 흥미로운 사실은 이 사람들에게 운동과 건강한 식습관은 습관적 행동에 가까운, 즉 굳이 생각할 필요 없이 '자동적으로 행하는 일'이라는 점이었다. 즉, 자제력의 영향이 좋은 습관으로 이어진다는 의미였다. 높은 자제력으로 좋은 습관이 더욱 굳건하게 형성되고, 이에 따라 애써 자제력을 발휘할 필요가 줄어든다는 것을 예측할 수 있었다.[45]

학문적 성과와 공부 습관에 대한 여러 연구에서도 이와 비슷한 결과가 나왔다. 하지만 가장 흥미로운 발견은 5일간 명상 수련에 참가한 132명을 관찰한 연구에서 나왔다. 갈라와 더크워스는 수련회가 시작하기 전에 각 참가자들의 자제력을 측정했고, 참가자들이 명상을 습관화할 가능성이 얼마나 되는지 보기 위해 3개월 후 이를 다시 확인했다. 자제력이 높은 사람들은 수련회 후 명상을 습관으로 삼았을 확률이 높았고, 이들은 명상을 점점 더 자동적으로 행해지는 일처럼 느꼈다.

이 연구는 우리의 의지력이 습관을 만드는 데 있어서 생각만큼 중요한 요인이 아니라는 점을 보여준다. 다음 장에서는 왜 특정 습관은 바꾸기가 어려운지에 대해 알아보겠다. 많은 사람들이 직관적으로 생각하는 것만큼 의지력이 중요한 역할을 하지 않는다는 사실을 알게 될 것이다.

제6장

나쁜 습관 고치기가 더 어려운 이유

유명한 노래 제목들을 보면 세상 무엇이든 중독의 대상이 되는 것 같다. 사랑에도 중독되고(로버트 팔머의 'Addicted To Love'), 오르가 즘에도 중독되고(더 버즈콕스의 'Orgasm Addict'), 위험(아이스-티의 'Addicted To Danger') 그리고 베이스에도 중독되니 말이다(퓨어톤의 'Addicted to Bass'). 하지만 신경 과학자들은 중독이란 용어를 '해로 운 결과를 가져옴에도 특정 행동을 향한 강박적이고 통제 불가능한 몰두'라는 좀 더 구체적인 개념으로 국한시킨다.[1] 중독은 보통 화학물 질과 관련할 때가 많지만, 조금 후에 등장할 도박과 '스마트폰 중독' 같은 행동을 아우르는 '행동 중독'이란 개념에 대한 관심과 연구도 점 점 늘어나고 있다. 중독은 수많은 이유로 사람들에게 일어나는 매우 복잡한 현상임이 분명하지만, 중독 연구자들은 첫 약물 사용이 중독으로 이어지는 '전이 과정'에서 벌어지는 다수의 두뇌 프로세스를 밝혀냈다.

빠져드는 매력을 지닌 약물들

그 즉시 기가 막힐 정도로 황홀해졌다. 전부 다 녹아버리는 것 같고, 모든 게 다 좋아 보였다. 무엇도 중요하지 않았다. 효과는 대여섯 시간 지속되었고 몸이 붕 뜬 것 같고 기분이 너무 좋았다. 계속 이 기분을 느끼고 싶다는 것 말고는 아무것도 원치 않았다. 이제부터 이게 내 삶이 될 거라고 즉각적으로 확신했다.[2]

한 마약 중독자가 헤로인을 처음 접했을 당시의 경험을 묘사한 글이다. 약물 중독의 과정은 무언가에 취하는 경험을 선사하는 물질로 시작하지만, 그 중독 경험은 즉시 평온함을 주는 헤로인부터 극도의 행복감을 안겨주는 코카인, 어질어질한 기분을 안기는 알코올까지 다양하다. 경험은 이토록 다르지만, 인간이 남용하는 모든 약물은 특히나 측좌핵 내 도파민의 수치를 증가시키는 효과를 발휘한다. 어떤 약물은 도파민 수송체dopamine transporter라는 단백질에 영향을 미쳐 도파민 증가에 직접적인 영향을 준다. 도파민 수송체는 도파민을 분비한 시냅스에서 다시 도파민을 회수해 재활용될 수 있도록 뉴런으로 전달하는 분자 펌프다. 코카인은 도파민 수송체의 활동을 막는 반면, 암페타민(필로폰)은 이 역행 과정을 유발시켜 더욱 많은 도파민을 시냅스로 돌려보낸다. 또 어떤 약물은 도파민 뉴런이 더욱 강력하게 발화하도록 만들거나, 도파민의 발화에 직접적으로 작용하거나(니코틴과 알코올), 일반적으로 도파민 뉴런을 억제하는 다른 세포들의 활동성을 저하시켜 간접적으로 도파민 발화를 유발하는 식의 효과(오피오이드와 대마초)를 발휘한다.

이러한 약물들이 그토록 강력한 이유 중 하나는 도파민 뉴런이 자연적으로는 일어나지 않을 방식으로 활동하게 만들기 때문이다. 보통 남용 약물이 자연적 보상보다 훨씬 많은 양의 도파민 분비를 야기한다고 말하지만, 이 사실을 밝혀내기란 굉장히 까다롭다. 제2장에서 봤듯이 도파민 뉴런은 예상치 못한 보상이나 보상의 등장을 예측할 수 있는 단서에 반응하여 아주 짧은 시간 동안 발화한다. 분비된 도파민은 비교적 신속하게 도파민 수송체에 흡수되고 시냅스에 존재하는 다양한 효소에 분해된다. 도파민 대부분이 비교적 빠르게 사라져버린다는 뜻이다. 한편, 남용 약물 대다수가 좀 더 오래 지속되는 효과를 발휘하기 때문에 약물을 복용한 시점을 훨씬 넘어서까지 도파민을 분비시킨다. 그러나 촉발된 직후 분비되는 도파민 양이 실제로 자연적 보상으로 분비되는 양보다 더욱 많은지는 불분명하다. 도파민 반응의 규모를 검사한 연구 대부분이 특정 영역의 뇌 속 액체를 추출해 도파민 양을 측정하는 미세 투석법microdialysis을 이용했다. 아주 적은 양의 액체만 추출할 수 있기에 도파민 수치를 정확하게 측정하기 위해서 데이터를 수집하는 데 몇 분이 필요한 기법이다. 미세 투석법을 활용한 연구들에서 대체로 자연적 보상보다 약물로 분비되는 도파민의 양이 더욱 많다는 것을 발견했지만, 이는 연구자들이 도파민을 측정하는 데 시간이 걸렸고, 때문에 보상을 받은 즉시 분비되는 도파민 양과 약물 반응 지속 기간 동안 분비되는 도파민 양을 구분할 수 없었기 때문일 수도 있다. 또 다른 방법인 제3장에서 등장한 고속스캔 순환전압 전류법으로는 도파민 분비량을 훨씬 빠르게 측정할 수 있는데, 이 방법을 이용한 연구들은 약물로 인한 즉각적인 도파민 분비의 규모가 자연적 보상보다 대단히 크지 않다는 사실을 발견했다. 따라서 습관을 형성하는 약물의 효력에는 보상을 받을 때 분비되는 도파민의 양보다 도파민 반응의 '비정상적인 지속 기간'이 일부 작용한 것으로 보인다.

행동으로 인해 분비되는 도파민의 효과는 상당이 강력하다. 도파민 뉴런의 자극이 동물에게서 동기부여된 행동을 유도한다는 점은 오래전부터 알려져온 사실이고, 광유전학 도구의 개발로 연구자들은 도파민과 행동 개발 사이의 연관성을 더욱 정확하게 밝힐 수 있었다. 한 연구에서 복측 피개부에 위치한 도파민 뉴런을 광유전학적으로 자극하자 기저핵을 포함해 도파민 뉴런이 출력을 보내는 영역들로 분비되었다. 뉴런을 직접적으로 자극하는 행위는 코카인과 같은 약물을 동물에게 주입하는 것과 유사하지만, 도파민 자극의 효과가 훨씬 구체적이고 즉각적이기 때문에 자극의 결과가 도파민의 효과를 반영한다는 것을 확인할 수 있다. 스탠퍼드 대학의 칼 다이서로스Karl

Deisseroth의 연구실에서 행한 여러 연구가 동물의 행동을 유도하는 도파민의 역할을 설득력 있게 입증했다. 한 연구에서 이들은 생쥐들이 케이지를 단순히 탐험하도록 두었지만 케이지 안의 특정 장소에 갈 때는 도파민 뉴런을 자극했다. 이로 인해 쥐들은 케이지 안 해당 장소에서 더욱 오래 머물렀는데, 이를 조건화된 장소 선호conditioned place preference라고 한다. 일라나 위튼(이 사람의 후기 연구는 제2장에서 다루었다)이 이끈 또 다른 연구는 수십 년간의 연구를 기반으로 한 것이었다. 해당 연구는 쥐들이 직접 레버를 조작해 자신의 두뇌에 또는 도파민 뉴런 인근에 전기 자극을 가할 수 있도록 하자 어떤 경우 한 시간에 7,000회 이상 레버를 눌렀다는 것을 보여주었다.[3] 위튼의 연구에서는 쥐들에게 케이지 안의 통 두 개 중 한 곳에 코를 넣기만 하면 광유전학적으로 도파민 뉴런을 자극할 수 있도록 했다. 쥐들은 금세 원리를 익혔고, 며칠이 지나지 않아 하루에 수천 번씩 뉴런을 자극하는 통에 코를 갖다 대었다! 이러한 결과들은 도파민 자극이 약물 남용과 연관된 강박적 행동을 형성하기에 충분하다는 것을 보여준다.

이것이 약물에 취한 당신의 두뇌입니다

1980년대를 살았던 사람이라면 누구나 약물 없는 미국을 위한 파트너십Partnership for a Drug-Free America 재단에서 제작한 유명 광고를 기억할 것이다.[4] 광고는 다음과 같은 내용이었다.

이것이 당신의 두뇌입니다(달걀을 들어 보인다).

이것이 약물입니다(프라이팬을 가리킨다).

(달걀을 깨서 프라이팬에 넣는다)

이것이 약물에 취한 당신의 두뇌입니다. 질문 있습니까?

물론 약물이 두뇌에 실제로 미치는 영향은 이것보다 훨씬 더 복잡하고, 이 광고 속 서사는 약물을 경험한 많은 이들의 현실과 일치하지 않지만, 남용 약물이 두뇌에 즉각적이고도 지속적인 영향을 미칠 수 있다는 것만은 사실이다.

약물 사용은 두뇌의 다양한 뉴런의 기능에 변화를 불러오는데, 단기적인 변화도 있고 먼 훗날까지 영향을 미치는 변화도 있다. 약물 섭취의 즉각적인 후유증은 도파민 뉴런이 과민해지는 것으로 이러한 변화는 어떤 약물이든 중독성이 있다면 섭취 후 곧바로 나타난다.[5] 이 변화는 최소 몇 주간은 지속되며 이는 제2장에서 등장했던 시냅스 학습 메커니즘 결과의 일부로 보인다. 뿐만 아니라 이보다 더욱 오래 효과가 지속되는 변화가 생기기도 한다. 특히나 후성 유전적epigenetic 변화 등 두뇌 속 유전자 활동을 조절하는 데 변화가 나타나고 이로 인해 측좌핵을 포함한 영역에서 유전자 발현이 달라진다.[6]

얀 동Yan Dong과 에릭 네슬러Eric Nestler는 코카인과 같은 약물이 두뇌 가소성의 분자 메커니즘 중 일부를 되살릴지도 모른다는 한 가지 흥미로운 아이디어를 제시했다.[7] 우리의 뇌는 발달 초기, 즉 생애 첫 1년 동안 아주 빠른 속도의 가소성을 가지며 이를 가능케 하는 메커니즘들은 초기 발달의 두뇌에는 우세하나 성인의 뇌에서는 크게 부재한다. 이 메커니즘 중 하나인 '무음 시냅스'silent synapse는 일반 시냅스가 활동을 전달하는 데 필요한 특정한 글루타메이트 수용체가 결여되어 있다. 무음 시냅스가 성인의 두뇌에서는 찾아보기 어렵지만 발달 중인 두뇌에는 매우 풍부하고, 무음 시냅스에서 활성 시냅스로의 전환이 초기 두뇌 연결성 발달에 중요한 역할을 하는 것으로 여겨진다. 그런데 코카인이 성체 설치류의 두뇌에 무음 시냅스를 발생시킨다는 증거가 발견된 것이다. 무음 시냅스들이 뇌 속 새로운 연결성을 빠르게 형성하는 강력한 메커니즘을 제공하기 때문에 이 시냅스들을 활성화시키는 것이 약물 습관을 지속시키는 가소성 메커니즘 중 하나일 수 있다. 다만 이 문제는 아직까지 논쟁의 여지가 남아 있다.

최초의 또는 간헐적인 약물 노출 이후 생물학적 변화로 두뇌가 약물의 효과에 더욱 민감하게 반응하는 한편, 오랜 기간의 노출은 내성tolerance이라는 또 다른 일련의 변화를 야기한다. 이 변화는 약물의 효과를 중화시켜 안정 상태를 유지하려는 두뇌의 적응 반응이다. 인간의 내성 반응에 대한 증거는 노라 볼코우Nora Volkow의 초기 연구에서 나왔는데, 이 연구에서 그녀와 그녀의 동료들은 도파민 분비를 유발한다는 점에서 코카인과 유사한 효과를 지닌, 메틸페니데이트(리탈린이라는 상품명으로 잘 알려져 있다)를 정맥주사로 주입해 코카인 중독자들과 건강한 비중독자들의 두뇌 반응을 검사했다.[8] 이들은 양전자단층촬영positron emission tomography, PET 스캐닝을 이용해 선조체에 분비된 도파민의 양을 추정할 수 있었다.[9] 건강한 피실험자들은 코카인 중독자들이 보고한 것에 비해 더욱 '취한' 기분과 안절부절못하는 기분을 느꼈다고 밝힌 반면, 코카인 중독자들은 약물이 주입되는 동안 코카인을 향한 강렬한 갈망을 느꼈다고 보고했다. 볼코우와 동료들이 각 집단의 도파민 기능을 측정하자 중독자 집단은 통제 집단에 비교해 약물에 대한 반응이 극히 낮은 모습을 보였고, 이는 중독자들의 도파민 시스템이 코카인에 적응했기에 두뇌에서 같은 수준의 도파민 반응을 보이기 위해선 더욱 많은 양의 약물 자극이 필요하다는 의미였다. 다른 연구에서도 약물 남용에 의해 시간이 지나면서 도파민 뉴런들은 수축하고 측좌핵 내 다른 뉴런들은 초과 성장하는 구조적 변화가 뇌에 발생했다. 이러한 변화는 중독자가 점차 약물 섭취량을 늘리게 되는 이유이자, 갑자기 약을 끊을 때 나타나는 금단 증상의 원인으로 추정된다.

약물 중독의 가장 놀라운 측면 중 하나는 신호가 강렬한 갈망을 일으키는 정도이다. 제2장에서 특정한 신호가 특정한 보상을 얻고자 하는 동기를 불러일으키는, 흔히들 '욕망'이라고 말하는 현상을 설명하며 테리 로빈슨과 켄트 베리지가 제안한 '유인적 현저성'을 언급한 바 있다. 두 사람은 더 나아가 약물 남용에서 발생하는 중요한 변화들 중 하나는 두뇌가 약물과 관련한 신호의 유인적 현저성에 과민해지는 것이고, 이로 인해 강박적인 욕망이 생겨 이후 약물에서 얻는 만족감이 전보다 덜함에도 강박적인 약물 사용으로 이어지는 것이라고 주장했다. 또한 이 '유인적 민감화' 과정은 제3장에서 설명했던 약물 신호의 주의적 현저성attentional salience을 증가시킬 수도 있다.

충동은 어떻게 습관이 되는가

중독과 관련해 신경과학 분야에서 최근 가장 관심을 받는 아이디어
는 영국의 신경 과학자인 트레버 로빈스와 베리 에버릿이 제안한, 중
독의 발달은 충동impulsivity에서 강박compulsivity으로의 전이라는 개념이다.[10]
여기서는 초기 약물 사용은 쾌락을 추구하는 경향 및 충동성과 관련
이 높지만 중독에서 강박적인 약물 사용으로의 발달은 '목표 지향적
행동'에서 '습관적 행동'으로의 전이라고 본다.

앞에서 이미 봤듯이 '충동성'이란 개념은 연구자들에 따라 서로 다
른 의미를 지니지만 로빈스와 에버릿은 이 용어를 우리가 제5장에서
다루었던 반응 억제와 기다림이라는 인지적 통제 측면에 국한한다.
충동성의 개념보다 반응 억제와 기다림에 초점을 맞춘 두 사람의 접
근법은 인간을 대상으로 한 연구와 더불어 동물 모델도 발달시켰다.
두 사람은 쥐들의 '조급함을 참는' 능력을 측정하기 위해 5지선다 연
속 반응 시간 과제로 알려진 특별한 과제를 하나 개발했다. 이 과제에
서 쥐들은 먹이를 얻기 위해 시각적 신호를 기다렸다가 박스 안에 마
련된 다섯 개의 구멍 중 하나에 코를 밀어 넣는 훈련을 받았다. 충동
성은 불빛이 나오기 전에 쥐들이 얼마나 자주 코를 구멍에 넣는지로
측정했고, 이런 행동을 보이면 쥐들은 타임아웃을 받았다. 이런 행동

을 보일 가능성은 쥐마다 다르고, 충동적인 쥐들은 타임아웃이라는 벌에도 불구하고 코를 먼저 구멍에 넣는 행동을 지속적으로 보일 것이었다.

2007년 발표된 연구에서 로빈스와 에버릿은 이러한 충동성이 도파민 기능과 관련이 있는지를 검사했다.[11] 두 사람은 아주 작은 PET 스캐너로 쥐마다 측좌핵에 도파민 수용체가 얼마나 있는지 촬영했다. 충동적인 쥐들은 PET 추적자tracer가 결합할 수 있는 도파민 수용체가 눈에 띄게 적었다. 이후 두 사람은 이 차이가 중독 잠재성과도 연관이 있을지 검사했다. 그러기 위해 이들은 쥐들이 레버를 누르면 코카인을 정맥에 주사할 수 있도록 했다. 두 사람은 유난히 충동적인 쥐들(절반 이상의 경우에서 기다리는 데 실패했던 쥐)을 선별했고, 인내심을 발휘하는 쥐들도 뽑았다. 두 집단의 쥐들 모두 코카인을 얻기 위해 레버를 눌렀지만, 약 20일간의 실험 기간 동안 충동적인 쥐들은 인내심이 있는 쥐들에 비해 50퍼센트나 더욱 자주 코카인을 주입했다. 이 연구에서 얻은 발견은 충동성과 도파민, 중독의 연관성에 대해 설득력 있고도 다채로운 증거가 되었지만 비교적 소규모 연구라(한 집단에 속한 쥐가 겨우 여섯 마리에 불과했다) 결과도 다소 의문의 여지가 있다. 더욱이 같은 연구진이 헤로인을 이용해 행한 또 다른 연구에서는 같은 결과를 도출하지 못해 약물에 따라 다른 메커니즘이 작용한다는 사실이 드러났다.

위 연구가 발표된 직후, 나는 UCLA의 중독 연구자인 에디스 런던Edythe London과 협력해 인간을 대상으로 충동과 강박 이론을 시험하는 연구를 진행했다.[12] 우리는 로빈스와 에버릿이 쥐를 연구할 때 사용한 것과 같은 PET 스캔으로 두 집단의 사람들을 검사해 이들의 선조체 속 도파민 수용체의 가용성을 측정했다. 한 집단은 건강한 사람들이었고, 다른 한 집단은 평균 10년 이상의 오랜 기간 동안 필로폰을 남용한 이들이었다. 피실험자들은 충동성의 수준을 측정하는 설문 조사에 답했다. PET 스캔을 비교한 우리는 예상했던 대로 약물 남용자들의 선조체 속 도파민 수용체의 가용성이 더 낮다는 점을 발견했다. 또한 가장 충동적인 약물 남용자들의 도파민 가용성이 가장 낮았다. 다라 가흐레마니Dara Ghahremani가 주도한 후속 연구에서는 도파민 수용체와 정지신호 과제 간의 연관성을 발견했다. 쥐 연구에서와 마찬가지로 운동 반응을 정지시키는 데 최악의 수행력을 보인 피실험자들은 도파민 수용체의 가용성이 가장 낮은 수준이었다. 이 연구는 로빈슨과 에버릿이 쥐를 대상으로 얻은 결과를 인간에게서도 확인하며 반응 지연과 도파민, 약물 남용 간에 더욱 강력한 관계성이 있음을 입증했다.

충동과 강박 이론에서 두 번째로 중요한 주장은 중독에서 강박적 약물 사용이 목표 지향적 행동에서 습관적 행동으로, 최종적으로는 강박적 약물 복용으로의 전이를 통해 일어난다는 것이다. 습관 학습에서는 물론 중독에서 도파민이 중추적인 역할을 한다는 사실로 미루어봤을 때 이는 본질적으로 타당한 주장이었고, 쥐들을 대상으로한 연구로 신경 과학자들은 이 현상을 곧장 확인할 수 있었다. 쥐들의 강박적 약물 복용에 대한 연구에서는 다음과 같은 실험을 활용했다. 처음에는 쥐가 스스로 약물을 주입하도록 두었지만, 이후 쥐가 지속적으로 약물을 주입하기 위해서는 발에 전해지는 약한 전기 충격을 참아야 하는 실험이었다. 짧은 기간 동안 약물을 경험한 후 전기 충격이 도입된 쥐들은 전기 충격이라는 벌을 견디지 못했다(견디길 거부했다는 표현이 더 정확하다). 하지만 약물을 몇 개월 경험한 후에 일부 쥐들은(약 20퍼센트) 처벌이 도입된 후에도 약물을 계속 섭취했다. 이 연구는 강박적 약물 사용과 관련된 두뇌 시스템을 이해하는 데 유용한 도구를 선사했고, 이후 보게 되겠지만, 왜 몇몇 약물 사용자들만이 중독자가 되는지에 대한 흥미로운 통찰력도 제공했다. 베리 에버릿과 그의 동료들이 진행한 연구를 통해 강박적 코카인 자가 투여 행동(즉, 벌을 받음에도 약물을 계속 섭취하는 행동)은 습관적 행동에 관련한 선조체 영역을 비활성화시키자 사라졌다.[13] 두뇌의 습관 시스템이 적어도 이 설치류 모델에서 만큼은 강박적 약물 사용의 발달에 중요한 역할을 하는 것으로 보였다.

여기서 제3장의 내용을 잠시 떠올려보기 바란다. 기저핵에서 나선형으로 도파민 신호가 발생한다고 설명하며 선조체에서 습관에 필수적인 운동 시스템과 인접한 영역으로 도파민 신호를 보낸다고 말했던 것을 기억할 것이다. 이 구조는 약물 습관에서도 중요한 것으로 드러났다. 데이비드 벨린Davide Belin과 베리 에버릿의 연구는 쥐들에게서 습관적 코카인 추구가 발달하려면 측좌핵이 배후 선조체로 나선형 패턴을 따라 도파민 아웃풋을 보낼 수 있어야 한다는 것을 밝혀냈다.[14] 이 사실을 입증한 다른 연구에서는 약물을 경험하는 동안 도파민 분비를 기록했더니 습관 발달에 필수적인 선조체의 특정 영역에서 시간이 지남에 따라 도파민 분비가 늘어났다.

다른 연구에서는 강박적 반응에서 전전두피질의 여러 영역이 어떤 역할을 하는지 살펴봤다. 제3장에서 언급했듯이, 기존의 연구를 통해 쥐의 아주 작은 전전두피질에서 습관적 행동과 목표 지향적 행동에 관여하는 부분들이 서로 다르다는 사실이 밝혀졌다. 특히 변연전prelimbic피질이라고 하는 영역이 목표 지향 행동에 필요한 반면, 변연계아래피질은 습관의 발달과 유지에 필수적이었다. 안토넬로 본치Antonello Bonci와 동료들이 진행한 연구는 변연전피질이 쥐들의 강박적 약물 사용의 발달에 중추적인 역할을 한다고 밝혔다.[15] 이들은 쥐들에게 코카인을 자가 주입하도록 훈련한 후 강박적 약물 복용의 모습을 보이는 쥐들을 찾아냈다. 연구진이 변연전 영역의 뉴런들의 활동성을 검사한 결과, 강박적인 쥐들의 뉴런은 약물을 강박적으로 사용하지 않은 쥐들에 비해 반응성이 떨어졌다. 연구진이 광유전적 자극을 이용해 약물 중독 쥐들의 변연전 영역을 활성화시키자 약물 복용량이 현저히 줄어들었다. 이와 대조적으로 연구진이 비강박적인 쥐들의 변연전 영역을 비활성화시키자 쥐들이 강박적인 쥐들처럼 행동하며 처벌에도 불구하고 약물을 자가 주입하는 모습을 보였다. 이로써 전전두피질 내 서로 다른 영역에서 활동성의 상대적 균형이 습관적 행동과 목표 지향적 행동의 균형을 유지하는 것과 관련이 있음이 드러났다.

지금까지 우리는 강박적 약물 사용에 습관 시스템과 목표 지향적 행동에 관련한 시스템 둘 다 연관이 있음을 보여주는 연구를 살펴봤다. 하지만 중독을 통제되지 않는 습관의 발달이나 자제력 부족의 문제라기보다 위의 두 시스템의 프로세스 사이에 '균형'이 망가졌다고 생각하는 움직임이 커지는 추세다.[16] 이 분야의 연구는 특히나 제4장에서 등장한 모델 기반 강화 학습과 모델 프리 강화 학습의 개념에 영향을 받았다. 2016년에 발표된 한 대규모 연구에서 클레어 길런Claire Gillan과 너새니얼 도우는 1,500여 명에 가까운 사람들을 대상으로 섭식 장애, 알코올 중독, 침투적 사고intrusive thoughts(불쾌하고 불편하며 개인의 도덕 관념과 배치되는 비윤리적인 생각 — 옮긴이)에 대한 설문 조사를 진행했고, 이들에게 제4장에서 다루었던 2단계 과제를 수행하도록 했다.[17] 연구진은 전반적으로 이 영역에서 높은 수준의 증상을 가진(연구진이 '충동적 행동과 침투적 사고'라고 표현한) 사람들이 모델 기반 학습에는 낮은 의존도를 보이고 모델 프리 학습에는 높은 의존도를 보인다는 점을 발견했다. 필로폰 남용자들, 알코올 남용자들, 폭식 장애를 앓는 사람들을 포함해 다양한 집단의 중독 장애자들을 대상으로 한 여러 연구가 이러한 장애를 앓는 사람들이 모델 기반 의사결정의 수준이 더 낮다는 일관된 결과를 보여주었다. 따라서 중독이 습관적 행동 또는 목표 지향적 행동을 반영한다기보다는 두 시스템 간의 불균형을 보여주는 것으로 이해할 수 있겠다.

스트레스와 중독의 연결 고리

지금껏 우리는 약물 사용의 보상 측면에 집중했지만 약물 사용의 어두운 면은 우리 모두가 잘 아는 사실이다. 브라이언 링커Brian Rinker는 오피오이드 중독의 '끔직함'에 대해 다음과 같이 묘사했다.

> 많은 중독자들에게 하품, 콧물, 허리 통증, 하지 불안, 가려움 등은 본격적인 금단 현상의 전조일 때가 많다. 나의 경우 헤로인이 점점 빠져 나가고 있다는 숨길 수 없는 징후는 소변을 볼 때마다 전해지는 찌릿한 느낌이었다. 이러한 명백한 징후들은 그 자체만으로도 짜증스러울뿐더러 끔찍한 패닉으로 이어진다. 헤로인이나 오피오이드 같은 것을 당장에라도 몸 안에 넣어야 한다. 그렇지 않으면 너무도 끔찍한 증상이 찾아와 이것만 피할 수 있다면 거의 무엇이든 하겠다는 생각이 들 정도로 괴롭다. 식은땀, 메스꺼움, 설사, 몸살이 우울증, 불안과 모두 뒤섞여 얼마나 고통스러운지 곱씹는 것 말고는 아무것도 할 수 없다.[18]

우리 몸에 혈당과 체온을 안전한 범위 내로 유지하기 위해 정교하게 조율된 시스템이 있는 것처럼 두뇌 또한 뉴런들이 과도하게 자극받지 않도록 하는 복잡한 프로세스들이 존재하는데, 바로 이 시스템들이 중독이 가진 어두운 면의 핵심이다. 이 변화들 중 일부는 보상 시스템 내에서 벌어진다. 단기적 약물 노출이 보상 시스템의 반응을 증가시키지만 시간이 경과하며 도파민에 대한 두뇌의 반응은 억제되는데, 이는 높은 수준의 도파민에 맞서 활동성을 정상화시키려는 시도로, 뉴런이 소모되는 것을 막고자 우리 뇌가 벌이는 노력이다. 앞서 등장한 PET 연구에서 필로폰 남용자의 도파민 수용체가 낮은 수준을 보였던 이유가 바로 이것 때문이다.

한편, 보상 시스템 외부에서는 더욱 해로운 영향을 끼칠 수도 있는 일련의 변화가 벌어진다. 이 변화는 스트레스와 관련된 여러 두뇌 시스템에서 나타난다. 두뇌에서 스트레스에 반응하는 일차적 시스템은 시상하부-뇌하수체-부신hypothalmic-pituitary-adrenal, HPA 축이다(그림 6.1 참고). 스트레스를 경험할 때 시상하부에서 CRF(코르티코트로핀 분비 인자 호르몬)가 분비되고, 이 호르몬이 뇌하수체로 이동해 또 다른 호르몬인 ACTH(부신피질자극호르몬)를 혈류에 방출한다. ACTH는 신장 제일 위에 위치한 부신으로 향하고, 부신에서는 스트레스 호르몬인 코르티솔을 혈류에 분비한다. 두뇌 속 코르티솔 수용체는 코르티솔의 수치가 너무 높아지지 않게 하려고 ACTH의 분비를 부정적인 피드백 고리 안에서 통제한다. 중요한 점은 CRF에 대한 수용체가 보상과 감정에 관련한 두뇌의 수많은 영역에 존재하는데, 이 수용체가 약물 노출로 인해 민감해져 약물을 끊을 때 더욱 큰 스트레스 반응을 불러온다는 것이다. 특히나 동물 모델들로 진행한 연구는 CRF 활동성이 금단을 경험할 때 나타나는 우울 반응과 밀접하게 연관되어 있음을 시사했다. CRF의 활동성을 차단한 여러 실험에서도 장기간 노출 후에 약물을 끊은 설치류 동물들의 불안 반응이 낮아지는 현상

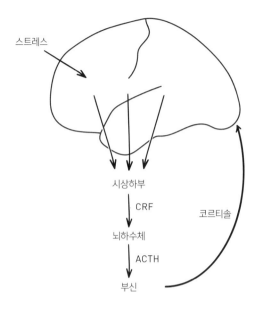

스트레스

시상하부

CRF

뇌하수체

ACTH

부신

코르티솔

[그림 6.1] 두뇌 스트레스 시스템의 도식

스트레스를 경험할 때 두뇌는 시상하부로 신호를 보내 코르티코트로핀 분비 인자(CRF)가 분비되고, 이로 인해 뇌하수체에서 부신피질자극호르몬(ACTH)이 분비된다. 그 결과 부신에서 코르티솔을 혈류에 방출하고, 두뇌의 기능에 영향을 미친다.

이 확인되었다.

　금단의 눈에 띄는 측면 또 하나는 불쾌감dysphoria이라는 부정적인 정서 상태로, 두뇌의 오피오이드 시스템 내 변화와 관련이 있다. 오피오이드라고 하면 즐거움을 떠올리기 쉽지만 도파민처럼 서로 다른 효과를 발휘하는 다양한 버전의 오피오이드 수용체가 있다. 지금 이 경우에는 카파 오피오이드 수용체kappa-opioid receptor가 부정적인 정서 상태와 연관이 있다. 이 수용체들을 활성화시키는 약물은 기분 장애를 유발하고, 해당 수용체를 차단했더니 쥐들에게서 약물 금단 증상이 줄어들었다. 이 수용체들은 다이놀핀dynorphin이라는 호르몬으로 활성화되는데, 약물에 중독된 동물들의 뇌에는 이 호르몬이 증가해 있다.

두뇌의 스트레스 시스템과 보상 시스템의 밀접한 연결 고리는 스트레스가 약물 사용자에게서 재발을 일으키는 강렬한 트리거가 되는 이유를 설명해준다. 이 연결 고리는 약물 사용이 두뇌 스트레스 반응의 변화를 유발하고, 스트레스는 약물의 유인적 현저성을 증가시키는 악순환으로 이어진다. 제5장에서 봤듯이 스트레스는 우리의 행동에 통제를 행사하는 전전두피질의 능력도 저하시킨다. 뿐만 아니라 습관과 목표 지향적 행동 간의 균형에도 변화를 끼친다. 마크 패커드는 쥐를 통해 이 사실을 보여주었다. 십자형 미로 과제를 훈련받기 전에 포식자의 냄새에 노출시키는 방식으로 스트레스를 받은 쥐들은 학습하는 동안 습관 시스템에 더욱 크게 의존했다. 마지막으로 스트레스는 파블로프-도구적 전이 반응을 유도하는 신호의 능력도 높이는 것으로 밝혀졌다. 실제로 켄트 베리지와 동료들이 진행한 한 연구에서 쥐들의 측좌핵에 CRF를 주입하자 필로폰을 주입한 것과 유사하게 파블로프-도구적 전이가 증가하며 스트레스가 보상 시스템에 끼치는 강력한 영향력을 보여주었다.[19]

중독도 습관이라고 할 수 있을까?

앞서 제4장에서 한 약물 남용자가 처방 진통제를 구하기 위해 복잡한 계획을 세운 이야기를 했었다. 이 사례는 약물 추구 행동은 분명 끈질기게 고착화되는 한편, 지극히 목표 지향적으로도 보이고, 습관적 루틴에서 기대하기 어려운 어느 정도의 융통성도 갖추고 있다는 점을 시사한다.

중독을 두고 단순히 '의지력의 실패'라고 보는 일반적인 통념에서도 중독이 목표 지향적 통제 수준이 떨어져 벌어진 현상이라는 인식이 담겨 있다. 하지만 안크 스노크Anke Snoek와 그녀의 동료들이 그랬던 것처럼 중독자들에게 물어보면 이들의 답변은 의지력의 실패라기보다 약물을 구하고 복용하겠다는 목표를 향한 강력한 목표 지향적 행동에 가깝다.[20] 연구에 참여한 참가자 중 한 명이 밝혔듯 말이다. "의지가 너무 강하죠(웃음). 그게 문제예요. 제가 의지가 너무 강한 사람이라는 게."

약물 추구성이 어쩌면 습관적이라기보다는 목표 지향적에 가까울 수 있다고 생각하는 연구자들이 점차 늘고 있다. 물론 동물을 대상으로 한 여러 연구에서는 약물이나 알코올 보상을 얻기 위한 행동들이 처음에는 목표 지향적이나 시간이 지나면서 습관적이 된다는 사실을 확실히 보여주었다. 그러나 이러한 동물들의 행동은 약물을 구하기 위해 인간이 행하는 복잡한 계획 및 행동과 비교한다면 지극히 단순화된 측면이 있어 그대로 적용하기가 어렵다. 테리 로빈슨과 그의 동료들은 쥐들이 코카인을 자가 주입할 기회를 얻기 위해서 매일 새로운 퍼즐을 푸는, 좀 더 복잡한 행동을 수행해야만 할 때 어떤 일이 벌어질지 살폈다.[21] 제법 복잡한 퍼즐이었다. 한 예로, 쥐들은 레버를 네 차례 누른 후 쳇바퀴를 두 번 돌아야 했다. 둘 다 무사히 수행했다면 코카인을 제공하는 또 다른 레버를 누를 기회를 얻었다. 쥐들은 많은 훈련 끝에 과제를 수행하는 법을 배웠고, 익히고 난 뒤에는 적어도 몇몇 쥐들은 설치류에게서 나타나는 중독의 특징을 드러냈다. 해당 쥐들은 약물 사용량을 늘렸고 약물을 얻기 위해 더 많은 노력을 들였으며, 약물을 구할 수 없게 된 후에도 약물 추구 반응이 강하게 유지됐다. 복잡한 과제의 특성과 더불어 퍼즐이 매일 바뀌었기 때문에 이 행동이 어떤 습관적 행위에 의존했다는 것은 불가능하고, 목표 지향적 통제에 의존하는 것이 분명했다.

목표 지향적 행동에 대한 지나친 의존이 중독 행동으로 이어지는 경우는 많다. 하나는 약물 보상이 지닌 목표 가치가 높아져 그 어떤 다른 목표나 행위가 가려진다는 점이다. 앞서 다룬 로빈슨과 베리지의 유인적 민감화의 관점이다. 엑서터 대학의 리 호가스Lee Hogarth는 약물의 목표 가치가 높아지는 이유는 약물을 하지 않는 기간 동안 느끼는 부정적인 정서적 결과를 약물이 경감시켜주기 때문이라고 주장했다.[22] 쥐들의 강박적 약물 복용이 안와전두피질과 측좌핵 간 연결성의 신경 가소성과 관련이 있다는 증거도 있다. 이 연결성을 이 세상의 다양한 결과의 가치(음식 또는 약물 등)를 학습하는 기제로 보고 있다. 목표 지향적 행동이 중독으로 이어지는 또 다른 방법은 약물을 얻겠다는 목표 자체가 습관적으로 변하는 것으로, 이는 제4장에서 언급한 피어리 쿠시먼의 연구와 일치한다. 여기서 가장 중요한 점은 약물은 두뇌의 많은 시스템에 강력한 영향력을 발휘하기에 중독에서 일어나는 행동의 수많은 변화를 어떤 단 하나의 원인으로 설명할 수 없다는 것이다. 분명 습관도 여기에 기여하는 바가 일부 있지만, 정말 일부일 뿐이다.

제가 선택한 약물은 음식입니다

불법적인 약물과 달리 음식은 거의 모든 인간이 매일 경험하는 대상이다. 음식 없이 일정 기간을 버텨야 한다면 우린 죽고 말 것이다. 그럼에도 음식에 '중독'되었다고 하는 사람들이 점차 늘어가고 있다. 오프라 윈프리가 한 유명한 말이 있다. "제가 선택한 약물은 음식입니다. 중독자가 약을 하는 것과 같은 이유로 음식을 먹는 거죠. 위로를 받기 위해, 진정하기 위해, 스트레스를 풀기 위해서요." 그녀의 말에 체중 문제를 경험하는 수많은 사람들이 공감했다. 제5장에서 만났던 폭식 장애자처럼 식이 행동에 문제를 겪는 사람들이 있다는 것만은 분명하다. 그러나 오프라 윈프리가 말한 것과 같은 '음식 중독'이란 개념은 과학적인 관점에서는 논란의 여지가 있고, 특히나 폭넓은 인구 집단에서 비만과의 관계성을 생각해본다면 더욱 그렇다.

  우선 비만은 매우 복잡한 현상으로 사람과 지역에 따라 원인이 수 없이 다양하다는 점에 주목해야 한다. 심리적 요인과 식이 행동이 분명 제일 큰 원인이긴 하지만 그것이 비만 발병의 유일한 요인이라 할 수는 없다. 실제로 다양한 유형의 정보를 활용해 어떤 사람이 비만이 될지 예측하는 연구들이 이루어졌지만 그리 대단치 않은 성과를 거두었다. 한 연구에서는 시카고에 거주하는 1,000명 이상의 아이들을 5세부터 35세까지 추적 연구했고, 가족과 동네 환경 등 어린 시절의 다양한 요인을 바탕으로 아이들이 35세가 되었을 때 비만을 얼마나 정확하게 예측할 수 있을지 살폈다.[23] 방대한 규모의 잠재 요인을 고려했지만 연구진은 성인이 된 후 체중 변산성의 10퍼센트밖에 설명하지 못했다.

이와 비슷하게, 심리적 요인 역시 비만에 중요하긴 하지만 비교적 제한적인 역할을 한다. 우리가 500명이 넘는 참가자들을 대상으로 진행한 연구에서는 체중과 심리적 요인 간의 비만 변산성을 20퍼센트 미만으로 설명할 수 있었다.[24] 식이 행동과 관련한 심리적 요인들은 따라서 분명 중요하지만 선진국에서 비만인 사람들이 늘어가는 이유의 전말과는 거리가 멀다. 지금까지 아동기에 비만을 예측할 수 있는 가장 중요한 인자는 해당 아동의 엄마가 비만인지 여부다.[25] 비만 엄마를 둔 아이는 날씬한 엄마를 둔 아이에 비해 비만이 될 가능성이 여섯 배나 높고, 이 사실은 유전적 요인과 환경적 요인의 복잡한 상관관계를 반영한다고 볼 수 있다. 하지만 비만을 치료하고 예방하고자 한다면 무엇보다 비만의 잠재 원인들을 파악하는 것이 최종 목표임에도 연구 결과들은 이에 대해 그다지 통찰력을 제공하지 못하고 있다.

비교적 최근의 추세는 음식 환경food environment이 미국과 여러 선진국에서 비만이 급증하는 데 핵심적인 역할을 하고 있다는 관점이다. 오늘날 우리가 매일 섭취하는 음식이 인간 진화의 역사에서 존재하던 음식과 확연히 다르다는 점에는 반박의 여지가 없는데, 그 이유는 우리가 먹는 음식 대다수가 '재배한' 것이 아니라 '제조된' 것이기 때문이다. 미국인의 식습관에 대한 여러 연구를 통해 미국인이 소비하는 칼로리의 대부분이 극도로 가공된 즉, 화학조미료, 식감 개선제, 그 외 화학물질 등 일반 요리에서는 사용하지 않는 첨가물이 포함된 식품이라는 것이 드러났다.[26] 고도로 가공된 식품에 특히나 설탕 함유량이 높은 이유가 있다. 사람들이 설탕을 좋아하고, 음식이 단맛을 낸다면 보통 더 많이 섭취하게 되기 때문이다. 어떤 가공식품이든 성분표를 대강 훑어보면 리스트에서 감미료를 쉽게 발견할 수 있다. 우리가 섭취하는 미가공 식품조차도 우리 조상들의 식습관과는 거리가 멀다. 수천 년 전의 야생 열매의 당도를 확인할 수 없지만, 산에서 자라는 야생 베리를 먹어 본 사람이라면 우리가 상점에서 구매하는 포장된 베리보다 단맛이 훨씬 덜하다는 것을 알 것이다. 실제로 현대에 들어 이루어진 품종개량의 대부분은 과일의 당도를 높이는 데 쏠려 있다. 원예학 연구지에 실린 한 기사에는 최근 복숭아 소비 감소에 관해 다음과 같이 적혀 있었다. "당도는 소비자들이 가장 중요하게 여기는 형질 중 하나로, 판매량을 높이기 위해 당도 함량을 높인 새로운 복숭아 '품종'을 개발하는 것이 육종 프로그램의 주요 목표다."[27] 실제로 '당도 함량을 높인'이란 용어로 미국인의 표준 식단 전체를 설명할 수 있다.

이러한 고가공 식품의 가장 큰 문제는 더 많이 섭취하게 만든다는 점이다. 이에 대한 최근의 증거는 미국 국립보건원NIH의 케빈 홀Kevin Hall과 그의 동료들이 진행한 연구에서 나왔다.[28] 이들은 NIH 임상 센터에서 28일 동안 생활할 참가자들을 모집해 해당 기간 동안 식사를 제공하고 참가자들이 섭취한 음식을 면밀히 관찰했다. 연구에서는 참가자를 스무 명씩 나누어 14일간 두 가지 식단 중 하나를 제공했다. 미국인 표준 식단과 비슷한 '초가공 식단' 또는 최소한으로 가공된 재료들로 요리한 '미가공' 식단이었다. 중요한 점은 두 식단의 메뉴를 비슷하게 꾸려 참가자들에게 제공하는 총 칼로리와 영양소의 함량은 거의 동일하게 만들었다. 참가자들은 음식을 자유롭게 섭취할 수 있었고, 연구진은 참가자들이 매일 먹는 식사량과 함께 체중과 생물학적 여러 수치를 측정했다. 14일이 지난 후 각 참가자들은 남은 2주 동안 식단을 교체했다. 교차crossover 연구 설계라는 이 방법은 한 사람을 대상으로 두 식단을 비교해 볼 수 있기 때문에 높은 통계 검정력을 제공한다. 연구 결과 고가공 식단을 섭취한 사람들은 음식을 더 많이 먹었고(하루에 약 500칼로리 정도) 체중과 체지방이 증가한 반면, 미가공 식단을 섭취한 이들은 체중과 체지방 모두 줄어들었다. 비평가들은 비교적 소규모 연구라는 점을 꼬집었지만, 그럼에도 불구하고 이 연구는 현대의 식품 가공이 음식을 더 섭취하게 만들고 체중을 높이는 데 어느 정도의 효과를 발휘하는지를 설득력 있게 보여주었다.

　우리의 음식 환경이 과식을 유발하도록 의도적으로 설계됐다고 추정할 수 있는 상황에서 음식에 중독될지도 모른다는 생각은 전혀 비약이 아니다. 음식 중독 개념에 관한 신경과학 연구는 생쥐 모델을 이용한 연구에 크게 의존하고 있다. 약물 중독을 다룬 방대한 규모의 연구에 비해 이 분야의 연구는 아직 초기에 불과하지만, 그런 한계에도 두뇌 반응과 굉장히 맛이 좋은 음식, 남용 약물 간의 연관성을 드러내는 몇몇 단서를 밝혀낼 수 있었다. 폴 존슨Paul Johnson과 폴 케니Paul Kenny가 진행한 연구에서는 쥐들이 평소에 섭취하는 먹이보다 맛이 좋고 에너지 높은 '카페테리아 스타일' 식단을 먹었을 때 어떤 일이 벌어지는지 실험했다.[29] 그 결과, 쥐들은 음식을 더욱 많이 섭취했고, 쥐사료만 먹었던 쥐들에 비해 두 배에 가까운 칼로리를 섭취해 비만이되었다. 연구진은 이 변화가 쥐의 보상에 대한 반응성에 어떠한 영향을 미쳤는지 검사하기 위해 쥐들이 외측 시상하부(음식을 먹는 것과 연관된 두뇌 영역)에 이식한 전극을 직접 자극할 수 있도록 했고, 쥐가이 행동을 중독처럼 지속하려면 어느 정도의 자극이 필요한지 측정했다. 테스트 결과, 비만 쥐들은 해당 행동을 계속하는 데 더욱 큰 자극을 필요로 했고, 이는 비만 쥐들의 보상에 대한 반응성이 전반적으로 낮아졌음을 보여주는 증거였다. 더 나아가 연구진이 이 쥐들의 선조체 속 도파민 수용체의 수준을 검사하자, 약물 중독자들에게서 관측된 결과와 유사하게 비만 쥐들은 도파민 수용체가 낮았고, 비만일수록 이 수용체가 더 적었다.

이 뿐만이 아니라 설치류가 설탕에 중독될 수 있는지를 더욱 구체적으로 실험한 연구가 있다. 설탕을 제공받다가 오랜 기간 동안 빼앗긴 쥐들은 다시 설탕이 주어지자 '폭식'을 했다. 이 쥐들은 설탕을 빼앗긴 후 불안, 우울증 같은 증상의 징후도 보였다.[30] 또 하나의 흥미로운 사실은 허기는 두뇌의 특정한 영역에 스스로 전기 자극을 주기 위해 노력할 의욕을 높였고, 포만감은 그 의욕을 낮췄다는 점이다. 소화관 호르몬으로 식욕을 자극하는 그렐린과 음식 섭취를 줄이는 아디포카인 렙틴 둘 다 도파민과 직접적인 연관성이 있다는 방증일 수도 있다. 그렐린 활동이 도파민을 분비시키는 한편, 렙틴은 도파민 뉴런의 활동성을 저하시킨다.

이러한 음식 중독에 대한 동물 연구는 음식 보상과 약물 보상 간에 중복되는 점이 있다는 것을 분명히 보여줬지만 두뇌가 설탕과 같은 자연적 보상에 대해 약물과는 다르게 반응한다는 차이점 또한 분명하게 드러냈다.[31] 특히나 측좌핵 뉴런은 음식 보상과 약물 보상 모두에 반응하는 것처럼 보였으나 그 반응의 양상은 뚜렷하게 달랐다.[32] 다시 말해 두뇌 보상 시스템이 음식 보상과 약물 보상에 반응하지만 이 두 보상을 다르게 취급한다는 뜻이다.

동물 모델에서 음식 중독에 대한 증거가 점차 많아지는 것과 대조적으로 인간의 음식 중독이란 개념은 아직까지 논란의 여지가 많다.[33] 여러 우려들 가운데 하나는 신경 과학자인 폴 플레처Paul Fletcher와 그의 동료들이 제기한 것으로, 이들은 조사 연구에서 '음식 중독'을 정의한 방식에 여러 문제가 존재하며 인간의 음식 중독을 뒷받침하는 데 활용된 증거가 빈약하다는 점을 지적했다. 이 증거의 대부분은 비만과 관련한 두뇌의 보상 시스템 또는 도파민 시스템의 차이를 들어 비만과 약물 중독을 연관 지어 얻은 것이었다. 이를테면 비만인 사람과 마른 사람의 두뇌 속 도파민 수용체의 차이를 보여주는 식이었다.[34] 하지만 이런 연구 결과의 대부분은 소규모 연구에서 얻은 것으로 더욱 큰 표본을 대상으로 실험했을 때는 재현이 불가능했다.[35] 전장유전체 연관성 분석을 바탕으로 한 연구 또한 대체로 비만에 관련한 유전자 변이와 중독에 관련한 유전자 변이 간에는 연관성이 거의 없다고 밝혔다.

과식과 약물 중독에 대한 연관성을 설명하는 좀 더 탄탄한 증거는 에스토니아의 타르투 대학의 우쿠 바이닉Uku Vainik과 몬트리올 신경 연구소의 앨런 대거Alain Dagher의 최근 연구에서 발견됐다. 두 사람은 음식 중독과 관련 행동을 정의하는 수많은 방식을 '무절제한 식이'uncontrolled eating라는 좀 더 보편적인 개념으로 볼 수 있다고 지적했다. 두 사람은 이 개념을 음식 측면에서 보상에 높아진 민감성과 식이 통제 능력의 부족이 결합된 것으로 정의한다.[36] 바이닉과 대거는 비만, 무절제한 식이, 다수의 중독 장애 각각과 다양한 성격 특성 간의 연관성을 측정해 세 문제 간의 관련성을 검사했다. 본질적으로는 이 세 그룹에 속한 사람들의 '성격 프로파일'이 유사한지를 검사하는 것이었다. 연구 결과 일반적으로 비만에 속한 사람들의 성격 프로파일은 중독 장애에 속한 사람들과 연관성이 약했고, 무절제한 식이가 중독에 더욱 밀접하게 연관되어 있었다.[37] 또한 무절제한 식이와 관련한 두뇌 활동에서는 몇 가지 차이점이 나타났다. 무절제한 식이의 다양한 지표를 이용한 다수의 두뇌 영상을 종합한 결과, 바이닉과 대거는 전전두피질의 활동(주로 음식 보상을 포함한 과제를 행할 때)이 대체로 무절제한 식이 행동과 연관됨을 발견했다. 전전두피질의 활동이 높은 사람들은 무절제한 식이로 보고될 확률이 적었다. 다만 무절제한 식이에 대한 연구를 전반적으로 보면 약물 남용과 유사한 식이 행동을 보이는 사람들도 있지만 두 개념의 기본적인 메커니즘에서 중복되는 부분은 일부에 그쳤다.

음식 중독에 대한 나의 개인적인 결론은 이렇다. 어떤 사람들은 분명 무절제한 식이와 관련한 문제로 고통받고 있고, 그 원인은 아마도 오늘날 대다수의 사람들이 처한 초가공 음식 환경의 결과가 크다고 생각한다. 이러한 문제로 초래된 고통이 무절제한 식이를 '중독'이라 부를 타당한 근거를 제공하기도 한다. 하지만 약물 중독과 무절제한 식이의 두뇌 메커니즘이 결코 동일하지 않고, 인간의 두뇌에서 무절제한 식이의 메커니즘을 이해하기 위해서는 더욱 깊이 있는 연구가 필요한 상황이다.

디지털 중독으로 보는 행동 중독

100년 전의 시간 여행자가 현재의 어느 선진국이든 방문한다면 거리를 걷고 있는 거의 모든 사람들이 몸을 앞으로 숙인 채 작고 반짝

이는 무언가에 굉장히 집중하고 있는 모습을 보고는 놀라움을 감추지 못할 것이다. 아동과 청소년의 디지털 기기 사용이 특히나 성행하고 있다. 미국의 10대 청소년들의 일일 기기 사용 시간은 일곱 시간 이상으로, 대부분이 소셜 미디어와 영상을 보는 데 할애한다. 실제로 10대와 젊은 청년층의 디지털 기기 사용은 지나친 수준이라, 의료계에서는 스마트폰 사용에 따른 비정상적으로 구부러진 척추를 가리키는 새로운 용어(거북목text neck)를 만들기도 했다.

이처럼 '디지털 네이티브' 세대를 대상으로 스마트폰의 과도한 사용을 걱정하는 목소리를 반영해 '스마트폰 중독'에 대한 논의가 늘어나고 있다. 음식 중독이라는 개념은 단순히 논란의 여지가 있는 수준인 데 반해 과도한 스마트폰 사용이 해로운지, 이를 중독으로 봐야 하는지에 대한 질문은 폭발물을 건드리는 것과 다름이 없다. 어떤 사람들은 테크 기업이 사용자를 중독에 빠뜨리기 위해 의도적으로 기기를 설계했다고 주장하기도 하니 말이다.

스마트폰 사용과 도파민 시스템 간에, 고로 간접적으로는 약물 남용 간에 연관성이 있다는 의견이 있다. 보상 예측 오류에 더해 도파민 시스템은 이 세상에 존재하는 '참신한 무언가'에 특히나 민감하게 반응하는 듯 보인다. 정의상 참신함이란 우리가 예측하지 못한 무언가를 의미하는 만큼, 일종의 '일반화된 예측 오류'로 생각할 수 있다. 니코 번제크Nico Bunzeck와 이므라 두즐Emrah Düzel이 진행한 한 연구에서 두 사람은 참신함의 정도를 포함해 여러 특징에서 서로 다른 그림들에 대한 도파민 센터의 반응을 검사했다.[38] 연구진은 참신한 그림을 볼 때면 이 도파민 영역이 특히나 활성화되었고, 이후 테스트에서 해당 그림을 더욱 잘 기억하는 현상이 나타나는 것을 발견했다. 참신함이라는 신호는 새로운 습관을 형성하는 것이든, 새로운 의식적 기억을 생성하는 것이든 두뇌가 변화에 열려 있도록 각성시킨다. 스마트폰을 참신함을 계속 만들어내는 기기로 볼 수도 있다. 새 문자, 이메일, 소셜 미디어 게시물은 끊임없이 제공되고 참신함과 두뇌 반응의 관련성이 지나친 스마트폰 사용을 중독으로 여길 타당한 근거를 제공하기도 한다. 물론 스마트폰의 사용과 두뇌 기능의 구체적인 변화를 연관 지을 탄탄한 증거는 현재로선 거의 없다. 기기 사용이 두뇌 구조 또는 기능의 여러 측면과 관련되어 있다고 발표한 소규모 연구가 존재하지만 하나같이 표본이 충분히 크지 않고, 해당 주장을 뒷받침하는 강력한 근거를 제공할 정도로 잘 설계되지 않았다.

행동 중독behavioral addictions이란 개념은 도박 중독과 관련해 처음 생겨났다. 극도로 부정적인 결과에도 불구하고 개인이 멈출 수 없는 강박 행동이라는 점에서 중독과 정확히 맞아떨어지는 것 같다. 과도한 기기 사용을 중독의 수준까지로 볼 수 있느냐의 문제는 과도한 스마트폰 사용이 실제로 어떤 피해 또는 장애를 불러오느냐에 크게 좌우될 것이다. 이 분야의 연구자들 다수는 스마트폰이 끼치는 부정적인 영향을 진정한 중독의 수준으로 여길 수 있는지에 대해서는 조심스러운 입장이다. 사실 스마트폰 사용을 중독으로 정의하는 데 우려가 되는 지점은 앨런 프랜시스Allen Frances가 말한 '진단 인플레이션'diagnostic inflation 때문이다. 진단 인플레이션은 본질적으로 병적 상태로 볼 수 있는 행동이 지나칠 수는 있지만 정신의학적인 장애의 수준은 아닌 것을 의미한다. 특히나 어떠한 행동이 여러 면에서 삶의 질을 훼손시킨다는 이유만으로는 중독으로 여길 수 없다는 시각이 있다. 중독으로 간주되기 위해서는 '심각한 기능적 손상 또는 고통'을 유발해야 한다.[39] 지금까지는 스마트폰 사용으로 이러한 손상이 발생했다는 증거는 거의 없다. 이후 연구를 통해 밝혀질지도 모르지만 그러기 위해선 기존의 연구보다 훨씬 엄격한 방법을 채택해 손상의 정도를 측정해야 할 것이다.

최근 몇 년 새 이런 기기들과 함께 자라온 세대들을 대상으로 기기 사용과 소셜 미디어의 영향력을 매도하는 풍토가 유행이 되었다. 심리학자인 진 트웬지Jean Twenge는 이 세대를 'i세대'iGen라고 하며 이 세대에서 정신 건강 문제가 급증하는 현상은 기기 사용이 직접적인 원인을 제공했다고 주장했다. 이에 반박해 타일러 비겐Tyler Vigen은 자신의 웹사이트와 저서에 "세월이 흐르며 나타나는 변화에서 인과성을 추론하는 것은 항상 위험한 일"이라는 아름다운 글을 실었고,[40] 세월에 따라 달라진 양육 스타일 등 정신 건강에 변화를 초래할 수 있는 원인은 물론 많다. 기기 사용이 정신 건강 문제를 야기하는지 파악하기 위해 무작위 대조 시험을 진행할 수 없는 만큼, 우리가 할 수 있는 최선은 이러한 요인들의 상관관계를 살피는 것이다. 케임브리지 대학의 에이미 올벤Amy Orben과 옥스퍼드 대학의 앤드류 슈빌스키Andrew Przybylski가 진행한 디지털 기술 사용과 정신 건강에 대한 일련의 대규모 연구가 지금까지 해당 문제에 대해 가장 훌륭한 증거를 제공하고 있다.

연구진은 미국과 영국에서 아주 큰 표본 몇 개를 취합해 아동 총 35만 명 이상을 대상으로 디지털 기술 사용과 심리학적 웰빙의 관계를 검사했다.[41] 연구진은 디지털 기술 사용과 웰빙 간에 실제로 약간의 부정적 연관성을 발견했지만, 이 연관성의 효과 크기는 다른 요인들이 웰빙에 미치는 영향력의 맥락에서 해석해야 했다. 가령, 괴롭힘을 당하거나 마리화나를 피우는 것은 디지털 기기 사용보다 웰빙과 훨씬 강력한 연관성이 있었고, 하물며 안경을 쓰고 학교를 다니는 것도 디지털 기기 사용보다는 웰빙과의 연관성이 더욱 컸다. 실로, 디지털 기술 사용과 웰빙 간의 관련성은 웰빙과 감자 먹기의 관련성보다 간신히 높은 정도였다! 이 연구 결과는 디지털 기기 사용이 정신 건강에 미치는 영향력에 대한 현재의 우려 대부분이 지나치게 부풀려져 있음을 분명하게 보여준다.

왜 어떤 사람은 더 쉽게 중독되는가

약물을 한 번이라도 시도해본 사람들 중에서 일부만이 장기적으로 중독된다. 추정 중독률은 연구에 따라 그리고 약물에 따라 다르지만 담배를 제외한 모든 약물로 봤을 때(담배는 시도한 사람의 3분의 2가 중독된다) 결국 중독에 빠지는 비율을 추정하면 10퍼센트에서 20퍼센트 정도에 달한다. 그렇다면 왜 어떤 사람들은 중독되고 또 어떤 사람들은 중독에 빠지지 않는 걸까? 이 질문은 매우 다층적인 문제고, 사실 신경과학의 관점에서 설명할 수 있는 부분은 일부에 지나지 않는다.

약한 자제력 또는 '의지력'이 중독에 빠지는 원인으로 자주 등장하지만, 이 장 초반에서 봤던 강력한 의지력이라는 약물 추구의 특징과 부합하지 않는다. 하지만 자제력을 구성하는 몇몇 요소의 차이가, 특히나 반응 억제에서의 차이가 중독과 관련이 있다는 증거는 존재한다. 많은 연구가 약물에 중독된 사람들에게서 반응 억제가 저하되었다는 점을 보여주었지만 이것으로는 인과관계의 화살이 어느 쪽으로 향하고 있는지는 알 수 없다.[42] 즉, 억제의 차이가 약물 중독으로 이어진 것인가, 아니면 약물 남용으로 억제가 저하된 것인가? 이 문제에 답하기 위해 우리는 억제가 저하된 사람들이 향후 중독에 빠질 가능성이 큰지를 검사해야 한다. 데이비드 벨린, 트레버 로빈스, 베리 에버릿은 쥐를 대상으로 한 연구에서(앞에서 등장했던 '조급함 참기' 과제로 측정했을 때) 더욱 충동적인 쥐가 약물을 얻기 위해서라면 발에 전해지는 전기 충격도 용감히 맞설 만큼 강박적인 코카인 사용자가 될 확률이 높을지 실험했다.[43] 그리고 결과는 세 사람의 예상과 같았다. 더 충동적인 쥐는 강박적인 코카인 추구 습관이 생길 확률이 훨씬 높았다. 이 관계성이 인간에게 확인된 증거는 제5장에서 언급한 모피트와 카스피의 연구로, 해당 연구를 통해 자제력이 약한 아이들은 성인이 되어 알코올 문제가 생길 확률이 높다는 것이 드러났다. 따라서 반응 억제가 중독 발달에, 특히나 강박적 사용으로의 전이에 관련이 있을 수도 있다.

　유전학 또한 중독에 빠질 가능성과 연관이 깊은데 어떤 약물이 개개인에 따라 미치는 영향이 어떻게 다른가로 판단할 수 있다. 알코올 남용의 가장 강력한 유전적 예측인자 중 하나는 알코올 홍조 반응을 유발하는 유전자 변이의 유무다. 이 유전자 변이는 알코올 부산물 중 하나를 분해하는 유전자의 기능에 영향을 주어 불편한 홍조 증상이 나타나고 이로 인해 음주가 불편해지기에 과음을 덜 하게 된다. 이와 유사하게 담배 역시 니코틴 수용체와 관련해 유전자에서 흡연의 강력한 유전적 예측인자가 발견됐고 이 예측인자가 니코틴을 혐오하는 정도에 영향을 미친다. 하지만 유전학은 누가 중독자가 될지 판단하는 데 아주 제한적인 역할을 할 뿐이다. 유전적 구성이 거의 완벽하게 일치하도록 번식된 실험용 생쥐들도 중독될 확률이 저마다 다르다는 연구 결과가 바로 이러한 점을 잘 보여준다.

　2018년 빈센트 파스콜리Vincent Pascoli와 그의 동료들이 발표한 연구는 중독에 관한 이러한 차이가 어디서 비롯되는지에 대해 새로운 통찰력을 선사했다.[44] 이들은 먼저 109마리의 생쥐를 대상으로 도파민 영역에 광유전 자극제를 이식한 뒤, 쥐들이 도파민 뉴런을 직접 자극할 수 있도록 했는데, 그 효과는 마치 스테로이드와 코카인을 함께 섭취하는 것과 비슷하다. 쥐의 60퍼센트(연구진이 '인내자'라고 이름 붙인 쥐들)는 발에 전해지는 전기 충격을 견디면서까지 자기 자극을 한 반면, 나머지 쥐들('포기자')은 충격이 전해지기 시작하자 자기 자극을 멈추었다. 파스콜리와 동료들은 동물들 간 이러한 차이를 일으키는 특정 뉴런 세트와 연결성을 찾아내기 위해 최첨단 신경과학 도구를 이용했다. 이 실험에서 연구진은 강박적 자기 자극을 추적해 안와전두피질과 선조체를 연결하는 뉴런 세트를 발견할 수 있었다. 이들은 각별히 안와전두피질에서 선조체의 중간돌기뉴런의 시냅스의 강도를 중점적으로 살폈고, 해당 시냅스의 강도가 인내의 정도와 연관이 있음을 발견했다. 파스콜리와 동료들은 안와전두피질과 선조체 사이의 특정 연결의 가소성을 의도적으로 자극한다면 어떤 일이 벌어질지 실험했고, 광유전 자극을 통해 의도한 바를 달성했다. 그 결과 해당 자극은 '포기자'로 분류된 쥐들이 처벌에도 불구하고 자기 자극에 더욱 매진하도록 만들었다. 그와 반대로, 인내하던 쥐들에게서 해당 뉴런의 가소성을 제거하자 연구진은 쥐들의 자기 자극 정도가 낮아지는 것을 확인할 수 있었다. 이 연구에서 주의해서 생각해야 할 사항은 훨씬 정밀하고 효과가 빠르다는 점에서 광유전 자극은 약물과 다르다는 것이다. 그럼에도 해당 연구는 어떤 사람들은 중독되지 않는 반면 어떤 이들만 중독이 되는 이유에 대한 중요한 통찰력을 선사했다.

파스콜리와 동료들이 이룬 신경과학적 대발견은 인내하는 쥐와 포기하는 쥐를 가르는 차이가 무엇인지에 대한 답을 주었지만 그 차이가 '어떻게 발생하게 됐는지'에 대해선 여전히 설명하지 못하고 있다. 이 쥐들은 유전적으로 상당히 유사하고, 아주 비슷한 실험실 환경에서 자랐다는 점을 명심해야 한다. 파스콜리와 동료들은 추계적 특성stochastic individuality이라고 하는 개념이 반영된 것일지도 모른다고 제안했다. 여기서 추계적이란 쉬운 말로 '무작위성'을 의미한다. 이 개념의 핵심은 두뇌만큼이나 복잡한 생물학적 체계 내에는 항상 설명할 수 없는 임의적 요인들로 인해 개인 간의 차이가 크게 나타난다는 것이다.[45] 이러한 변산성은 어떤 뉴런이 어떤 뉴런과 연결되는지의 임의적 우연에서부터, 세포 구성에 있어 임의적인 후성적 차이가 유전자 발현의 차이로 이어지는 것까지 그 발생 원인이 다양하다. 물론 경험의 효과도 있다. 동물들의 유전적 구성이 동일하다 하더라도 삶을 살아가며 분명 서로 다른 경험을 하게 된다. 설치류가 함께 모여 살 때 생겨나는 사회적 계급에서 각자의 위치가 다른 것처럼 말이다. 이러한 경험들이 두뇌에 흔적을 남기고 이것이 추후 행동에 영향을 미치기도 한다. 실제로 제프 댈리Jeff Dalley와 동료들의 연구에서 사회적으로 지배적인 쥐들과 종속적인 쥐들은 코카인을 자기 주입할 의욕과 기저핵 내 도파민 수용체의 수에서 차이가 있음이 밝혀졌다.

중독에 대한 취약성에 영향을 주는 것으로 알려진 또 다른 요인은 일찍이 경험한 스트레스 또는 역경이었다. 딘 킬패트릭Dean Kilpatrick과 그의 동료들이 진행한 대규모 연구에서는 전국 청소년 설문 조사의 데이터를 바탕으로 폭력에 대한 노출이 약물 사용 장애와 어떠한 연관성이 있는지를 조사했다.[46] 폭력을 두 차례 이상 목격한 10대 청소년들은 그렇지 않은 청소년에 비해 약물을 남용할 가능성이 높았다. 성폭행의 영향은 더욱 극단적이어서 생존자들은 우울증과 약물 남용에 빠질 확률이 여섯 배나 높았다. 이러한 영향은 심지어 임신 기간 동안 엄마가 받은 스트레스로까지 거슬러 올라갔다. 중독의 동물 모델에서는 스트레스를 받은 모체에서 태어난 새끼가 중독에 더욱 빠지기 쉬웠고, 이는 모체에서 태아로 전달된 스트레스 호르몬의 영향일 수 있다.

요약하자면 신경과학은 중독에 대해 몇 가지 중요한 사실을 알려준다. 중독 행동의 발달은 습관과 같은 메커니즘에 다수 의존하지만, 약물이 야기한 비자연적으로 과도하게 분비된 도파민으로 더욱 강력하게 발현된다는 것이다. 또한 중독은 두뇌의 다른 시스템의 변화와도 관련이 있는데, 특히나 금단의 어두운 면으로 약물 남용자를 이끄는 스트레스 시스템이 그러하다. 우리는 중독의 발달을 이끄는 생물학적 기제에 대해서는 많은 것을 이해한 상태지만 누가 중독에 빠지게 될지를 완벽하게 예측하기란 지금으로서는 불가능한 상황이다.

———

지금까지 어떤 메커니즘으로 습관이 어떻게 형성되고, 왜 그토록 습관을 없애기가 어려운지에 대해 알아보았다. 다음 제2부에서는 행동 변화의 새로운 과학을 발전시키기 위해 우리가 알고 있는 지식을 어떻게 이용할 수 있을까에 대한 생각으로 넘어가겠다.

제 2부

WHY OUR BRAINS MAKE HABITS STICK

습관은 바꿀 수 있다

: 행동 변화에 대한 과학적 접근법

제7장

습관을 정말 고칠 수 있을까?

이 책의 제1부에서 우리는 신경학적 기제가 행동 변화에 얼마나 불리하게 형성되어 있는지를 살펴봤다. 두뇌는 우리가 무언가를 할 때마다 생각을 하느라 시간을 낭비하지 않도록 어떤 루틴 행동이든 그것을 자동화하는 데 열중하는 '습관의 기계'이다. 이러한 습관은 끈질기게 유지되도록 설계됐고, 이 특성은 보통 우리에게 긍정적으로 작용한다. 하지만 그렇지 않은 상황에 맞닥뜨리게 되면 더 이상 습관은 긍정적이지 않다. 특히나 현대 세상의 많은 측면은 인간이 진화 과정에서 경험한 것 이상으로 도파민 반응 수준을 높이고 있고, 그 결과로 탄생한 행동은 특히나 끈질기게 유지된다. 이와 동시에 장기적 목표에 부합하도록 행동을 통제하는 능력은 스트레스나 집중력을 앗아가는 것들에 쉽게 손상되는 연약한 전전두피질에 달려 있어, 우리는 쉽게 예전의 습관으로 되돌아가고 만다.

제2부에서는 효과적으로 행동을 변화시키는 방법에 대해 과학은 우리에게 무엇을 알려줄 수 있는지 다룰 것이다. 현대 사회에서 행동 변화의 문제가 얼마나 중요한지에 대한 이야기로 논의를 시작해보자.

예전의 습관으로 돌아가기는 너무 쉽다

백신과 항생제가 세상에 등장하기 전, 대부분의 인간은 전염병으로 사망했다. 이를테면 1900년 디프테리아라는 질병은 미국 내 사망 원인 10위 중 하나로, 2017년 알츠하이머의 사망률과 비슷한 수준인 8,000명 이상을 죽음으로 몰아넣었다. 하지만 의료계 종사자로 교육을 받지 않은 이상 이 질병에 대해 들어본 적조차 없을 텐데, 백신을 통해 선진국에서는 거의 근절됐기 때문이다.

오늘날 선진국에서 성인 사망의 대부분은 현대의 라이프스타일과 환경에 직접적으로 연관된 질병인 '현대병'diseases of modernity이 원인이다. 2017년 주요 사망 원인인 심장병만 봐도 그렇다. 심장병의 원인은 다양하지만 흡연을 선두로 심장병의 위험을 높이는 데 직접적으로 영향을 미치는 몇 가지 행동을 우리는 알고 있다. 흡연자들은 비흡연자에 비해 심장병으로 사망할 확률이 두 배 높고, 이 위험은 금연 후 1년이면 절반으로 줄어든다. 실제로 1960년대부터 심장병이 급격히

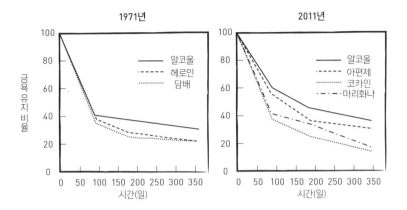

[그림 7.1] 중독의 재발 비율
다양한 중독 물질을 끊으려고 한 사람들 가운데 이를 유지한 사람의 비율을 1년간의 시점별로 표현한 그래프.

감소한 데는 흡연 인구 수가 줄어든 것이 크게 작용했다. 흡연은 다른 두 가지 주요 사망 원인에도 관련이 있다. 바로 암과 만성 폐쇄성 폐질환COPD이다. COPD로 사망한 환자 열 명 중 최대 여덟 명이 흡연과 관련이 있다. 담배를 피우지 않기로 결정하는 것만으로도(그리고 이 결정을 끝까지 실천하는 것으로) 수만 명이 장기적인 고통과 조기 사망의 확률을 낮출 수 있다.

문제는 금연이 너무도 어렵고, 잠깐 동안 금연에 성공한다 해도 다시 예전의 습관으로 돌아가기가 너무도 쉽다는 것이다. 그림 7.1은 행동 변화에 관련한 거의 모든 연구에서 관측되는 몇 가지 패턴을 나타낸 것이다. 대부분의 사람들은 변화를 오래 지속하지 못하고, 지난 반세기 동안의 집중적인 연구도 이 현실을 변화시키는 데 별다른 역할을 하지 못했다.[1] 금연과 금주에 대한 여러 연구는 한결같이 1년 동안 이를 유지하는 사람이 3분의 1밖에 되지 않는다는 사실을 보여준다. 체중 감량도 이와 비슷하게 어려운 일인데(어떤 다이어트 계획을 따르는가와 무관하게), 단기적으로는 거의 모든 사람들이 항상 체중을 감량해내지만 2년 이상 유지하는 사람은 드물고, 결국에는 전보다 더 체중이 느는 경우가 많다. 한편, 변화를 지속적으로 유지해간 사람들을 조사한 여러 연구가 성공적인 행동 변화의 중요한 원칙에 대한 몇 가지 통찰을 제시했는데, 이는 다음 장에서 살펴볼 예정이다.

행동 변화 연구에 나타난 새로운 사고방식

수많은 건강 문제가 행동 변화를 통해 나아질 수 있다면 의료진은 왜 우리의 행동이 변할 수 있도록 도와주지 않는 걸까? 상세한 생물학적 지식 덕분에 여러 의학 분야에서 그 효과가 가히 혁명적이라 여겨질 정도의 치료법이 개발되었다. 한 가지 놀라운 사례가 바로 후천성 면역결핍증AIDS을 일으키는 인체면역결핍바이러스HIV다. 1980년대만 해도 AIDS 진단은 곧 2년 안에 50퍼센트의 확률로 죽는다는 의미였다. 하지만 바이러스가 어떻게 작용하는지에 대한 심도 있는 이해가 HIV 바이러스의 발견과 병용 요법의 발달로 이어져 AIDS 진단을 단기적인 사형 선고에서 장기적인 만성 질환으로 바꾸어놓았고, 현재는 치료를 받는 환자들의 대다수가 10년 이상 생존한다. 이와 유사하게 암의 분자 생물학을 이해하게 된 것이 몇몇 특정 암의 치료법을 바꾸고 있는 표적 접근법으로 이어졌다. 현대 의학의 성공은 기본적인 생물학 메커니즘에 대한 이해가 새로운 치료법 개발에 얼마나 유용한지를 직접적으로 보여주고 있다.

의학적 치료법들이 놀라울 정도로 치료 결과를 개선하는 동안 그러나 우리의 행동 변화 개입behavior change interventions은 고질적인 실패에서 벗어나지 못하고 있다. 이러한 사실을 보면 개입 전략을 탄생시킨 행동 변화에 대한 기본적인 이해가 아마도 애초에 잘못됐던 것은 아닐까 하는 의문마저 생긴다. 실제로 심리학에는 여러 가지의 행동 변화 이론이 있다. 한 논문에서는 117개의 이론을 언급하기도 했다! 하나의 일반적인 이론을 목표로 하는 몇몇 과학 분야와 달리 심리학자들은 자신만의 이론을 개발하려는 경향이 있다. 월터 미쉘이 이런 농담을 할 정도였다. "심리학자들은 다른 이들의 이론을 칫솔처럼 여긴다. 자존감 있는 사람 중에 다른 사람의 칫솔을 쓰고 싶어 하는 사람은 아무도 없다."[2]

행동 변화에서 가장 널리 인정받는 이론은 범이론적 모델transtheoretical model로 행동 변화의 여섯 단계를 정리한 것이다.

- 계획전 단계: 행동을 변화시킬 준비가 아직 되지 않은 상태
- 계획 단계: 행동에 문제가 있다는 것을 인식하고 변화를 고려하는 상태
- 준비 단계: 변화할 준비가 되었고 변화를 시행하기 위해 행동을 시작하는 상태

- 실행 단계: 의도한 변화를 시행하는 상태
- 유지 단계: 변화를 (6개월 이상) 장기적으로 유지하는 상태
- 종료 단계: 행동이 완전히 바뀌었고 다시 예전으로 돌아가지 않는 상태

지극히 합리적이고 직관적으로 들리지만 질병에 대한 대부분의 이론과 비교해보면 위의 이론에는 아주 다른 점이 한 가지 있다. 가령, 암에 대해 현재 우리가 이해하는 지식은 세포 성장을 통제하는 유전자에 돌연변이가 생겨 세포들이 걷잡을 수 없이 성장한다는 것이다. 이 이론은 암의 '생물학적 메커니즘'을 설명하고, 이 근본적인 메커니즘에 대한 이해는 특정 암을 대상으로 점점 더 성공을 거두는 표적 치료법의 개발로 이어졌다. 그러나 범이론적 모델은 행동 변화를 다소나마 효과적으로 만들어줄 근원적인 '두뇌 또는 심리적 메커니즘'에 대해서는 언급하지 않는다. 마치 암이 어떻게, 왜 생기는지에 대한 지식은 하나도 담겨 있지 않은 채 암의 발달 단계에 따라 진행 과정을 단순히 설명하는 것과 유사하다. 이러한 접근은 암의 진행을 예측하는 데는 유용하지만 이 질병을 '어떻게 치료해야 할지'를 이해하는 데는 그다지 유용하지 않다.

범이론적 모델이 행동 변화를 성공시키는 효과적인 치료법을 개발하는 데 실제로 도움이 되지 못했다는 사실은 분명해 보인다. 어떠한 의학적 치료에 관해 가장 객관적인 결과를 알고 싶을 때면 나는 코크란 기구Cochrane Organization를 찾는다. 이 영국 단체는 '체계적인 리뷰'를

발표하는데, 최대한 편파적이지 않은 리뷰를 작성하기 위해 일련의 원칙에 따라 특정 주제에 해당하는 연구를 분석한다. 특히나 이 기구에서 제공하는 리뷰는 어떠한 치료가 효과적인지를 밝히는 데 최상의 증거를 제시하는 무작위 대조 시험의 결과를 중점적으로 다룬다. 범이론적 모델을 바탕으로 한 비만 치료법의 효과를 분석한 최신 리뷰에서 이들은 분석의 포함 기준을 충족하는 무작위 대조 연구가 세 개밖에 없었다고 밝혔다. 해당 리뷰는 연구들이 제대로 진행되지 않아 강력한 결론을 도출할 수 없고, 이 세 개의 연구가 제공하는 증거는 '질이 매우 낮다'고 결론지었다.[3] 다시 말해 등장한 지 40년 가까이 됐으며 행동 변화 분야에서 가장 널리 인정받는 모델이 정작 새로운 치료법을 개발하는 데 있어서는 어떤 효과도 증명되지 않았다는 얘기다. 분명 새로운 접근법이 필요한 시기가 아닐 수 없다. 하나 희망적인 사실은 미 국립보건원NIH의 여러 연구자들에게서 지지를 받은, 행동 변화에 대한 새로운 사고방식이 출현하고 있다는 점이다.

질병을 분석하듯 행동 변화를 분석하다

NIH는 단연 생물 의학 연구에 있어 세계에서 가장 큰 자금 지원처로, 2016년에는 260억 달러 이상을 연구에 지원했다. 두 번째로 큰 자금 지원처인 EU가 37억 달러를 소비한 것과 비교하면 대단한 수준이다. NIH는 처음에는 암, 심장병, 당뇨, 약물 남용 등 질병 또는 기관계를 중심으로 조직되었다가 2007년, 다른 여러 질병에 두루 영향을 미치는 '행동 변화'의 중요성을 인지하고 커먼 펀드Common Fund라는 프로그램을 개발해 이 부분에 6억 달러 이상의 예산을 편성한 바 있다.

2008년경, NIH 내 여러 기관에서 모인 연구자들이 행동 변화의 기본 메커니즘을 이해하는 데 걸림돌이 되는 문제들을 해소해줄 새로운 프로그램을 만들자는 논의를 하기 시작했다. 특히나 이들은 행동 변화에 대한 연구가 실험 의학에서 쓰였던 접근법에 가까워져야 한다고 제안했다. 실험 의학 접근법은 어떠한 치료법이 질병에 효과가 있는지를 단순히 확인하는 게 아니라 치료법이 작용하는 메커니즘을 이해하는 데 초점이 맞춰져 있었다. 특히나 이 접근법은 치료법의 기계적 표적을 이해하고, 해당 치료법이 표적에 어느 정도로 근접해 있는지를 측정하고, 치료법의 실제 효과도 파악한다. 특정 표적을 향한 전략이 치료법의 결과와 연계되면, 연구자는 이 전략을 극대화시켜 치료법의 효과성을 높이기 위해 노력할 수 있다.

이를테면 눈앞의 보상보다 미래의 결과를 떠올리는 능력을 향상시키는 치료법을 개발하고 싶다고 생각해보자. 이 능력은 (나중에 보게 되겠지만) 행동 변화에 중요한 요소로 여겨진다. 실험 의학 접근법을 활용해 우리는 치료법이 실제로 눈앞의 보상을 두고도 미래의 결과를 기다리는 능력을 향상시켰는지 직접적으로 측정 가능한 실험을 진행할 수 있다. 나아가 이 능력의 향상이 행동 변화의 향상과도 연계가 됐는지, 그래서 기다리는 능력을 가장 크게 향상시킨 사람이 행동 변화에서도 가장 눈부신 향상을 달성했는지를 측정하는 것이다.

이 접근법은 다른 의학 분야에서 굉장한 성공을 거두었고, 행동 변화에 대한 우리의 이해를 높이는 데도 큰 효과를 발휘할 가능성을 지니고 있다.

습관 변화를 위한 메커니즘

행동 변화에서 실험 의학적 사고를 채택한다면 개입의 '표적'에 초점을 맞춰야만 한다. 즉, 행동 변화를 향상시키기 위해 어떠한 사회적, 심리적 또는 신경 생물학적 메커니즘을 조종할 수 있을까? 제1장에서 제시한 프레임워크는 가능한 표적들을 대략적으로 분류할 수 있는 기준을 제시해준다.

첫째는 환경이다. 환경은 우리를 어떤 행동에는 가까워지도록 이끌고 또 어떤 행동과는 멀어지도록 한다. 교회보다 바에서 흡연하는 것이 훨씬 쉬운 것처럼 말이다. 환경이 행동에 미치는 영향력을 이해하는 것으로 우리는 행동에 변화를 만들어내는 능력을 최대한 발휘할 수 있다.

둘째는 습관이다. 습관의 지속성은 행동 변화에 걸림돌이 된다. 지금껏 이 책을 읽으며 습관의 생물학적 기제에 대한 심도 있는 지식을 갖추었고, 뒤에 나올 제9장에서는 특정한 습관을 표적으로 삼는 데 이 지식을 어떻게 활용할 수 있을지 몇 가지 방법을 살펴볼 예정이다. 다음 장에 나오겠지만 습관이 어떻게 작용하는가에 대한 우리의 지식을 활용한다면 빠지기 쉬운 함정을 피할 수 있다.

세 번째는 목표 지향적 행동이다. 장기적 목표에 부합하는 행동은 즉각적인 충동 또는 습관을 묵살하는 자제력뿐만 아니라 우리의 주의 집중을 요한다. 전전두피질과 자제력에 대한 상세한 신경 생물학적 지식이 행동 변화를 향상시키는 데 필요한 실천 가능한 도구를 제공해줄 것이다.

앞으로 나올 내용들에서 이러한 표적을 겨냥하는 전략이 행동 변화를 최적화하는 데 어떤 도움을 주는지, 현재 가능한 전략부터(제8장), 신경과학의 발전으로 미래에 가능해질 수 있는 전략까지(제9장) 모두 소개할 예정이다. 행동 변화와 관련한 잠재적인 메커니즘까지는 언급하지 않지만(사회적 지원이나 대처 기술, 마인드셋과 관련된 것들) 다음 장들은 행동 변화를 어떻게 향상시킬 수 있는지에 관한 로드맵이 되어줄 것이다.

제8장

성공을 계획하는 법

아주 솔직히 말하겠다. 행동 변화는 어려운 일이고, 앞으로도 계속 그럴 것이다. 하지만 신경과학에서부터 심리학, 경제학까지 여러 분야를 아우르는 연구는 행동 변화를 향상시키는 데 도움을 주는, 즉각적으로 실천할 수 있는 도구를 제공해준다. 또한 어떤 방법이 효과가 없는지에 대한 훌륭한 단서도 준다. 이번 장에서는 이 연구를 간략하게 소개하며 지금껏 이 책 곳곳에서 마주했던 표적들, 즉 환경, 습관, 목표 지향적 행동, 자제력에 초점을 맞출 것이다. 이번 장에서는 심리학 연구에서 얻은 아이디어를 중점적으로 다루며 다음 장에서는 신경과학의 아이디어를 살펴볼 예정이다.

'넛지'는 만병통치약일까?

우리의 욕구와 선호가 선택을 이끈다고 생각할지도 모르지만, 사실 우리 대부분은 우리 앞에 제시된 선택지에 많은 영향을 받는다. 식료품점이 대표적인 예다. 상점 뒤편에 감춰졌을 때보다 계산대에 전시되어 있을 때 사과를 구매할 확률이 훨씬 높아진다. 이러한 효과는 고전 경제 이론으로는 설명이 되지 않는다. 고전 이론은 인간은 이 세계의 다양한 결과물이 얼마의 가치를 지니는가에만 의거해 결정을 내린다고 가정하기 때문이다. 다시 말해, 우리가 구매할 수 있는 다른 여러 상품들 가운데 사과가 더욱 가치 있다고 여길 때만 사과를 구입한다는 얘기다. 하지만 1970년대부터 인간이 이론적으로 어떻게 결정을 내려야 하는가가 아니라 실제로 어떻게 결정을 내리는가에 중점을 둔 행동경제학이라는 연구 분야가 발달하기 시작했다.

행동경제학자들은 '선택 설계'choice architecture 란 용어를 만들어 어떠한 의사결정 상황이든 결정을 하는 그 순간의 환경의 설계에 따라 어떠한 선택은 독려되고 다른 선택은 밀려나는 현상이 벌어진다고 설명했다. 선택 설계는 우리가 내리는 선택에 대단히 중요한 영향력을 발휘할 수 있고, 이에 대해 리처드 탈러와 캐스 선스타인Cass Sunstein이 명저 《넛지》에서 소개한 바 있다.[1] '넛지'Nudge는 특정한 행동을 유도하되, 누구의 자유도 제한하지 않는 방식으로 개입하는 것을 의미한다. 성공적인 넛지의 특히나 인상적인 사례는 디폴트 옵션(기본 선택 —옮긴이) 효과에서 탄생했다. 에릭 존슨Erick Johnson과 대니얼 골드스

타인Daniel Goldstein은 유럽 내 옵트 인opt-in 기증 정책(기증에 명시적인 동의 가 필요한 정책)을 택한 국가들과 옵트 아웃opt-out 정책(거부 의사를 따로 밝히지 않는 이상 기증에 동의하는 것으로 전제하는 정책)을 택한 국가들 간의 장기기증 비율을 비교했다.[2] 결과는 놀라웠다. 여러 면에서 상당 히 유사한 국가들 간에 옵트 인 정책을 택한 국가는 기증률이 30퍼 센트 이하인 반면 옵트 아웃 정책을 취한 국가들은 85퍼센트 이상으 로, 이 중 대다수의 국가가 100퍼센트에 가까웠다. 이러한 기증률의 차이는 사람들이 선택을 내릴 때 디폴트가 얼마나 강력하게 작용할 수 있는지를 보여주었다. 특히나 우리가 그리 예민하게 생각하는 선 택이 아닐 때는 우리에게 제시된 디폴트 선택을 받아들일 확률이 매 우 높다.

넛지를 이용해 행동 변화를 크게 향상시킨다니 너무 꿈만 같은 이 야기라고 생각할 수도 있겠다. 실제로 어떤 측면에서는 꿈같은 이야 기이기도 하다. 펜실베이니아 대학의 앤절라 더크워스와 케이티 밀크 먼Katy Milkman은 스텝업Step Up이라는 한 대규모 연구를 통해 운동 지속 에서 53가지 개입 효과를 실험했다(이 중 52가지는 운동을 증가시킬 목 적의 넛지였고, 나머지 하나는 아무런 효과가 없는 음성대조군이었다). 이를 실험하기 위해 연구진은 전국적인 규모의 헬스장 체인과 협력해 회원 6만 3,000명을 모집했다.[3] 28일 동안 참가자들은 리마인더와 같이 헬 스장에 가는 데 도움을 주는 다양한 넛지를 제공받았고, 여기에 더 해 한 번 헬스장에 출석할 때마다 소액의 보상도 받았다. 단기적으로 는 프로그램이 효과가 있었다. 넛지를 제공받은 사람들은 아무런 개입도 없었던 대조군에 비해 헬스장에 갈 확률이 높았다. 하지만 프로그램이 끝나자 헬스장 출석에 오래 지속되는 분명한 효과가 없었다. 밀크먼은 2019년 한 인터뷰에서 이렇게 말했다.

> 28일 간의 프로그램 후에 저희는 행동 변화의 측면에서는 그 어떤 결과도 보지 못했어요. 53가지 버전의 프로그램 모두 제대로 유지된 것은 하나도 없다고 봐야 했습니다. 그게 궁극적인 목표였는데요. 그러니 대실패인 셈이죠.[4]

넛지가 대변화를 만들어낼 상황도 있겠지만 이 대규모 연구 결과는 넛지가 '보편적인 해결책'이 될 수 없음을 보여주었다. 하지만 나는 이 실험을 '실패'로 분류하고 싶지 않다. 전혀 실패가 아니다! 믿을 수 있는 과학을 이용해 아이디어를 실험하고 아이디어가 실제 현실에서 어떻게 작용하는지를 확인하는 법을 보여준 훌륭한 본보기였다. 우리가 어떻게 해야 하는지를 알려주지는 못해도 어떻게 '해서는 안 되는지'는 분명히 알려주었고 이 역시도 마찬가지로 중요하다.

손실 회피와 프레이밍

길에서 내가 당신에게 다가가 동전 던지기로 하는 게임을 하나 제안한다고 생각해보자. 동전 앞면이 나오면 내가 당신에게 25달러를 주고, 뒷면이면 당신이 내게 20달러를 줘야 한다. 경제 이론에 따르면 이성적인 인간이라면 이 내기를 받아들여야 한다. 결국 이 도박의 예상 가치는(즉, 당신이 딸 수 있을 거라 예상되는 평균 금액은) 2.5달러이니 수락한다면 장기적으로 당신이 최후에 이익을 보게 될 테니 말이다. 하지만 이런 내기를 실제로 수락하는 사람은 거의 없다. 심리학자인 아모스 트버스키Amos Tversky와 대니얼 카너먼의 연구를 통해 대다수의 사람들이 이런 도박을 수용하기 위해서는 딸 수 있는 금액이 잃을 수 있는 금액의 두 배 가까이 되어야만 한다는 것이 드러났다. 두 사람은 이 현상을 가리켜 손실 회피loss aversion라고 정리했다. 손실 회피는 비단 실험실에서만이 아니라 실제 세계에서도 찾아볼 수 있다. 이는 주식 시장에서 잘 알려진 현상으로, 개인 투자자들이 매입가와 비교해 오른 주식은 떨어진 주식에 비해 더욱 팔고자 하는 경향이 강하다. '비쌀 때 파는' 사례처럼 보이겠지만 실제로는 매도를 결정할 때 주식의 매입가를 중요하게 생각해서는 안 된다. 투자자는 할인된 미래 주가가 현재의 주가보다 크다고 생각하면 보유하고, 이와 반대라면 매도해야 한다. 1998년 터랜스 오딘Terrance Odean은 손실 회피를 반영한 행동 양식이 장기적으로 투자자들에게 막대한 손실을 불러오고, 특히나 손실 종목을 보유하는 것보다 매도할 때 얻을 수 있었던 세금 혜택을 생각하면 더욱 그렇다는 것을 보여주었다.[5]

손실 회피는 또한 어떠한 결과가 이득인지 혹은 손해인지에 따라 다른 선택을 하도록 만드는데, 이 현상을 프레이밍framing이라고 한다. 트버스키와 카너먼은 유명한 '아시아 질병 연구' 실험을 통해 이 현상을 밝혔다.⁶ 한 참가자 집단은 다음과 같은 선택을 마주했다.

미국이 이례적인 아시아 질병 발생에 대비해야 한다고 가정해보자. 해당 질병으로 600명이 목숨을 잃을 것이라 예상된다. 이 질병을 방지하기 위해 두 가지 프로그램이 제안되었다. 각각의 프로그램 결과를 과학적으로 정확히 예측한 수치는 다음과 같다.

프로그램 A를 채택하면 200명을 살릴 수 있다.
프로그램 B를 채택하면 3분의 1의 확률로 600명이 살 수 있고 3분의 2의 확률로 모두가 사망한다.

이 경우 72퍼센트가 프로그램 A를 선택했다. 연구자들은 또 다른 집단에게 같은 선택지를 제시했지만 살짝 틀을 달리했다.

프로그램 C를 채택하면 400명이 사망한다.
프로그램 D를 채택하면 3분의 1의 확률로 아무도 사망하지 않고 3분의 2의 확률로 600명이 사망한다.

이때는 참가자 중 다수(78퍼센트)가 프로그램 D를 택했다. 이 두 가지 문제를 자세히 들여다보면 프로그램 A와 C, 그리고 B와 D가 서로 같다는 것을 알 수 있다. 그저 이득 또는 손해 중 어떤 관점에서 묘사됐느냐가 다를 뿐이다. 이 경우 두 프레이밍 간 선택의 차이는 사람들이 대체로 손해를 피하려는 쪽에는 도박을 하려는 경향이 높은 반면, 확실한 이득이 있을 때는 모험을 하지 않으려는 성향에서 비롯된 것이다. 이러한 결과는 어떻게 프레이밍하느냐에 따라 우리의 선택이 근본적으로 달라진다는 것을 잘 보여준다.

　의사결정에서 프레이밍 효과는 선택 설계에서도 중요하다. 내 스탠퍼드 동료인 알리아 크럼Alia Crum과 동료들은 채소에 맛('허브와 허니 발사믹을 뿌린 순무')과 건강('건강식 순무')이라는 다른 이름을 붙이는 것이 학생들의 선택에 어떤 영향을 미치는지에 관한 대규모 실험을 진행했다.[7] 식사 선택에 참여한 13만 명이 넘는 사람들을 대상으로 연구진은 맛의 측면에서 이름을 붙였을 때 채소 구매가 상당히 증가하는 것을 확인했다. 아직 프레이밍이 행동 변화에 어떻게 기여하는지에 대한 연구는 없지만, 다양한 맥락 속에서 입증된 프레이밍 효과의 확실성은 선택지를 가장 적절하게 프레이밍하는 것만으로도 행동 변화를 향상시킬 수 있음을 시사한다.

결정하지 말고 규칙을 만들어라

성공적인 변화를 설계하는 또 다른 방법은 변화를 강제하는 엄격한 규칙을 사용하는 것이다. 유혹이 될 만한 무언가가 등장할 때마다 결정을 해야 한다면 한 번씩은 실수를 할 확률이 높다. 그리고 어떤 실수든 이에 대한 변명이나 정당한 사유를 찾기란 너무도 쉽다. 집 안에서나 다른 상황에서 금지해야 하는 어떤 행동들을 규칙으로 명시한다면 우리에게 행동에 대한 선택권이 있다는 사실을 잊는 데 많은 도움이 된다. 금연에 대한 한 대규모 연구에서는 담배를 끊으려 하는 흡연자들은 금연으로 지정된 집에서 살 때 성공 확률이 10배나 높았고, 일터가 금연일 때는 두 배가 높았다.[8]

물론 모든 규칙이 다 행동 변화에 도움이 되지는 않는다. 어떤 다이어트 식단은 참가자가 정해진 플랜을 지키려면 반드시 따라야 하는 복잡한 규칙들을 명시하기도 한다. 가령, 유명한 웨이트 와처Weight Watchers 식단은 사용자에게 목표 '포인트'와 음식마다 포인트를 정리한 가이드를 제공한다. 다이어트를 하는 사람 입장에서 상당한 인지적 수고가 필요하고, 업체가 체계적인 규칙을 제공하긴 하지만 여전히 자신이 내려야 할 수많은 선택이 남아 있는 셈이다. 단순히 매 끼니에 해당하는 조리법을 제공하고 그대로 따르도록 하는 식단과 비교해보길 바란다. 이런 식단은 원칙적으로는 다이어트를 하는 사람에게 아무런 의사결정을 요하지 않는다. 두 가지 식단을 비교한 한 연구에 따르면 사람들이 식단의 복잡성 때문에 전자의 다이어트를 더 빨리 그만두는 것으로 드러났다.[9] 연구가 아직 초기 단계에 있지만 그럼에도 이는 좀 더 '단순한 규칙'이 행동 변화를 보장하는 데 더욱 효과적이라는 점을 시사한다.

사람들이 결정을 할 때 한 가지 선택에 대한 다양한 측면을 저울질하기보다는 단순한 규칙을 적용할지도 모른다는 생각은 독일의 심리학자인 게르트 기거렌처Gerd Gigerenzer가 주장해온 것으로, 그는 이런 형태의 의사결정을 설명하기 위해 '빠르고 간소한'fast and frugal이란 용어를 만들었다. 그의 연구는 다양한 영역에서 사람들이 가능한 모든 정보를 고려하기보다는 휴리스틱heuristics이라고 하는 단순한 경험 법칙을 활용할 때가 잦다는 것을 보여주었다. 사람들이 음식을 선택할 때 이 현상이 벌어진다는 증거가 있다. 한 연구에서는 참가자들에게 건강, 맛, 편리성, 가격 등 아홉 가지의 특성을 바탕으로 몇 가지 음식을 평가해 달라고 요청했고, 이후 참가자들은 몇 차례 동안 두 가지 음식 가운데 하나를 선택했다.[10] 연구진은 아홉 가지의 특성을 모두 고려할 때와 각 참가자들에게 중요한 한 가지 특성만을 고려할 때 어떤 접근법이 참가자의 선택을 더욱 정확하게 예측하는지 실험했다(요리가 무승부일 때는 두 번째로 중요한 특성을 기준으로 삼았다). 연구진은 모든 속성을 고려한 모델과 비교해 한 가지의 속성만 활용한 '빠르고 간소한' 모델을 채택했을 때 참가자의 음식 선택을 더욱 잘 예측할 수 있다는 것을 발견했다. 사람들이 선택을 내릴 때 간소화된 결정 전략을 사용한다는 이 같은 사실은 규칙이 효과적이기 위해선 가능한 단순해야 한다는 점을 다시 한번 일깨워준다.

트리거 경고: 습관에 개입할 때

앞서 제3장에서 습관의 지속성에 관한 중요한 메커니즘 중 하나는 주변 환경 속 신호에 쉽게 촉발되는 것이라고 봤다. 그렇다면 습관에 개입할 때 가능한 한 가지 전략은 바로 '습관의 촉발제'가 등장하지 못하도록, 즉 애초에 습관이 촉발될 일이 없도록 하는 것이다. 더크워스와 그녀의 동료들이 진행한 일련의 연구는 우리가 행동을 멈추는 데 의지력에 기대는 것보다 유혹을 없애는 것이 유용하다는 직접적인 증거를 제시했다.[11] 연구진은 고등학생과 대학생을 대상으로 학업 목표를 달성하는 능력을 검사했다. 그러기 위해서 학생들은 집중을 어지럽히는 대상을 피해야 했다. 공부 시간마다 한 학생 집단은 집중력을 떨어뜨리는 유혹을 없애는 전략(공부할 동안은 페이스북 사용을 차단하는 앱을 설치하는 등)을 실행하라는 이야기를 들었고, 다른 집단은 유혹이 일 때마다 그것을 이겨내는 의지력을 발휘하는 훈련을 하라는 이야기를 들었다. 일주일 후 학생들은 목표를 얼마나 달성했는지 평가받았다. 환경에 변화를 준 학생들은 유혹을 이기기 위해 의지력을 활용해야 했던 이들보다 학업 목표를 달성하는 데 더욱 나은 성과를 거두었다고 한결같이 보고했다.

우리가 습관을 촉발하는 트리거를 피하기가 특히나 어려운 이유는 제3장에서 이야기했던 가치 기반 주의 포획을 통해 이러한 트리거가 강력하게 우리의 집중력을 사로잡기 때문이다. 이러한 편향은 자신이 선택한 약물과 관련한 신호로 주의력이 심하게 편향되는 중독에서 특히나 강력하게 드러난다. 여러 연구에서 주의 편향 수정attention bias modification이라는 접근법을 이용해 이 편향성을 줄이는 훈련이 가능한지 실험했다. 중독에 연관된 이미지 하나(코카인 중독자에게는 코카인의 이미지를 보여주는 등)와 중립적인 이미지 하나로 구성된 몇 쌍의 자극을 참가자들에게 제시하여 중립적인 이미지에 주의를 집중하도록 훈련하는 방식이었다. 이 훈련은 실험 과제에서 주의 편향의 정도를 낮추는 데 꾸준히 효과가 있었다. 하지만 여기서 중요하게 생각해봐야 할 부분은 이 결과를 과연 실제 현실에서도 일반화할 수 있는가일 테다. 이에 대한 답변은 부정적이다. 여러 연구진들이 다양한 중독을 대상으로 주의 편향 수정 훈련을 실시했지만 실험실 바깥에서 약물 사용을 줄이는 데는 효과를 보지는 못했다.[12] 신호들이 이토록 강력하다는 사실은 행동을 변화시키고자 하는 사람에게 매우 단순한 전략이 필요하다는 점을 시사한다. 습관을 촉발하는 신호를 파악하고, 이 신호를 환경에서 최대한 없애는 것이다.

급진적이지만 습관의 트리거를 피하는 데 효과가 있는 한 가지 방법은 새로운 장소로 옮기는 것이다. 토드 헤더튼Todd Heatherton과 파트리시아 니콜스Patricia Nichols의 질적 연구에서는 참가자들에게 살면서 변화를 시도했던 일 중 성공했던 때와 실패했던 때를 이야기로 적어달라고 요청했다.[13] 성공적으로 변화를 이뤄낸 사람과 실패한 사람의 가장 큰 차이 중 하나는 새로운 장소로 이동했느냐의 여부였다. 성공적으로 변화를 이룬 사람들은 그렇지 않은 사람들에 비해 새로운 곳으로 옮긴 비율이 세 배 가까이 되었다. 웬디 우드Wendy Wood와 그녀의 동료들은 학생들이 새로운 대학으로 편입하기 전과 후 운동 습관이 어떻게 달라졌는지를 실험하며 장소 이동을 좀 더 직접적으로 연구했다.[14] 연구 결과, 장소를 바꾸는 것은 처음부터 습관이 강하게 형성되었던 학생들에게 특히나 큰 영향을 미쳤다. 그들은 운동 습관이 약했던 학생들과 비교해 운동 횟수가 크게 줄었다. 반면, 처음부터 습관이 약했던 학생들은 새로운 변화가 행동을 의도와 일치시키는 데 도움을 주었고, 이를 통해 운동 의지가 강해진 이들은 실제로 운동을 더욱 많이 했다. 이처럼 장소 이동을 통해 개인의 환경을 바꾸는 것은 행동 변화에 잠재적으로 강력한 효과를 발휘한다.

습관 역전은 가능하다

아동의 무려 20퍼센트가 반복적으로 발현되는 특정한 행동이나 행동 패턴인 '틱'을 경험한다. 눈을 깜빡이는 것처럼 어떤 틱은 비교적 심각하지 않은 반면, 자해 행동이나 욕설을 내뱉는 것을 통제하지 못하는 심각한 경우도 있다. 대부분의 틱은 성인이 되면 자연스럽게 해결되지만 몇몇 사람들은 '투렛 증후군'이라는 행동 장애로 평생 힘들어 한다. 이 장애가 발생하는 원인은 정확히 밝혀지지 않았지만 보통은 운동 습관을 발생시키는 두뇌 메커니즘의 과잉 활동 때문이라고 짐작하고 있다.[15]

투렛 증후군의 완치법은 없지만 틱의 확산과 강도를 크게 낮출 수 있는 효과적인 치료법은 존재한다.[16] 틱장애를 위한 포괄적인 행동 개입comprehensive behavioral intervention for tics 또는 CBIT라는 치료법은 전반적으로 행동 변화를 향상시킬 수 있는 통찰력이 담긴 다양한 요소로 구성되어 있다. 바로 다음과 같은 요소들이다.

- 자각 훈련: 환자는 임상의와 함께 치료하며 자신의 틱에 대해 더 자세히 배우고 틱이 시작되려는 신호(전조감각 충동)를 알아차린다.

- 경쟁 반응 훈련: 환자는 틱이 발생하지 않도록 새로운 대안 행동을 기른다. 가령, 머리를 한쪽으로 움직이는 틱 증상이 있다면 틱이 시작되려 할 때 목의 반대쪽 근육을 긴장시켜 증상의 발현을 막는다.

- 일반화 훈련: 환자는 진료실을 벗어나 일상에서 경쟁 반응을 훈련한다.

- 자기 관찰: 환자 자신 또는 보호자(부모나 배우자)가 틱 증상의 발현을 관찰하고 기록한다.

- 이완 훈련: 환자는 틱의 트리거로 주로 작용하는 긴장을 해소하기 위해 호흡법과 근육 이완법을 배운다.

무작위 대조 시험을 통해 CBIT가 모든 사람에게 효과적이지는 않고 틱을 완벽히 없애지도 못하지만, 그럼에도 틱 반응을 저하시키는 표준 치료법보다 다섯 배 이상 효과가 높다는 점이 밝혀졌다.

CBIT의 성공에서 중요하게 배워야 할 점이 몇 가지 있다. 첫째로, CBIT는 우리가 이미 여러 맥락에서 배웠던 사실을 재확인시켜주었다. 바로 행동 변화는 매우 어려운 일이라는 점이다! 성공적인 CBIT를 위해 필요한 훈련을 인내하고 지속적으로 행동을 관찰하는 데는 환자와 가족 구성원 모두의 굉장한 노력이 필요하다. 둘째로, 행동 변화를 향한 폭넓은 접근법이 중요하다는 점을 강조한다. 이렇게 힘든 질환을 치료하는 데는 여러 가지 다양한 기술을 접목시켜 함께 진행해야지, 어떤 단 한 가지 기술로는 충분하지 않다. 아마도 가장 중요한 점은 CBIT의 성공이 가장 곤란한 행동마저도 성공적으로 변화시킬 수 있다는 점을 직접 증명함으로써 우리에게 한 줄기 희망의 빛을 선사해준다는 것일 테다.

마음챙김: 광고와 치료 사이

불교의 가장 기본적인 교리 중 하나는 욕망 때문에 고통이 존재한다는 것이고, 명상과 마음챙김이 이 고통에서 벗어나는 비결이라는 것이다. 이 고대의 지혜는 이제 호화로운 명상 수련회부터 스마트폰 앱까지 억만 달러짜리 비즈니스가 되었다. 실제로 한 온라인 잡지에서는 '명상과 마음챙김, 수행이 2017년 최고의 창업 분야 중 하나다'라고 발표했고, 이 업계에서 가장 수익성이 좋은 시장은 체중 감량이다. 몇몇 명상가들은 욕망을 낮추는 명상의 힘에 대해 극찬을 아끼지 않는다.

수년간 수행이 모든 욕망과 혐오를 다스리는 데 도움을 주었다. 명상은 술과 담배를 끊고, 형편없는 음식에서 멀어지도록 도와주었다. 또한 주기적으로 기분 좋게 땀을 흘리며 운동하는 것을 사랑하

게 해주었다. 대체로 명상은 내 삶의 욕망과 혐오에 굉장히 강력한 해독제가 되어주었다.[17]

인터넷에도 의지력과 절제력을 높이는 명상의 힘을 극찬하는 이야기들로 가득하고, 이런 이야기 속에는 명상이 전전두피질에 미치는 영향이 의무적으로 포함되어 있다. 가장 최근에는 명상의 개념이 실리콘밸리에서 유행하는 '도파민 단식'으로 재단장되는 추세다. 도파민 단식은 모든 자극에서 멀어지는 생활을 의미한다.

표면적으로만 보면 명상은 욕망은 낮추고 집행 통제는 높여주어 행동 변화에 영향을 미칠 수 있는 두 가지 메커니즘을 단숨에 해결할 준비가 된 것 같다. 하지만 행동 변화에 있어 명상의 실제 효과에 대해 과학은 어떻게 말하고 있을까? 명상을 과학적으로 평가하는 것은 어려운 일인데, 그 이유 중 하나는 연구자들 사이에 명상을 지지하는 사람들이 많기 때문이기도 하다. 내 회의적인 입장 뒤에는 2018년에 '광고 조심하세요: 마음챙김과 명상 연구에 대한 비판적 평가와 처방적 계획'이란 제목으로 발표된 합의문(전문가 개인 또는 집단이 여러 논문을 검토 및 토론해 어떠한 합의를 도출하여 발표한 논문 ― 옮긴이)이 있다.[18] 저명한 명상 연구자 다수가 저자로 참여한 이 논문은 지금까지 명상 연구가 지닌 여러 문제점을 소개하는데, 여기에는 '마음챙김'이란 개념의 뜻과 측정 방법의 모호성, 마음챙김 개입의 임상적 유효성을 실험한 대부분의 연구가 질적으로 매우 낮다는 문제도 언급되어 있다. 저자들은 이 분야의 연구 대부분이 명상에 역효과가 있는

지조차 측정하지 않았고, 전통적인 불교 명상 지침서들마저도 흔히 경험할 수 있는 명상의 부정적인 영향에 대해 언급함에도 이 연구들은 명상에는 폐해가 전혀 없다고 추정한다고 강조했다. 명상 연구 분야에서 나온 결과를 편향적으로 보고한다는 증거 또한 있다. 한 분석에서는 명상 개입에 대한 임상시험 가운데 절반 이상이 데이터베이스에는 등록되어 있지만 연구 종료 후 30개월이 지난 후에도 출판되지 않았다고 지적하며 연구자들이 파일 서랍 안에 부정적인 결과들을 숨기고 있을 수도 있다는 암시를 남겼다.[19] 이는 출판 편향publication bias이라고도 불리는 체리피킹cherry-picking(어떤 대상에서 좋은 것만 고르는 행위를 통칭하는 용어 ─ 옮긴이) 현상으로 현실에서는 효과가 전혀 없음에도 어떠한 치료법에 대한 근거를 제시하는 연구 논문으로 이어질 수 있다.

물론 명상 연구에 문제점이 있다고 해서 개개인이 경험하는 명상의 유용성을 평가절하할 생각은 없다. 실제로 명상 수행이 큰 도움이 된다고 생각하는 사람들이 많고 나 역시 주기적으로 요가를 하기에 정신적·신체적으로도 요가가 대단히 유익하다는 것을 느끼고 있기 때문이다. 하지만 습진부터 우울증, 암까지 모든 질환을 명상으로 치료할 수 있다는 주장은 의심할 수밖에 없다. 명상 연구의 문제점을 밝힌 연구들이 강조하는 것은 우리가 어떤 연구든 결과에 매우 신중한 입장을 취해야 하고, 어떤 치료법이든 다양한 연구 그룹을 통해 탄탄한 과학으로 입증되고 널리 확립되었는지, 이해관계의 상충은 없는지 면밀하게 살펴봐야 한다는 점이다.

자제력을 훈련으로 향상시킬 수 있을까?

행동 변화에서 의지력의 역할을 중요하게 여기는 사람이 많기에 몇몇 연구자들은 자제력이 표적 훈련을 통해 향상될 수 있을지 실험했다. 신체 단련부터 스피치 훈련까지 다양한 방식의 훈련에 긍정적인 효과가 있다는 것을 여러 연구에서 발견했다고 해도 지금쯤이면 그리 놀라진 않을 것이다. 하지만 이 연구들을 메타 분석한 결과, 부정적인 결과들은 공개되지 않은 탓에 출판된 논문은 긍정적인 결과에 편향됐음이 밝혀졌다.[20] 이 편향을 바로 잡은 후에는 자기 절제력 훈련의 효과는 근본적으로 거의 없다는 것이 드러났다.

　인지 훈련에 관련한 모든 연구가 해결해야만 하는 근본적인 문제가 하나 더 있다. 가령 당신이 자제력을 향상시키는 훈련 프로그램에 참여한다고 가정해보자. 매일 아침마다 식탁에 놓인 초코바를 바라보며 먹고 싶은 유혹을 이겨내는 식으로 단 음식에 대한 유혹에 저항하는 훈련을 하는 것이다. 이 훈련의 목표는 단순히 훈련 중인 특정 행동 능력을 향상시키는 것이 아니라, 훈련의 효과가 다른 맥락에서도 전이transfer될 수 있도록, 가령 음식점에서 케이크를 먹고 싶은 유혹을 이겨낼 수 있도록 하는 것이다. 학습에 대한 과학의 기본 원칙 중 하나는 이런 식의 전이가 확립되기 매우 어렵다는 것이다. 1901년 심리학자인 에드워드 손다이크는 이 현상을 동일 요소의 원칙principle of identical elements으로 명명해, 어떠한 상황에서 일어난 학습이 다른 상황으로 전이되는 것은 두 상황이 얼마나 동일한가에 달려 있다고 설명했다. 여기서 생겨나는 한 가지 의문점은 '유혹에 저항하기'와 같이 아주 추상적인 개념을 동일 요소로 삼을 수 있느냐인데, 수많은 연구에서 그럴 수 없다고 제안했다.

전이의 어려움은 '두뇌 훈련' 연구에서 가장 중요한 문제였다. 두뇌 훈련 연구는 특별한 목적으로 만들어진 온라인 인지 훈련이 보편적으로 인지 기능을 향상시킬 수 있는지 검사한다. 에이드리안 오웬Adrian Own과 그의 동료들이 진행한 대규모 연구는 다양한 인지 능력을 향상시켜준다는 6주간의 온라인 인지 훈련 프로그램에 참가한 1만 1,000명 이상의 참가자들을 추적 검사했다.[21] 이 훈련은 해당 프로그램 내에서 계속 연습하는 특정 과제들에서 참가자들의 실력을 향상시키는 데는 대단히 효과적이었다. 하지만 다른 테스트들로의 전이는 발생하지 않았고, 심지어 훈련을 받았던 과제와 비교적 유사한 테스트에서도 마찬가지였다. 이 구체적인 결과는 훈련 기간을 충분히 주지 않았다는 비난을 받았지만, 2016년 발표된 합의문이 연구 결과를 뒷받침해주었다. 해당 합의문에서는 '훈련이 관련성이 먼 과제의 수행력을 높였다거나, 일상 속 전반적인 인지 기능을 향상시켰다는 증거가 거의 없다'고 결론지었다.[22]

어쩌면 이런 면에서 정신적 기능이 정말 근육이 기능하는 방식과 동일하다고 볼 수 있을지 모른다. 이두박근을 훈련한다고 해서 복근이 강하다고 일반화할 수 없듯이, 한 가지 인지 과제를 훈련하면 보통 훈련을 받은 그 특정 기술만 강해진다. 합의문은 또한 대다수의 연구에 쓰인 증거의 질이 낮다고 밝히며, 두뇌 훈련의 효과를 찾았다고 주장하는 연구는 무엇이든 대체로 의심스럽게 여겨야 한다는 점을 시사했다(지금쯤이면 이런 이야기에 그리 놀라지 않을 것이다). 이 분야 연구의 또 다른 문제는 효과적인 훈련 프로그램으로 수익이 창출될 수 있다는 점이다. 즉, 이런 연구를 하는 연구자들은 재정적으로 이해 관계에 놓여 있을 때가 많다.

또 다른 연구들은 작업 기억 훈련에 더욱 직접적으로 초점을 맞추었다. 제5장에서 언급했던 작업 기억은 정보를 담고, 주의력을 분산시키는 것들을 피하고, 주변 세계가 변화하는 데 맞춰 해당 정보를 적절하게 업데이트하는 능력이다. 역시 논란이 상당히 많은 분야다. 한 예로, 23편의 작업 기억 훈련 연구 결과를 검토한 한 메타 분석은 작업 기억 훈련이 그 훈련에 포함된 특정 과제에서의 수행력은 향상시켰지만 이 효과가 오래가지 못했고, 인지 기능의 다른 영역으로 전이되지 않았다는 사실을 발견했다.[23] 따라서 훈련을 통해 자제력을 향상시킨다는 것이 가능성은 있지만 아직까지 현실로 다가오지 않았다.

그렇다면 억제는 어떨까? 행동 변화에서 억제와 자제력의 역할에 중점을 둔 연구 분야가 있다. 우리는 제5장에서 이미 연구 결과를 통해 기본적인 억제 통제 프로세스와 행동 변화 사이의 연관성이 생각보다 약할 수 있다는 사실을 확인했다. '전반적인' 억제 통제를 훈련하는 대신 대다수의 연구들은 음식 또는 약물처럼 특정한 유형의 자극에 대한 반응을 억제하도록 사람들을 훈련시켜 이런 대상에 대해 오랫동안 지속되는 억제 반응을 키우는 것을 목표로 한다. 특정 종류의 음식에 대한 반응을 억제하도록 훈련하는 것이 해당 음식에 대한 소비 저하로 이어졌다는, 적어도 실험실 내 환경에서는 그랬다는 결과를 보여주는 소규모 연구들이 있다. 하지만 내가 속한 실험실이나 다른 여러 실험실에서는 이 효과를 재현하는 데 실패했고, 여러 대규모 시험에서도 억제 훈련이 실험실 밖에서 행동을 변화시킬 가능성에는 그리 낙관적이지 않았다.

이를테면 한 무작위 대조 시험에서는 음주량을 줄이고 싶은 사람들을 대상으로 세 종류의 억제 통제 훈련을 비교했다.[24] 한 조건에서는 '한다/안 한다'go/no-go(특정 자극에 대한 반응을 측정하는 실험 — 옮긴이) 테스트를 이용해 피실험자들에게 한쪽 귀퉁이에 글자가 새겨진 사진을 제시했다. 피실험자들은 특정 글자가 포함된 사진에는 반응을 해야 하고 다른 글자가 새겨진 사진에는 반응을 참아야 하는 과제를 수행했다. 피실험자들 모르게 '안 한다' 자극은 항상 알코올 관련 이미지와 함께 등장했다. 두 번째 조건은 앞에서 나왔던 정지신호 과제로, 정지신호는 50퍼센트의 확률로 알코올 이미지와 함께 제시됐으나 알코올과 무관한 이미지에는 나오지 않았다. 이 두 조건의 목표는 억제와 알코올 자극을 연관시켜 이후의 알코올 소비를 저하시키는 데 있었다. 참가자들은 한 달 이상 온라인으로 이 훈련 세션을 진행했고, 음주 다이어리도 작성했다. 그 결과, 연구가 진행되는 동안 피실험자 전원(실험집단과 통제집단 모두)이 술을 덜 마시긴 했지만 실험집단의 음주량이 통제집단과 비교해 더 많이 감소하지는 않았다. 이러한 결과는 억제 훈련이 실험실 밖에서도 행동을 변화시키는 경우가 일부 가능하긴 하지만 엄격한 임상시험 내에서 검증받는 과정을 거쳐야만 함을 의미한다.

금연에 실패하면 KKK에 무조건 기부하기

성공적인 작전을 계획하는 비결은 미래에 벌어질 수 있는 상황을 예측하고 만일의 사태에 대비하는 것이다.

_미군 야전교범

행동 변화에서 근본적인 장애물이 되는 의도-행동 격차intention-behavior gap 는 많은 이들이 행동을 변화시키기로 결심하지만 변화가 일어나기 위해 필요한 조치를 실제로 취하는 데는 실패하는 현상을 가리킨다. 행동을 변화시킨다는 아무리 좋은 의도도 어떻게 이행할지에 대한 계획이 없다면 아무런 소용이 없다. 당신이 금연을 하고 싶어 한다고 가정해보자. 어떤 상황에서 담배를 피우고 싶은 유혹이 일고, 또 이런 환경에 처했을 때 흡연하지 않기 위해 어떻게 하겠는가? 행동 변화 연구 분야에서는 변화를 어떻게 실현할 것인지에 대해 이렇듯 상세한 이프-댄if-then 플랜(OO이면 OO을 하겠다는 가정을 세워 규칙을 만드는 것—옮긴이)을 세우는 것을 실행 의도implementation intentions 라고 하는데, 이것이 행동 변화의 효과성을 향상시킨다는 훌륭한 증거가 있다.

신체적 활동과 건강한 식습관 개입에 대한 대규모 메타 분석들은 실행 의도가 이러한 개입의 효과성에 긍정적인 영향을 미친다는 사실을 보여주었다. 이 연구들에서 실행 의도의 효과는 비교적 작았지만 계획이 더욱 구체적일수록 효과적일 확률이 높다는 점은 밝혀냈다.[25] 따라서 흡연자는 '누가 담배를 권하면 거절하겠다'는 식보다는 가능한 모든 유혹을 구체적으로 떠올려 어떻게 대처할지 생각해야한다. 예를 들면 이런 식이다. "내 친구 티나가 담배를 권하면 금연이라는 내 목표의 중요성을 떠올린 뒤 티나에게 제안은 고맙지만 1년 동안 금연하기로 노력 중이라고 말한다."

우리가 변화를 결심하고, 변화를 실행할 계획을 세운다 해도 막상 실제 상황이 닥치면 변화를 실천하는 데 실패할 때가 많다. 유명 팟캐스트인 '라디오랩'Radiolab의 '당신 vs. 당신'이란 제목의 에피소드에서 진행자들은 젤다 갬슨Zelda Gamson이라는 여든 살 여성을 인터뷰했다. 평생을 인종 평등 운동가로 살아온 젤다는 1984년에 버몬트에 사는 동료 활동가 메리 벨런키Mary Belenky를 방문했다. 30년 동안 담배를 피운 젤다는 여러 차례 금연을 시도했지만 늘 실패했다. 공항에서 젤다를 만난 메리는 젤다가 담배를 피우는 모습을 보고 이렇게 외쳤다. "젤다, 왜 아직도 담배를 피우는 거야?" 이 말에 젤다는 이렇게 답했다. "맞아, 그러니깐 끊으라고 하지 마!" 이 대답이 메리의 화를 돋웠고, 이후 젤다는 버몬트를 떠나며 메리에게 이렇게 말했다. "알겠어, 메리. 내가 다시 담배를 피우면 쿠 클럭스 클랜Ku Klux Klan(일명 KKK, 백인 우월주의 집단 ― 옮긴이)에 5,000달러를 기부할게!" 젤다는 이후로 담배를 태우려 할 때마다 KKK가 자신의 돈을 가져간다는 생각에 사로잡혔고, 다시는 흡연하지 않았다.

이런 식의 약속을 이행 장치commitment device라고 하는데, 행동 변화를 강화하는 데 효과적인 수단으로 알려져 있다. 한 연구에서는 4,000여 명의 참가자들을 대상으로 체중 감량을 목표로 인터넷 플랫폼에 돈을 맡기도록 해 이행 장치의 효과성을 실험했다.[26] 목표를 달성하지 못한다면 맡긴 돈은 친구나 자선단체, 또는 젤다의 이야기 속 KKK와 같은 '반-자선단체'로 전달되었다. 실험 결과 돈을 맡긴 사람들이 그렇지 않은 사람들에 비해 감량 목표 달성에 성공할 확률이 더욱 높았고, 이 중에서도 '반-자선단체'에 돈을 맡긴 사람들이 가장 성공적이었다. 몇 가지 증거를 통해 체중 감량을 위한 식단 조절에서는 공개적으로 알린다는 이행 장치가 특히나 효과가 높다는 것이 드러났다.[27]

변화를 실행하는 데 또 한 가지 중요한 측면은 개인의 노력이 실제로 효과가 있는지 피드백을 얻는 것이다. 실제 효과가 있을 때 주어지는 보상도, 효과가 없을 때 무언가를 달리 해야 한다는 피드백도 모두 중요하다. 행동 변화를 '관찰'하는 것이 성공의 중요한 요소라는 증거가 있다. 브라운 대학의 레나 윙Rena Wing은 국립 체중 조절 연구소에 등록된 사람들을 연구했다. 해당 기관은 10킬로그램 이상을 감량하고 이를 1년 이상 유지한 1만 명 이상의 사람을 연구했다. '성공적인 체중 감량자'의 공통적인 특징 중 하나는 몸무게를 지속적으로 관찰한다는 것이었고 이 중 절반에 가까운 사람들은 하루에 한 번

체중을 잴 정도로 면밀히 감시했다. 이는 자기 관찰이 감량에 중요하게 작용한다는 것을 보여준 다른 연구와도 일치한다. 이와 유사하게 자기 관찰이 지나친 알코올 소비를 줄이는 데(자신의 소비량을 기록하는 식으로) 도움이 될 수 있다는 증거도 있다.

성공적인 행동 변화를 위한 원칙

이번 장에서 소개한 다양한 연구에서 공통적으로 등장하는 핵심 사항이 몇 가지 있다. 행동 변화의 성공을 극대화하기 위해 우리는 이렇게 해야 한다.

- 원치 않는 행동을 촉발하는 상황을 더욱 잘 이해하기 위해서 환경을 면밀히 살펴야 한다.
- 트리거는 축소하고 바라는 행동은 더 독려되도록 선택 설계를 바꾼다.
- 변화를 어떻게 실행할지, 특정한 상황에서 어떻게 대응할지에 대해 이프-댄 규칙을 포함해 상세한 계획을 세운다.
- 목표를 향한 진행 상황을 면밀히 관찰하고, 진행이 잘 되지 않는다면 계획을 변경한다.

지금까지 이 장에서 소개한 연구들은 수십 년에 걸쳐 진화를 거듭

한 덕분에 유용한 지식을 전달하는 데 있어서는 신경과학보다 유리한 입장이다. 그럼 다음 장에서는 특정 두뇌 메커니즘을 더욱 직접적으로 겨냥해 행동 변화를 향상시키는 신경과학의 새로운 아이디어를 살펴보도록 하겠다.

제9장

'습관의 뇌'를 해킹하다

마구잡이 식이었던 기존의 행동 변화 접근법을 넘어서고 싶다면 행동 변화 기저에 자리한 두뇌 메커니즘을 더욱 잘 이해하고 이 메커니즘을 직접적으로 겨냥해야 한다.

지금껏 우리는 행동 변화를 향상시키기 위해 표적으로 삼을 수 있는 두 가지 메커니즘에 대해 살펴봤다. 행동을 유도하는 '습관 메커니즘'과 습관을 완전히 피하거나 또는 습관에 휘말렸을 때 곧장 그 고리를 끊어내게 해주는 목표 지향적 행동을 가동시키는 '집행 기능 메커니즘'이다. 이번 장에서는 이 두 메커니즘을 생물학적으로 겨냥할 수 있는 몇 가지 방법을 검토할 예정이다. 물론 아직 그 어떤 것도 강력한 근거를 통해 입증되지 못했고, 공상 과학 영역에 머물고 있는 것도 있지만 언젠가 신경과학에서 생물학적 표적화를 가능케 할 몇 가지 방법들이다.

나쁜 습관만 '삭제'시킬 수 있을까?

2~3년 전 몬트리올로 여행을 떠나던 중 이마에 여드름과 비슷하지만 아프지는 않은, 이상한 혹 같은 것이 만져졌다. 이후 몇 주 동안 혹이 계속 자랐고, 나는 결국 피부과 전문의를 찾아갔다. 의사는 조직 검사를 진행했고, 며칠 후 내게 선고를 내렸다. 피부암이었다. 생명을 위협하는 암은 아니었지만 바로 제거를 해야 했다. 한 시간이 채 걸리지 않는 간단한 수술로 이마에 있는 암을 제거했고, 다 낫고 난 후에는 상처도 거의 남지 않았다. 만약 나쁜 습관도 이렇게 할 수 있다면, 외과 수술의 정밀함으로 말끔히 도려내고 다른 행동에는 아무런 영향도 남지 않을 수 있다면 어떨까?

방법 1: 기억의 삭제

어떤 일을 겪으면 그 기억이 곧장 형성되는 듯 보이겠지만 사실 오래 유지되는 장기 기억이 형성되려면 훨씬 긴 시간에 걸쳐 '생물학적 프로세스'가 일어나야 한다. 이를 기억 공고화memory consolidation라고 한다. 영속적인 기억의 형성은 활성화된 뉴런 내에서 단백질 키나아제protein kinases라는 분자가 활성화되는 세포 과정에서 시작된다. 단백질 키나아제는 뉴런에서 몇 가지 중요한 영향을 발휘하고, 이 모든 영향은 결국 뉴런 간의 연결성을 강화시킨다. 첫째로, 단백질 키나아제는 시냅스에서 글루타메이트 수용체의 효과성을 변화시켜 이 수용체 세트가 활성화된 후에는 더욱 큰 효과를 발휘하게 한다. 또한 새로운 글루타메이트 수용체를 시냅스에 전달해 시냅스가 수신 신호에 더욱 민감해지도록 한다. 장기적으로는 단백질 키나아제는 시간이 흘러도 기억을 유지할 수 있도록 뉴런의 구조를 변화시키는 데도 관여한다.

기억 공고화에서의 역할로 많은 관심과 동시에 논란을 사는 분자인 PKM-제타zeta(포유류의 단백질 키나아제 C의 제타 동형 단백질을 가리킨다)는 뉴욕 주립대학의 토드 색터Todd Sacktor가 발견했다. 대부분의 단백질 키나아제는 기억 형성의 초기 단계에 관여하는 반면 2007년 색터와 그의 동료들이 발표한 놀라운 연구가 보여준 바에 따르면, 이 단백질 키나아제는 시간의 경과에 따라 기억을 '유지'하는 데에만 관여한다.[1]

대다수의 사람들에게 한 번 배탈이 난 후부터 계속 혐오하게 된 음식이 있을 것이다. 신경 과학자들은 이를 조건적 미각 혐오conditioned taste aversion라고 부르는데, 아주 강력한 학습 방식이다. 원인 모를 병에 걸렸던 것이 벌써 40년도 더 지난 일임에도 나는 아직까지도 소고기 보리 스프를 보면 속이 뒤집힌다. 색터와 그의 동료들은 우선 특정 맛에 대한 혐오를 생성하기 위해, 쥐가 특정 맛을 처음 먹어본 직후에 염화리튬을 주입했다(처음 먹어보는 맛이 조건적 미각 혐오로 이어질 확률이 가장 높다). 이런 식의 학습은 두뇌 속 뇌섬엽insula이라는 맛과 관련된 특정 부위에 의존한다. 모든 쥐들이 메스꺼움에서 회복된 후에도 새로운 맛을 피하며 조건적 미각 혐오를 보였다. 실험 후 사흘이 지나 몇몇 쥐들에게는 PKM-제타의 활성을 억제하는 ZIP이란 약물을 뇌섬엽에 직접 주입했고, 다른 쥐들에게는 플라시보를 주입했다. 놀랍게도 ZIP을 주입받은 쥐들은 미각 혐오를 아주 빠르게 잃었고, 한 달이 지난 후에도 혐오 반응이 돌아오지 않았다. 다소 논란의 여지는 있지만 이 효과는 몇 번이나 재현되었다. 2013년 연구진 두 팀은 생쥐들의 유전자를 조작해 PKM-제타를 생성하는 능력을 없앴음에도 학습 능력과 기억은 정상적으로 기능했다고 보고했다. 이는 PKM-제타가 결과적으로 장기 기억에는 필요하지 않을 수도 있다는 사실을 암시했다. 2016년, 색터와 그의 동료들은 유전적으로 조작된 생쥐들이 다른 단백질 키나아제를 이용해 사라진 PKM-제타의 빈자리를 채웠다고 밝혔다(하지만 몇몇 연구자들은 여전히 이 결과가 논란을 완전히 해소한 것인지에 대해 의문을 갖고 있다). PKM-제타는 신경 가소성이 벌어지는 동안 발생하는 시냅스의 변화를 안정시키는 데 도움을 주는 방식으로 학습에 영향을 미치는 듯하다. 가소성의 기저에 자리한 메커니즘 중 하나는 활성화된 시냅스 내에 새로운 글루타메이트 수용체가 등장하는 것이다. 이 글루타메이트 수용체가 시냅스 후부의 뉴런을 인풋에 더욱 민감하도록 만들어 시냅스를 강화하는 방식이다. PKM-제타는 생성되면(시냅스 수신부가 있는) 가지돌기로 방출된다. 활성화되자마자 꺼지는 다른 단백질 키나아제와 달리 훨씬 오랫동안 활성화되는 PKM-제타는 새로운 글루타메이트 수용체가 사라지지 않도록 하는 역할을 한다.

 PKM-제타를 조작해 인간의 습관 기억을 삭제하는 것은 여전히 머나먼 일이지만, 약물 중독에 대한 습관 기억은 삭제할 수 있을지도 모른다는 증거가 점차 늘어가고 있다. 쥐를 대상으로 한 여러 연구에서 ZIP 약물을 측좌핵에 주입하자 쥐들이 약물을 받던 위치에 대한 장소 선호가 중단되었다.[2] 또 다른 쥐 연구에서도 ZIP이 운동 습관에 관여하는 선조체 영역에 저장되었던 습관 기억을 분열시켰다.[3] 언젠가 이러한 약물로 중독에 대한 기억 부분만 깔끔하게 삭제하는 게 가능하지 않을까 하는 상상이 되겠지만 이것이 불러올 여러 문제점이 아직 남아 있다. 특히나 약물의 효과가 다른 부위로 퍼질 가능성이 커 두뇌의 특정 영역과 관련해 어떤 기억이든 삭제될 우려가 있다. 이런 이유로 '특정 기억'만을 훨씬 '구체적으로' 삭제할 가능성을 지닌 또 다른 접근법에 더욱 뜨거운 관심이 쏟아지고 있다. 바로 재공고화reconsolidation 다.

방법 2: 기억의 와해

오랫동안 기억이란 한 번 자리를 잡고 나면, 즉 공고해지면 그 상태로 안정화된다고 여겨져왔다. 그러나 1968년 처음 발견되고[4] 이후 2000년 카림 네이더Karim Nader와 조 르두Joe LeDoux가 재발견한[5] 한 현상이 이 도그마를 완전히 뒤집었다. 네이더와 르두는 실험에서 쥐들이 특정 소리에 두려움을 갖도록 해당 소리가 들릴 때마다 발에 전기 충격을 주며 훈련시켰다. 몇 번 경험하고 나자 쥐들은 해당 소리에 두려움을

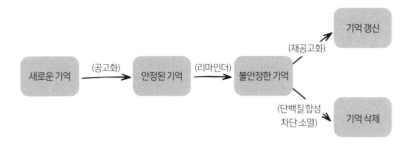

[그림 9.1] 기억이 공고화되는 과정

기억은 처음 공고화 과정을 통해 굳어진다. 기억이 재활성화되면 불안정해지고, 다시 안정되기 위해서 반드시 재공고화를 거쳐야 한다. 약물을 통해서든 아니면 어떤 조작으로든 이 재공고화 과정을 차단하면 기억이 상실될 수 있다.

느끼며 얼어붙었다. 새로운 단백질 생성을 저해시키는 약물을 학습이 일어난 직후 주입하면 기억이 장기적으로 공고화되는 것을 막을 수 있지만, 학습 후 한 시간이 지나고 약물을 주입하면 소용이 없다는 것은 당시에도 이미 알려진 사실이었다. 기억의 재활성화에 대한 기존의 아이디어를 발판 삼아 제이더와 르두는 약물을 주입하기 직전, 쥐에게 이전의 경험을 연상시키면 공포 학습의 바탕에 자리한 기억 흔적이 불안정해질 수도 있을 거라고 직감했다. 이를 시험하기 위해 두 사람은 쥐에게 처음 소리에 대한 공포를 훈련시키고 하루가 지난 뒤, 다시 상자 안에 쥐를 넣고 같은 소리를 재생한 후(이번엔 전기 충격을 주지 않았다) 새로운 단백질의 생성을 차단하는 약물을 주입했다. 다음 날, 이 쥐들은 똑같이 리마인더 소리를 들었지만 비활성 물질이 주입된 쥐들에 비해서 두려움에 몸이 얼어붙는 증상을 훨씬 덜 보였고, 이는 리마인더 소리가 기억을 불안정하게 만든 탓에 기억을 유지하는 데 추가적인 단백질 합성이 필요하다는 방증이었다. 두 사람은 이 현상을 '재공고화'라고 명명했고, 이후 이는 학습과 기억의 신경과학 분야에서 대단한 관심을 받는 주제가 되었다. 그림 9.1은 재공고화 개념을 도식화한 것이다.

재공고화에 관한 초기 연구 다수는 공포 학습에 초점을 맞췄지만 연구자들은 재공고화가 보상과 관련한 습관에도 영향을 미칠지 관심을 갖기 시작했다. 조너선 리Jonathan Lee와 베리 에버릿은 이를 실험하기 위해 쥐에게 불빛이 나타날 때 특정 레버를 누르면 코카인을 받을 수 있다는 것을 훈련시켰다.[6] 재공고화를 실험하기 위해 두 사람은 쥐들에게 (코카인 없이) 불빛을 보여주며 기억을 상기시킨 뒤 새로운 단백질의 합성을 차단하는 약물을 주입했다. 연구진은 쥐들이 불빛과 코카인을 연관 지었으리라 보고 쥐들이 불빛이 등장하도록 만들기 위해 레버를 누르는지 관찰했다. 단백질 생성을 차단하는 약물을 주입받지 않았던 쥐들은 코카인과 연관된 불빛이 들어오려면 레버를 눌러야 한다는 것을 빨리 학습했고, 학습 전에 리마인더 불빛을 받지 않았던 쥐들도 마찬가지였다. 하지만 리마인더와 단백질 차단 약물을 받은 쥐들은 레버를 누르면 불이 들어온다는 것을 배우지 못했다. 앞서 불빛이 코카인과 관련이 있었다는 사실을 까맣게 잊은 것처럼 말이다.

베이징 대학의 린 위Lin Yu와 동료들이 진행한 한 연구에서는 한 발 더 나아가 약물 기억이 새로운 단백질 생성을 방해하는 약뿐만이 아니라 경험에 의해서도 차단될 수 있음을 보여주었다.[7] 쥐들은 먼저 케이지 내 특정 위치와 모르핀 또는 코카인 주입을 연관시키는 법을 배웠다. 이후 이 쥐들을 약물 없이 짧은 시간 동안 케이지 안에 다시 넣어 이 연관성을 상기시켰다. 약간의 지연 후 약물을 제공하지 않고 아주 긴 시간(세 시간) 동안 케이지 안에 다시 넣었다. 특정 위치와 약물의 연관성을 없애려는 의도였다. 앞서 텍사스 대학의 마리 몽피스Marie Monfils는 이런 식의 소멸 치료가 공포 기억을 성공적으로 수정modification할 수 있다는 것을 밝혀냈지만, 이는 리마인더 후 약 10분에서 한 시간까지로 특정 시간 내에서만 가능했다. 린 위와 동료들은 소멸 훈련에 선행되는 리마인더가 약물에 대한 쥐의 기억을 수정했고 약물 추구 행동도 사라졌지만, 이는 리마인더가 소멸 훈련 10분 전에 실행되었을 때만 해당되었다. 여섯 시간이 지난 후의 소멸 훈련은 기억의 변화를 가로막았다. 이는 재공고화가 경험 후 비교적 짧은 시간 내에 벌어지는 생물학적 프로세스에 의존한다는 것을 증명했다.

쥐에게서 얻은 결과를 보며 린 위와 동료들은 헤로인 중독자들에게도 이 접근법을 적용할 수 있을지 의문이 생겼다. 임상적 도구로서 재공고화라는 개념은 사실 수십 년 전, 이 방법으로 문제적 생각 습관을 삭제할 수도 있다고 제안한 한 연구에서 이미 등장한 바 있다. 1976년 정신과 의사인 리처드 루빈Richard Rubin이 한 무명의 정신의학 저널에 강박, 충동, 편집 망상을 앓는 28명의 정신과 환자를 연구한 짧은 보고서를 발표했다.[8] 당시에는 정신병원에서 여러 다양한 정신병에 대한 선택 치료로 흔히들 '충격치료'라고 하는 전기경련 요법electroconvulsive therapy, ECT을 활용했다. 연구에 참가했던 환자들 대다수가 이전에 ECT 치료를 받았지만 별다른 반응이 없었고, 루빈은 치료 당시 환자들이 부상을 방지하기 위해 마취된 상태였던 것이 문제였다는 가설을 세웠다. 그는 치료 중에 환자가 강박이나 충동을 내보인다면 이것이 기억상실을 일으켜 괴로운 생각을 '치유'할 수 있을 거라 믿었다. 그가 보고한 결과는 인상적이었다. "단 한 차례의 ECT로 모든 환자들이 극적으로 호전되었으며 그 상태는 3개월에서 10년째 유지되고 있다. 환자 한 명은 9개월 후 재발했지만 추가 치료를 받고 회복되었다."

린 위와 동료들이 진행한 헤로인 중독자 연구에서는 한 시간 동안 약물 관련 영상과 사진을 보고, 가짜 헤로인을 이용해 약물 관련 신호를 다스리는 소멸 프로그램을 진행했다. 앞에서 나온 쥐 연구처럼, 실제로는 약물을 제공하지 않고 자극을 경험하도록 해 약물 기억에 개입했다. 어떤 참가자들에게는 소멸 훈련이 시작되기 10분 전 또는 여섯 시간 전에 약물 신호가 담긴 짧은 영상을 리마인더로 제공했다. 피실험자들의 생리적 반응을 측정한 연구진은 리마인더가 제공되고 10분 후 진행된 소멸 훈련으로 헤로인 갈망 감소가 6개월 후까지 지속되었다는 것을 발견했다. 물론 이 연구도 한 집단이 22명밖에 안되는 비교적 소규모 연구이기에 훨씬 큰 규모의 실험으로 검증해야 하는 단계가 남아 있다.

재공고화는 이후 여러 임상적 장애, 특히나 외상 후 스트레스 장애를 치료하는 데 테스트되었지만 엇갈린 결과가 나왔다. 효과의 신뢰성과 보편성을 둘러싼 의문점이 여럿 등장했고, 이에 대해 2017년 한 연구진은 "재공고화의 분열을 실행 가능한 임상적 개입으로 활용하는 정도에는 의문의 여지가 있다."고 결론 내렸다.[9] 정리하자면 재공고화는 현재로서 추가적인 입증이 필요하나 잠재적으로 유망한 기법이라 할 수 있다.

"제가 흡연자라는 것을 잊었어요."

제5장에서 이야기했던 뇌 병변이 정신 기능에 뜻밖의 변화를 야기할 수 있다는 내용을 기억하는가? 아이오와 신경학 환자 연구소의 환자들을 대상으로 한 안톤 베차라Antoine Bechara의 연구에서 약물 갈망을 감소시킬 가능성과 직접적인 연관이 있는 뇌 병변의 '흥미로운 부작용'이 발견되었다.[10] 베차라와 동료들은 앞서 언급했던 영역인 뇌섬엽에 손상을 입은 19명의 흡연자와 두뇌의 다른 부위가 손상된 50명의 흡연자를 검사했다. 뇌섬엽은 우리가 흔히 '육감'이라 부르는 신체 내부에서 오는 정보를 포함해 다양한 감각 정보를 통합하는 데 관여한다. 환자의 뇌 병변 전과 후 흡연 행동이 어떻게 달라졌는지 검사한 베차라는 뇌섬엽 외부 영역에 손상을 입은 환자들은 극히 소수만이 담배를 끊었지만, 뇌섬엽 안에 병변이 있는 환자는 3분의 2가 담배를 끊었다는 사실을 발견했다. 한 환자를(이제부터 그를 'N'이라 칭하겠다) 기록한 보고서는 뇌 병변이 흡연 욕구와 관련이 있다는 점을 시사한다.

뇌졸중 전에 그는 금연을 시도한 적도 없었고, 그럴 마음도 없었다. 뇌졸중이 오기 전 저녁에 태운 담배가 N의 마지막 담배였다. 금연 이유를 묻자 그는 그저 이렇게 말했다. "제가 흡연자라는 사실을 잊었습니다." 좀 더 자세히 설명해달라고 하자 그는 자신이 흡연자였다는 사실을 잊었다기보다는 "제 몸이 담배를 피우고 싶은 욕구를 잊었습니다."라고 덧붙였다. 그는 입원 기간 동안에도 바깥으로 나가 흡연할 기회가 있었음에도 담배를 피우고 싶다는 욕구를 느끼지 않았다. 기존에 그의 중독 정도를 알았던 아내는 병원에서 그가 담배를 피우고 싶어 하지 않는다는 사실에 놀라워했다. N은 병실을 함께 쓰는 환자가 담배를 태우러 자주 나갔고, 다시 병실에 들어올 때 풍기는 담배 냄새가 너무 역해서 병실을 바꿔달라고 부탁했다고 말했다. 그는 뇌졸중 전에는 즐겁기만 했던 담배를 꿈에서 피웠는데 이제는 역겹게 느껴졌다고 설명했다.

몇몇 연구들이 이 초기 연구 결과를 재현해내며 뇌섬엽 병변이 흡연에 미치는 영향력의 신뢰 정도가 매우 높다는 것을 보여주었다.

만약 뇌섬엽 병변이 흡연 감소만을 유발한다면 해당 영역의 병변에 정신외과적 수술을 하여 중독을 멈출 수 있지 않을까 하는 생각이 들 수 있다. 하지만 두뇌의 모든 영역이 그렇듯 이 영역의 병변은 심혈관계 기능, 미각 지각, 통증 지각의 손상과 더불어 정서와 동기에도 영향이 생기는 등 다양한 부작용이 생길 수 있다. 따라서 이러한 위험을 생각했을 때 뇌섬엽의 병변에 정신외과적 수술을 하는 방법은 윤리적이지 않다. 색터가 미각 혐오 기억을 삭제했듯이 ZIP과 같은 약물을 이용해 뇌섬엽 속 갈망에 대한 기억 공고화를 저해하는 상상을 할 수도 있다. 하지만 이러한 기억 교란은 인간에게서 시연된 적이 없고, 잠재적인 위험도 밝혀지지 않았다. 실제로 ZIP가 두뇌의 몇몇 세포에 유독하다는 증거가 있어 중독 행동 감소라는 이득을 상회하는 뜻밖의 부작용이 생길 수도 있다.

좀 더 안전한 방법으로 두뇌를 조작할 수 있는 또 하나의 가능한 방법은 (제5장에서 소개한) 경두개 자기 자극법 또는 TMS라는 두뇌 자극법이다. 이 기법은 두뇌의 특정 영역의 활동성을 억제하거나 향상시킬 수 있지만 상대적으로 넓은 부위만을 표적으로 삼을 수 있다. TMS는 현재 우울증 치료용으로 승인된 상태다. 전기경련 요법보다 훨씬 쾌적한 대안으로, 우울증을 앓는 사람들 가운데 일부에게서 효과가 나타났다. 제대로 시행된다면 부작용도 아주 적은 편이고 이미 여러 연구에서 식이 장애와 약물 중독을 포함해 다양한 중독 장애에서 TMS 치료법을 실험한 바 있다. 이렇게 몇몇 실험 결과들은 가능성을 보여주고 있지만, 중독 장애의 치료법으로 두뇌 자극의 사용을 뒷받침하는 근거는 아직 충분치 않은 수준이다.

습관을 없애지 않고 조절할 수 있다?

이 책 곳곳에서 동물 모델에서 광유전 자극이 얼마나 강력하고 정밀하게 작용할 수 있는지 확인한 바 있다. 제6장에서 생쥐들의 안와전 두피질과 측좌핵 사이의 연결에 광유전 자극을 주었더니 강박적인 마약 복용이 사라졌던 것처럼 말이다. 인간을 대상으로 한 광유전 자극의 전망이 어쩌면 초현실적으로 느껴지지만 사실 이미 테스트 중에 있다.

2019년을 기준으로 시력 상실을 유발하는 망막 질환인 망막색소 변성증의 광유전 치료의 효과 가능성과 안정성을 실험하는 초기 임상시험 두 건이 진행 중에 있다. 광유전적으로 세포를 자극하기 위해서는 빛에 민감한 특수 이온 통로를 세포에 삽입해야 한다. 실험 동물에게는 유전공학을 통해 가능하지만 인간에게는 바이러스를 활용하는 유전자 치료(이온 통로가 될 유전자를 세포의 DNA에 삽입)로만 가능하다. 이런 유전자 치료가 아직 초기 단계에 있고, 유전자 조작에는 아직 밝혀지지 않은 잠재적 위험이 항상 존재한다. 1999년, 유전자 치료의 가장 초기 임상시험 중 10대였던 제시 겔싱어Jesse Gelsinger의 사망 사건이 널리 보도되며 해당 치료의 잠재적 위험이 확실하게 드러났다. 겔싱어는 간 유전 질환을 앓았고, 부모님이 제 기능을 하지 못하는 유전자를 새로운 정상 유전자로 대체하는 임상시험에 그를 등록시켰다. 하지만 간에 새로운 유전자를 전달해줄 변형된 감기 바이러스를 주입한 후 겔싱어는 심각한 염증 반응을 보였고 장기부전으로 며칠 뒤 사망했다. 몇 년 후 유전자 치료법에 대한 연구는 훨씬 더 강력해진 안전장치와 함께 회복세에 접어들었고, 낫적혈구 질환을 포함한 질병을 치료하는 데 성공적인 모습을 보였다. 안전성만 검증된다면 두뇌 속 특정 통로를 광유전학적으로 자극하는 기술은 행동을 변화시키는 데 대단한 잠재력을 지닐 수 있다. 그러나 뇌 수술이 동반되는 치료인 만큼 상당한 위험을 감수할 정도로 아주 심각한 행동 장애에서만 행해져야 할 것이다.

MIT의 앤 그레이비엘과 동료들이 진행한 특별한 연구를 통해 습관을 고치는 데 광유전학의 활용 가능성을 살짝 엿볼 수 있다. 연구진은 쥐들이 마크 패커드의 미로(제4장에서 이에 대해 소개했다)를 달리도록 훈련시켰고, 이후 가치가 낮아진 보상을 위해 계속 쥐들이 달리는 모습을 보며 쥐들에게 습관이 생겼다는 사실을 파악했다. 그런 다음 광유전 자극의 한 방식을 이용해 일시적으로 변연계아래피질의 뉴런을 억제하자 거의 즉각적으로 쥐들의 행동을 저하된 가치에 다시 민감해지도록 만들 수 있다는 것을 발견했다. 즉, 연구진은 습관적 행동을 다시 목표 지향적 행동으로 돌려놓았다. 여기서 끝이 아니다. 놀랍게도, 새로운 습관을 형성한 쥐들의 변연계아래피질을 비활성화시키자 쥐들은 원래의 습관으로 되돌아갔다. 이는 광유전 자극이 기존의 습관을 '없앤' 것이 아니라 변연계아래피질이 행동을 통제하는 정도를 '조절'했다는 의미였다.

이런 접근법을 인간에게 적용하는 데는 한 가지 어려움이 있으니, 인간에 있어 설치류의 변연계아래피질에 해당하는 영역이 어느 곳인지 정확히 모르고(아마도 복측 전전두피질일 듯 싶지만), 이 영역은 종마다 매우 다르게 기능할 것이 분명하기 때문이다. 인간 시험을 시행하려면 수십 년까지는 아니더라도 수 년은 더 걸려야 하겠지만 그럼에도 이 연구는 심각한 중독 행동을 통제하는 데 있어 가장 훌륭한 단서 중 하나를 제공해주었다.

약으로 행동 변화를 이뤄내는 법

약이 집행 기능을 얼마나 급진적으로 향상시킬 수 있을지 보고 싶다면 주의력 결핍 과다행동 장애ADHD를 앓는 사람이 메틸페니데이트(리탈린)와 같은 각성제를 섭취할 때 어떤 일이 벌어지는지 지켜보면 된다. 성인 ADHD 환자인 마이크 버번스는 리탈린을 섭취할 때와 그렇지 않을 때의 경험을 다음과 같이 묘사했다.[11]

> 약의 존재 또는 부재는 내가 경험하는 모든 것에 영향을 미친다. 내 혈관에 처방받은 암페타민 약 기운이 돌고 있느냐에 따라 이케아에서의 쇼핑은 재밌는 경험이 되거나 지루함과 좌절감이 뒤섞인 엄청난 시련이 될 수 있다. (…) 약이 없으면 어딘가 절단되었지만 이를 대신할 인공 기관도 없는 신세다. 지루함은 고문이 된다. 이케아는 아부그라이브 교도소가 된다. 그러다가 약을 먹고 나면 모든 것이 평온해진다. 소음이 사라지고 에너지는 여전하지만 이제는 목적이 생긴다. 한 시간 전만 해도 여기저기 흩어졌던 집중력이 초점을 찾는다. 투광등이 레이저로 바뀌는 것 같다고 사람들한테 항상 말한다.

메틸페니데이트의 효과 중 특히나 흥미로운 점은 이것이 ADHD 환자에게 처방되는 암페타민과 아주 밀접한 관련이 있는 '각성제'라는 것이다. 사람들을 안절부절못하게 만들고 흥분시키는 약이 어떻게 집중력 있고 침착하게 만들 수 있다는 걸까?

메틸페니데이트는 전전두피질에 있는 카테콜아민(도파민과 노르아드레날린)이라고 하는 여러 신경전달물질의 양을 증가시키는 방식으로 집행 기능에 영향을 미친다. 메틸페니데이트와 같은 각성제가 집행 기능을, 특히나 ADHD를 앓는 사람들의 집행 기능을 향상시킬 수 있다는 뚜렷한 증거가 있다. ADHD를 앓지 않는 많은 사람들이 각성 효과 때문에 이런 약물을 사용함에도 건강한 사람들에게서의 인지적 효과에 대한 증거는 그 명확성이 떨어진다. 펜실베이니아 대학의 마사 패라Martha Farah와 그녀의 동료들이 진행한 한 메타 분석을 통해 건강한 사람들의 인지 기능에 있어 각성제의 효과는 기껏해야 미미한 수준이라는 것이 밝혀졌다.[12] 그럼에도 이러한 약물을 지속적으로 사용하는 이유는 아마도 인지보다는 동기부여에 미치는 효과 때문일 것이다. 한 연구에서는 ADHD 치료제로 유명한 d-암페타민은 ADHD가 없는 건강한 피실험자들이 플라시보를 복용했을 때와 비교해 작은 보상을 위해 버튼을 빠르게 눌러야 하는 과제에서 더욱 열심히 매진하게 만들었다.[13]

각성제가 행동 변화를 향상시키는지 실험한 연구는 찾지 못했다. 이 주제를 실험하는 데 따른 한 가지 문제는 각성제 자체가 중독성이 있어 어쩌면 나쁜 습관을 다른 나쁜 습관으로 대체하는 위험이 생길 수 있다는 것이다. 하지만 ADHD를 앓는 사람들에게는 특허나 집행 기능을 향상시키는 각성제의 이점이 행동 변화에 잠재적인 영향으로 작용했을 수 있다.

'개인 맞춤형 습관 치료'를 꿈꾸며

의료계에서 개인 차원의 더욱 정밀해진 진단을 바탕으로 질병에 대한 '개인화된 치료' 가능성을 둘러싸고 굉장한 흥분이 일고 있다. 바로 정밀의학precision medicine이라고 알려진 분야다. 질병을 치료하는 데 있어 개개인마다 치료에 반응하는 양상이 크게 다르다는 깨달음에서 시작된 이 연구는 암 치료 부문에서 특히 두드러진다. 특정 치료에 대한 개인의 반응은 암세포 속 유전적 돌연변이의 분자적 특징에 따라 상당히 다양하기 때문이다.

암 치료 외에도 구체적인 유전적 변형체가 약의 효과성에 대한 미치는 영향이나 특정 부작용의 가능성에 대한 정보를 표기하는 제약회사들이 점점 늘어가고 있다. 2020년 6월을 기준으로 미국 식품의약국은 특정한 생체표지자biomarker[14]의 존재 또는 부재에 따라 효과가달라질 수 있는 비종양 치료 240개와 종양 치료 164개의 목록을 작성했다. 생체표지자란 환자들이 어떤 치료에서 가장 큰 수혜를 입을지, 반대로 잠재적 부작용을 고려해 어떤 치료를 피해야 하는지를 밝히는 데 활용되는, 측정이 쉬운(유전적 변형체나 다른 생물학적 차이와 같은) 표지를 의미한다.

행동 변화의 맥락에서 정밀의학 앞에 놓인 난관은 생체표지자를 어떻게 밝히고 또 생체표지자와 가능한 치료법의 연관성을 어떻게 판단할 수 있냐는 것이다. 최근 두뇌 이미징을 이용해 정신건강 장애의 치료 결과를 향상시키는 데 도움을 주는 생체표지자를 밝히는 것을 두고 상당한 관심이 일고 있다. 한 가지 유명한 사례는 2017년 코로 리스톤과 그의 동료들이 발표한 연구로, 해당 연구에서는 fMRI를 이용해 우울증의 다양한 아형subtypes에 따른 잠재적 두뇌 생체표지자를 밝혔다.[15] 연구진은 휴지상태 fMRI를 활용해 두뇌 연결성의 패턴을 검사했다. 서로 다른 두뇌 영역 간 활동성의 상관관계를 검사하고, 환자를 연결성 패턴에 따라 집단별로 분류해 연구진은 우울증의 네 가지 '생물형'biotype을 밝혔다. 연구진은 더 나아가 서로 다른 생물형을 지닌 사람은 치료 반응이 다르다는 점을 경두개 자기 자극법으로 보여주었다. 이 연구에서 밝힌 생물형의 재현성에 의문점이 일부 제기됐긴 했지만 그럼에도 두뇌 기능과 연관된 다양한 조건의 생체표지자를 개발하는 두뇌 이미징의 가능성을 보여주었다.[16]

인지 과제에서의 수행력과 같은 행동 측정은 두뇌 이미징에 비하면 그다지 화려하지 않지만 훨씬 낮은 비용으로 생체표지자를 제공해준다. 예컨대, 내가 진행한 연구에서는 행동을 측정하는 다양한 방법을 조합하는 것이 문제성 음주, 흡연, 비만과 등 행동 변화와 관련된 여러 결과를 예측하는 데는 유용했다.[17] 이 방식이 다양한 개입 전략의 반응을 모두 예측하는 데 유용한지는 아직 알 수 없지만, 이제부터 밝혀질 것이다. 모바일 기기를 이용한 행동 측정이 특히나 흥미로운 이유는 이것이 어쩌면 비침습적이고 저렴하게 다양한 '행동적 생체표지자'의 측정을 가능케 할지도 모르기 때문이다.

정밀의학의 맥락에서 관심을 끄는 또 다른 아이디어는 N-of-1 임상시험이다(여기서 'N'은 임상에 참가한 환자의 수를 의미한다).[18] 의학에서 치료가 얼마나 효과적인지 판단하는 최고 기준은 무작위 대조 시험이다. 연구 참가자들이 무작위로 해당 치료나 대조 치료에 배정되는 시험이다. 참가자들을 무작위로 치료군에 배정하는 방법은 환자나 의사가 치료를 선택할 때 생길 수 있는 편향을 최소화해준다. 하지만 이러한 임상시험의 문제는 모두가 치료에 같은 방식으로 반응하리라 추정하는 것인데, 수많은 치료를 통해 이것이 사실이 아님이 밝혀지고 있다. 이에 대안적인 접근법은 개인에게 다양한 치료를 시험해보는 것이다. 이것이 바로 N-of-1 임상시험의 취지다.

어떤 식으로 진행되는지 한 가지 예시를 들어 설명하자면, 알코올 소비량을 줄이기 위해 노력하는 사람이 있고, 의사는 이 사람에게 두 가지 의학적 치료법이 효과가 있을 것 같다고 판단했다. 알코올의 보상적 효과를 낮추는 날트렉손과 집행 기능을 향상시키는 구안파신이다. N-of-1 임상을 시행하기 위해 의사는 일정 기간(약 두 달) 동안 이 두 가지 약 중 하나를 처방하고, 이 약을 복용하는 동안 환자는 자신의 알코올 소비량을 기록한다. 이 기간이 끝나면 의사는 다른 약으로 전환해 환자에게 처방한다. 의사가 몇 차례 약을 번갈아 가며 쓸 수도 있고, 플라시보 약을 처방해 상태를 비교하기도 한다. 시간이 흐르면 해당 환자에게 둘 중 어떤 치료가 특히나 효과를 보이는지 분명해지기 마련이다. 행동 변화가 어려운 만큼 그 저변의 메커니즘이 매우 다양하기 때문에 행동 변화의 맥락에서 이 접근법이 효과적일 확률이 크다. 그러나 이런 임상시험은 아직 발표된 연구의 수가 적고, 이 연구들의 질도 비판을 받고 있는 바, 이 접근법이 결국 유용한지를 판단하기 위해선 대규모의 잘 통제된 연구들이 발표되길 기다려야 한다.[19]

미래의 정밀 행동 변화 치료법이 어떤 모습일지 바로 앞에 등장한, 술을 줄이기 위해 노력하는 사람을 사례로 상상해보자. 처음 의사를 방문하면 일련의 인지 테스트와 두뇌 연결성을 측정하기 위해 fMRI를 이용한 두뇌 스캔, 게놈 분석을 위한 혈액 검사를 진행할 것이다. 유전분석으로 다양한 문제에 대해 개인이 지닌 위험성과 더불어 알코올 보상에 대한 민감성, 집행 능력이 얼마나 떨어지는지 여부를 알수 있고, 인지 검사는 각 기능에 따라 특정 측면만을 측정하도록 맞춤형으로 설계됐을 것이다. 의사는 개인의 음주 문제의 기저를 이루는 두뇌 메커니즘을 밝히기 위해 두뇌 이미징 분석과 위의 다양한 검사 결과를 결합한다. 이 정보를 바탕으로 의사는 환자에게 가장 이득이 되는, 가능한 일련의 치료를 선택하고 N-of-1 시험으로 이 다양한 치료를 각각 또는 조합해 실험하게 된다. 행동 변화 문제의 기저에 있는 메커니즘을 이해하는 이런 접근법을 지금껏 이 책에서 소개한 신경과학 연구가 궁극적으로 제공할 수 있기를 바란다.

제1장에서 말했듯이 우리의 뇌는 보통 세상이 대체로 매일매일 같은 양상을 띤다고 추정하고, 이 기본적 사실이 습관 시스템의 진화를 이끌었다고 보고 있다. 하지만 세상이 순식간에 변화하는 때가 있다. 2020년 초 SARS-CoV-2 바이러스가 전 세계로 퍼져 코로나19 팬데믹을 초래한 것처럼 말이다.

의료 체계를 마비시킬 수도 있는 질병의 발발을 막고자 미국 지자체는 권고령을 내리기 시작했고 그로 인해 거의 모든 사람들의 일상 루틴이 심각하게 망가졌다. 3월 16일 자로 샌프란시스코 베이 에어리어 지역에 봉쇄령 내려진 후, 내 삶은 자동차, 기차, 자전거를 타고 매일 출근하던 생활에서 임시로 만든 홈 오피스에서 하루의 대부분을 보내는 생활로 바뀌었고 동료들, 학생들과 자주 개인적인 상호작용을 나누던 일상에서 온라인 미팅과 수업으로 빼곡한 나날로 달라졌다. 환자들이 넘쳐나는 이탈리아 응급실의 참상을 지켜보며 두려움에 떨었던 초기에는 얼굴을 만지는 것과 같은 단순한 습관에 민감해졌다. 질병의 전파를 막기 위해 공중 보건의 적으로 지정된 '피해야 할 행동 수칙' 상위에 오른 행동이었다. 뿐만 아니라 우리는 20초 이상 손을 씻도록 도와주는 '생일 축하 노래 부르면서 손 씻기' 같은 다양한 전략도 습득했다.

어떤 면에서는 코로나19 팬데믹이 이 책에 나온 많은 아이디어를 확인시켜주었다. 우리가 굉장히 의욕적일 때마저도 행동 변화는 매우 어려운 일이라는 사실이다. 얼굴을 만지지 않겠다는 강한 의지에도 불구하고 어느새 얼굴을 만지고 있었고, 시간이 흐를수록 손 씻기 습관이 팬데믹 이전에는 표준이었던 짧게 씻기로 슬금슬금 돌아갈 때가 많았다. 한편으로 팬데믹은 습관에 변화를 줄 때 환경이 얼마나 강력하게 작용하는지도 보여주었다. 예전에 캠퍼스로 출퇴근을 할 때는 단 음식을 먹지 않겠다는 굳은 목표에도 불구하고 오후 4시쯤이면 캠퍼스 카페로 가 초콜릿 칩 쿠키와 커피를 즐겼다. 샌프란시스코에서 코로나19 봉쇄 조치가 시작되자 카페로 걸어가 간식을 먹는 일이 불가능해졌고, 이 문단을 작성하고 있는 지금은 봉쇄 조치 약 3개월 차에 접어들고 있는 바, 그동안 달콤한 오후 간식을 하나도 누리지 못했다.

또 한편으로 팬데믹은 인간이 얼마나 빠르게 새로운 상황에 적응하는지도 새삼 보여주었다. 봉쇄 조치가 시작되고 몇 주 지나지 않아 운이 좋게도 원격 근무가 가능한 직업을 가진 사람들은 새로운 '사회적 거리두기' 라이프스타일에 정착했고, 이 생활이 충격적일 정도로 평범한 일상이 되었다. 팬데믹에 대한 반응으로 우리가 만든 변화들이 '평범한 삶'으로 돌아간 후에도 유지될지는 지켜봐야 한다. 대단히 효과적인 여러 백신들도 나왔으니까 우리가 다시 악수를 하고, 포옹을 하고, 얼굴을 만지던 생활로 돌아갈 수 있을까? 시간이 지나야 알게 되겠지만 이러한 습관들의 끈질김이 더 강하지 않을까 예상한다.

행동 변화의 과학이 풀어야 할 숙제

진화는 우리에게 구석기 시대에 훌륭하게 기능했던 두뇌를 선사했지만 현대 시대는 그러한 두뇌의 설계에서 몇 가지 버그를 발견했다. 사이버범죄가 컴퓨터 버그를 이용해 컴퓨터 시스템을 해킹하듯이, 현대의 마약 거래상, 식품공학자, 테크놀로지 디자이너 모두 두뇌의 취약점을 공략하는 법을 깨우쳤다. 이미 이렇게 된 이상 다시 과거로 돌아갈 수는 없을 것 같다. 말하자면 행동 변화는 인간이 평생 싸워야 할 대상이라는 뜻이다. 하지만 내가 보는 관점에서는 몇 가지 이유로 행동 변화 과학의 미래가 밝다.

첫째로, 연구가 점차 행동 변화 저변에 자리한 생물학적, 심리학적 메커니즘의 이해에 초점이 맞춰지고 있다. 이러한 메커니즘에 대한 지식으로 우리는 어떠한 치료가 효과적인지 뿐만 아니라 그것이 '어떻게' 작용하는지도 이해할 수 있다. 많은 질병을 둘러싸고 형성된 수준 높은 이해가 행동 변화에서는 아직 이뤄지지 않고 있지만, 신경과학과 심리학이 행동 변화의 근간을 이루는 메커니즘의 실체를 점점 더 명확하게 밝히고 있다. 지난 20년간 이뤄낸 신경과학 기술의 눈부신 발전이 행동 변화의 많은 부분을 밝혀내는 데 기여했고, 습관과 자제력 이면의 특정한 생물학적 메커니즘에 대해 상세한 지식을 제공해주었다. 한편 습관과 행동 변화에서 의지력의 역할에 대해 새로운 이해를 제공해준 것처럼 순수한 행동 연구 또한 많은 통찰력을 선사해주었다.

둘째로, 재현과 일반화가 가능한 연구법을 깨우쳐 가고 있다. 이 책 곳곳에서 작은 표본 사이즈나 행동에 대한 개별 유전자의 영향력 등을 언급하며 기존의 과학적 접근법이 신뢰할 수 없는 결론에 이르게 된 배경에 대해 간략하게 설명했다. 지난 10년간 과학 분야 내에서 '재현 가능성 운동'이 급성장하며 기존의 문제에 정면으로 대응하는 여러 전략이 개발되었고, 새로운 접근법들이 점점 더 표준으로 자리 잡는 중이다. 이런 의미에서 과학계 전반이 행동을 (적어도 사회의 다른 측면들에 비교하면) 비교적 빠르게 바꿀 능력을 보여주고 있다고 볼 수 있다.

나는 '오픈 사이언스'라고 부르기 시작한 개념에 특히나 빠져 있는데, 이것이 과학 연구의 질과 영향력을 크게 향상시킬 잠재성이 있다고 믿는다. 오픈 사이언스 운동의 이면에 자리한 목표는 새로운 발견을 가장 먼저 출판하려고 전쟁을 벌이다 연구의 질이 희생되는 경쟁적 문화가 아니라 투명성과 재현성에 집중한 과학 문화를 만들어가는 데 있다. 오픈 사이언스의 한 가지 중요한 측면은 데이터와 자료 분석에 사용되는 소프트웨어를 포함한 연구 자료들의 공유다. 우리가 연구한 바에 따르면 같은 데이터를 가지고도 연구자가 굉장히 다른 답을 찾아낼 수 있기에[1] 데이터와 소프트웨어를 함께 공유해 다른 연구자들이 어떠한 결과가 얼마나 일반화될 수 있는지 판단하도록 하는 것이 중요하다. 오픈 사이언스 운동에서 또 하나의 중요한 측면은 발표 논문의 오픈 액세스를 유도하는 데 있다. 논문 대부분이 유료로 읽어야 하는 저널에 실리고 있어 논문에 대한 일반인들의 접근이 제한되고 있다. 오픈 소스로 향하는 움직임이 특히나 성공적으로 나아가는 바, 미국 국립보건원의 자금을 지원받는 모든 연구는 펍메드 센트럴Pubmed Central(국립보건원 산하의 국립 의학 도서관에서 운영하는 전자 도서관 — 옮긴이) 데이터베이스를 통해 공개적으로 누구나 접근 가능하도록 해야 한다.

더욱이 오픈 액세스인 '프리 프린트'preprint(출판 전 논문 — 옮긴이) 웹사이트에 자신의 연구를 올리는 연구자들이 늘어가고 있어 연구에 대한 접근이 한층 쉬워지고 있다. 팬데믹 발생 후 처음 몇 달간 여러 사이트에서 수천 건의 연구가 올라오며, 이런 '출판 전 논문' 사이트가 코로나19 팬데믹 동안 굉장히 눈에 많이 띄기 시작했다. 물론 이런 사이트에도 한계가 있으니 논문이 동료 심사를 받지 못해 방법 또는 해석에서 오류가 있을 수 있다는 점이다. 하지만 공공의 담론이 가능한 덕분에 그 어떤 공중 보건 비상사태 때보다 훨씬 빠른 속도와 통찰로 바이러스와 질병에 대한 연구가 진행되고 있다.

개인의 행동 변화에서 사회적 행동 변화로

이 책에서 나는 개개인 한 명의 행동 변화에 중점을 두었지만 사실 인류는 지금 실존주의적인 위기 앞에 놓여 있다고 해도 과언이 아니다. 산업화된 도시의 탄소 집약적 라이프스타일이 불러온 기후변화가 바로 그것이다. 2020년 초 호주의 대규모 산불, 2019년 유럽의 폭염, 2017년 허리케인 하비는 기후변화가 거의 모든 인간의 삶에 심각한 영향을 끼칠 거라는 신호였고, 앞으로 이 신호는 점점 더 많아질 것이다. 전 세계 인간의 삶에서 대규모의 혼란을 막기 위해서는 개인의 그리고 집단의 행동에서 전면적인 변화를 감행해야 한다. 기후 문제를 해결하는 데 필요한 행동 변화의 규모는 불가해한데, 그 규모가 세계적이기 때문이다.

그렇다고 티핑포인트를 계속 외면하다가 기후변화에 대응해 더 이상 손쓸 수 없는 상황이 된다면 우리는 사회의 거의 모든 측면에서 거대하고도 급속한 변화를 맞이하게 될 것이다.[2] 많은 사람들이 지구에 끼치는 영향력을 줄이기 위해 개인의 삶에서 이미 변화를 만들어가고 있다. 나 개인적으로는 비행기 운항 시 발생하는 심각한 탄소 배출을 줄이기 위해 비행기를 타고 가야 하는 출장을 거의 없앴고 나의 과학자 동료들 다수도 이에 동참하고 있다.[3] 하지만 기후 재앙을 막기 위해선 개인의 변화뿐 아니라 궁극적으로는 사회적인 행동 변화가 필요하다. 이 책에서는 개인의 행동 변화에만 초점을 맞췄지만 여기서 더 나아가 심리과학은 사회 변화를 이끄는 요소에 통찰을 제시해야 한다.[4] 그리고 여기서도 결국은 개인의 희생이 필요하다. 이러한 사회 문제가 적용된 행동 변화의 과학이 우리 사회의 행동을 더욱 지속 가능한 길로 이끄는 데 도움을 주기를 바라는 마음이다.

감사의 글

먼저 이 책 초고를 읽고 상세하게 의견을 전해준 여러 동료들, 피터 밴더티니Peter Bandettini, 애런 블레이즈델Aaron Blaisdell, 줄리아 하스Julia Hass, 데이비드 옌츠David Jentsch, 콜린 클레인Colin Klein, 트레버 로빈스Trevor Robbins, 루크 스토켈Luke Stoekel에게 감사 인사를 하고 싶다. 이들의 정직하고 상세한 피드백이 이 책을 더욱 효과적으로 재구성하고 과학적인 이야기를 정확히 전달하는 데 중요한 도움을 주었다.

이 책의 초고 일부에 의견을 주고, 기술적인 질문에 답을 전해주고, 유용한 담론을 제공해준 에이미 안스튼, 조쉬 버크, 패트릭 비셋Patrick Bissett, 카일 버거Kyle Burger, 피어리 쿠시먼, 너새니얼 도우, 앤절라 더크워스, 폴 플레쳐Paul Fletcher, 데이비드 글란즈만David Glanzman, 케빈 홀, 롭 말렌카Rob Malenka, 얼 밀러, 리스베스 닐슨Lisbeth Nielsen, 에이미 올벤, 폴 필립스Paul Phillips, 제임스 프라우드James Proud, 빌 사브와Bill Savoie, 탐 숀버그Tom Schonberg, 카테리나 세멘더페리Katerina Semendeferi, 맥 샤인Mac Shine, 에릭 스티스Eric Stice, 댄 트라넬, 우쿠 바이닉Uku Vainik, 케이트 와썸, 데이비드 잘드David Zald에게도 감사를 전한다.

프린스턴 대학 출판부의 할리 스테빈스Hallie Stebbins에게 특별히 감사 인사를 전하고 싶다. 몇 번의 초안을 거듭하며 그녀가 전해준 의견 덕분에 기존의 방향보다 훨씬 멋진 책을 완성할 수 있었다.

가장 고마운 사람은 오랜 세월 동안 일 중독에 빠진 나를 참고 견 뎌준 아내 제니퍼 오트Jennifer Ott다. 그녀의 사랑과 지지는 나에게 계속 나아갈 수 있는 담대함을 주었다.

제1장_ 습관이란 무엇인가

1   W James. The Principles of Psychology. Volume 1. New York: Henry Holt and Co., 1890.

2   Icek Ajzen and Arie W Kruglanski. "Reasoned action in the service of goal pursuit." In: Psychol Rev126.5 (Oct. 2019), pp. 774-86. DOI: 10.1037/rev0000155.

3   Judith A Ouellette and Wendy Wood. "Habit and intention in everyday life: The multiple processes by which past behavior predicts future behavior." In: Psychological Bulletin (1998), pp. 54-74.

4   A Dickinson. "Actions and habits: The development of behavioural auto-nomy." In: Philosophical Transactions of the Royal Society of London, Series B, Biological Sciences 308.1135 (1985), pp. 67-78.

http://www.jstor.org/stable/2396284.

제2장_ 두뇌의 습관 시스템 이해하기

1 S Zola-Morgan, L R Squire, and D G Amaral. "Human amnesia and the medial temporal region: Enduring memory impairment following a bilateral lesion limited to field CA1 of the hippocampus." In: J Neurosci 6.10 (1986), pp. 2950–67.

2 N J Cohen and L R Squire. "Preserved learning and retention of pattern-analyzing skill in amnesia: Dissociation of knowing how and knowing that." In: Science 210.4466 (1980), pp. 207–10.

3 L R Squire et al. "Description of brain injury in the amnesic patient N. A. based on magnetic resonance imaging." In: Exp Neurol 105.1 (1989), pp. 23–35.

4 P D MacLean. The Triune Brain in Evolution: Role in Paleocerebral Fun-ctions. New York: Plenum, 1990.

5 Angela Rizk-Jackson et al. "Evaluating imaging biomarkers for neurod-egeneration in presymptomatic Huntington's disease using machine lear-ning techni-ques." In: Neuroimage 56.2 (2011), pp. 788–96. DOI: 10.1016/j.neuroima-ge.2010.04.273.

6 E D Caine et al. "Huntington's dementia. Clinical and neuropsy chological features." In: Arch. Gen. Psychiatry 35.3 (Mar. 1978), pp. 377–84.

7 M Martone et al. "Dissociations between skill learning and verbal reco-gnition in amnesia and dementia." In: Arch Neurol 41.9 (1984), pp. 965–70.

8 R G Northcutt and J H Kaas. "The emergence and evolution of mamma-lian neocortex." In: Trends Neurosci 18.9 (1995), pp. 373–79.

9 J W Mink. "The basal ganglia: Focused selection and inhibition of com-peting motor programs." In: Prog Neurobiol 50.4 (1996), pp. 381–

425.

10 안정 상태의 뉴런은 대체로 세포의 내부 전하가 외부보다 낮은 음전위electrical potential를 띤다. 이러한 전위차는 일련의 이온 통로ion channels로 유지되는데 이곳은 나트륨, 칼륨과 같은 이온들이 세포막을 수동적으로 통과하는 통로이고, 이온 펌프on pumps는 이온을 세포막으로 능동적으로 수송시킨다. 다른 뉴런을 발화시킬 때, 뉴런은 분자(신경전달물질)를 시냅스로 분비해 타깃 뉴런의 세포막에 있는 수용체와 결합한다. 글루타메이트Glutamate와 같은 흥분성 신경전달물질이 이온 통로를 활성화시키면 양전하를 띤 이온이 세포로 유입되어 세포의 전위가 높아진다. 막전위(세포막 안쪽과 바깥쪽의 전위차—옮긴이)가 역치에 도달하면 전기적 임펄스가 축삭돌기를 타고 하위 뉴런으로 전달되는 활동 전위action potential가 일어난다. 반면, 가바GABA와 같은 억제성 신경전달물질은 (염화물과 같은) 음이온을 세포에 유입시키며 음전하를 더욱 증가시키고 뉴런의 발화를 막는다.

11 Oscar Arias-Carríon et al. "Dopaminergic reward system: A short integrative review." In: Int Arch Med 3 (2010), p. 24. DOI: 10.1186/1755-768-3-24.

12 Shankar J Chinta and Julie K Andersen. "Dopaminergic neurons." In: Int J Biochem Cell Biol 37.5 (2005), pp. 942–46. DOI: 10.1016/j.biocel.2004.09.009.

13 광유전학은 신경 과학자들이 빛을 이용해 특정 뉴런 세트의 활동성을 통제하는 일련의 기법이다. 신경과학 분야에서 각 뉴런의 활동을 직접적으로 통제하는 능력은 오랫동안 성배처럼 여겨져 왔다. 과거에는 뉴런을 자극하기 위해 신경 과학자들이 전류를 두뇌에 흘려보냈지만 아주 정교하게 자극을 주기란 불가능했다. 여러 다양한 유형의 세포들이 모두 자극을 받았기 때문이다. 더욱이, 전기 자극의 수준은 두뇌에서 자연적으로 발생하는 정도를 훨씬 넘어선다. 그런 이유로 약 2,000명의 신경 과학자들이 빛으로 뉴런을 통제하는 실험을 시작하게 된 것이다. 우리의 몸에는 이미 빛에 반응하는 세포들이 있는데, 특히나 우리에게 이 세상의 빛을 보는 능력을 주는 망막이 있다. 이 세포들은 세포 표면에서 빛에 반응해 분자의 형상을 바꾸는 이온 통로인 광수용체photoreceptors를 발현하고, 양이온을 세포로 유입시켜 활동 전위를 유발한다. 다른 유기체들의 경우에는 더욱 강력

한 광수용체를 갖고 있는데, 녹조류에서 채널로돕신channelrhodopsins이라고 하는 강력한 광수용체의 유형을 발견한 것이 신경 과학자들에게 빛으로 두뇌 활동을 통제할 방법을 알려주는 열쇠가 되었다. 점점 더 강력해지는 분자 생물학의 도구들을 이용해 채널로돕신을 대단히 정밀하게 뉴런에 삽입할 수 있고, 뇌에 빛을 적용해 뉴런의 활동을 통제하는 것도 가능해졌다. 뉴런을 흥분시키는 것이 아니라 침묵시키는 다른 종류의 광수용체 또한 삽입할 수 있다. 광유전학이 신경과학에 혁신을 일으켰다고 해도 과언이 아니다.

14 Alexxai V Kravitz et al. "Regulation of parkinsonian motor behaviours by optogenetic control of basal ganglia circuitry." In: Nature 466.7306 (2010), pp. 622–26. DOI: 10.1038/nature09159.

15 한 가지 밝혀야 할 점은 시냅스 가소성이 학습과 기억의 주요 메커니즘이란 개념은 신경과학 분야에서 가장 널리 인정받는 아이디어 중 하나지만, 몇 년 전만 해도 굉장한 비난을 받았다. 특히나 최근 기억의 중요한 측면이 유전자가 발현되는 방식과 연관된 뉴런 속 변화에 기인한다는 연구가 나왔다. Wickliffe C Abraham, Owen D Jones, and David L Glanzman. "Is plasticity of synapses the mechanism of long-term memory storage?" In: NPJ Sci Learn 4 (2019), p. 9. DOI: 10.1038/s41539-019-0048-y 최신 아이디어의 뛰어난 개요를 읽어보고 싶다면 이 사이트에 방문하길 바란다.

16 W Schultz, P Dayan, and P R Montague. "A neural substrate of prediction and reward." In: Science 275.5306 (1997), pp. 1593–99. DOI: 10.1126/sci-ence.275.5306.1593.

17 뉴런의 활동을 이해하고 싶다면 가장 좋은 방법은 두뇌 속 각각의 뉴런을 직접적으로 기록하는 것일 테다. 역사적으로는 두뇌에 작은 전극을 부착한 뒤 뉴런의 전기 활동을 기록하는 방법을 썼다(보통 인간이 아닌 동물을 대상으로 행했다). 이 접근법으로 두뇌의 작동 방식에 대한 기본 지식 대부분을 밝혔지만 한 번에 기록할 수 있는 뉴런의 수가 비교적 적어 제한적인 접근법이었다. 한편, 위에서 논한 광유전학 혁명은 신경 과학자들에게 '칼슘 이미징'이라는 기술로 한 번에 많은 뉴런의 활동을 촬영할 수 있도록 해주었다. 이 기술은 뉴런이 활성화될 때 세포 내 칼슘 이온의 농도가 달라지는 원리를 이용한 것이다. 유전공학을 통해 연구자들

은 뉴런이 활성화될 때마다 형광 불빛을 내는 (도파민 뉴런과 같은) 특정한 유형의
세포에 유전자를 삽입할 수 있게 되었다. 이 형광 빛에 반응하는 현미경을 이용
해 연구자들은 한 번에 상당수의 뉴런 활동을 측정할 수 있다.

18 P Redgrave, T J Prescott, and K Gurney. "The basal ganglia: A
vertebrate solution to the selection problem?" In: Neuroscience 89.4
(1999), pp. 1009 – 23. DOI: 10.1016/s0306-4522(98)00319-4.

19 Xin Jin, Fatuel Tecuapetla, and Rui M Costa. "Basal ganglia subcircuits
distinctively encode the parsing and concatenation of action sequences."
In: Nat Neurosci 17.3 (2014), pp. 423 – 30. DOI: 10.1038/nn.3632.

제3장_ 한번 습관은 영원한 습관이다

1 J L Mystkowski, M G Craske, and A M Echiverri. "Treatment context
and return of fear in spider phobia." In: Behavior Therapy 33 (2002),
pp. 399 – 416.

2 Henry H Yin and Barbara J Knowlton. "The role of the basal ganglia in
habit formation." In: Nat. Rev. Neurosci. 7.6 (June 2006), pp. 464 – 76.
DOI: 10.1038/nrn1919.

3 Kyle S Smith and AnnMGraybiel. "A dual operator view of habitual
beha-vior reflecting cortical and striatal dynamics." In: Neuron 79.2
(2013), pp. 361 – 74. DOI: 10.1016/j.neuron.2013.05.038.

4 Peter C Holland. "Relations between Pavlovian-instrumental transfer
and reinforcer devaluation." In: J Exp Psychol Anim Behav Process 30.2
(2004), pp. 104 – 17. DOI: 10.1037/0097-7403.30.2.104.

5 P Watson et al. "Working for food you don't desire. Cues interfere with
goal-directed food-seeking." In: Appetite 79 (2014), pp. 139 – 48. DOI:
10.1016/j.appet.2014.04.005.

6 Kate M Wassum et al. "Phasic mesolimbic dopamine release tracks
reward seeking during expression of Pavlovian-to-instrumental

transfer." In: Biol Psychiatry 73.8 (2013), pp. 747-55. DOI: 10.1016/j.biopsych.2012.12.005.

7 Briac Halbout et al. "Mesolimbic dopamine projections mediate cue-motivated reward seeking but not reward retrieval in rats." In: Elife 8 (2019). DOI: 10.7554/eLife.43551.

8 광유전학과 더불어 또 다른 기법인 화학유전학chemogenetics은 신경 과학자들에게 두뇌 기능을 조작할 수 있는 또 다른 도구를 제공했다. 이런 도구들 가운데 가장 널리 알려진 것이 '설계 약물에만 활성화되는 설계 수용체'designer receptors exclusively activated by designer drugs, DREADDs(이하 DREADDs)다. DREADDs의 기본 개념은 특별히 설계된 수용체를 뉴런에 주입한다는 것인데, 이 수용체는 두뇌에서 자연적으로 발생하지 않는 분자(설계 약물)로 통제가 가능하다. 따라서 실험자는 이 수용체의 활동을 완벽히 통제할 수 있고, 이 수용체를 이용해 뉴런을 흥분 또는 억제할 수 있다. 광유전학과 DREADDs의 주된 차이는 바로 타이밍이다. 광유전적 자극은 뉴런에 즉각적인 효과를 나타내지만 DREADDs는 효과가 나타나기까지 수십 분이 걸리고 효과는 두 시간가량 지속된다. 이렇게 보면 광유전학이 단연 우세해 보이지만 연구자가 특정 뉴런의 활성화 또는 비활성화 효과를 긴 시간 동안 연구하고 싶은 경우가 제법 있기에 이때는 DREADDs가 유용하다. 뿐만 아니라, 설계 약물을 주입하기만 하면 되는 DREADDs가 더욱 간편할 수도 있다. 이와 대조적으로 광유전학은 뇌에 광섬유를 삽입해야 하고, 동물의 행동이 일어나는 동안에도 광섬유가 고정되어 있어야 해서 동물이 자유롭게 움직이도록 하는 것이 훨씬 힘들다.

9 Matt Field and W Miles Cox. "Attentional bias in addictive behaviors: A review of its development, causes, and consequences." In: Drug Alcohol Depend 97.1-2 (2008), pp. 1-20. DOI: 10.1016/j.drugalcdep.2008.03.030.

제4장_ 나와 나의 싸움

1 R A Poldrack et al. "Interactive memory systems in the human brain."

In: Nature 414.6863(2001), pp. 546–50. DOI: 10.1038/35107080.

2   리처드 서튼, 앤드류 바토. 《단단한 강화 학습》 Reinforcement Learning: An Introduction. Second edition. Adaptive Computation and Machine Learning Series. Cambridge, MA: Bradford Books, 2018.

3   이 모델의 구현 가능한 컴퓨테이셔널 노트북은 아래의 사이트에서 확인할 수 있다.

https://github.com/poldrack/reinforcement_learning_example/blob/master/RLexample.ipynb.

4   Hannah M Bayer and Paul W Glimcher. "Midbrain dopamine neurons encode a quantitative reward prediction error signal." In: Neuron 47.1 (2005), pp. 129–41. DOI: 10.1016/j.neuron.2005.05.020.

5   Ian W Eisenberg et al. "Uncovering the structure of self-regulation through data-driven ontology discovery." In: Nat Commun 10.1 (2019), p. 2319. DOI: 10.1038/s41467-019-10301-1.

6   https://www.reddit.com/r/ems/comments/2auj17/drug_seeker_stories/.

7   Fiery Cushman and Adam Morris. "Habitual control of goal selection in humans." In: Proc Natl Acad Sci USA 112.45 (2015), pp. 13817–22. DOI: 10.1073/pnas.1506367112.

제5장_ 의지력은 아무 잘못이 없다

1   John Darrell Van Horn et al. "Mapping connectivity damage in the case of Phineas Gage." In: PLoS One 7.5 (2012), e37454. DOI: 10.1371/journal.pone.0037454.

2   John M Harlow. "Recovery from the passage of an iron bar through the head." In: Publications of the Massachusetts Medical Society 2.3 (1868).

3   MalcolmMacmillan. An Odd Kind of Fame: Stories of Phineas Gage. Cambridge,MA:MIT Press, 2000.

4   Joseph Barrash et al. "'Frontal lobe syndrome'? Subtypes of acquired

personality disturbances in patients with focal brain damage." In: Cortex 106 (2018), pp. 65‒80. DOI: 10.1016/j.cortex.2018.05.007.

5 Marcie L King et al. "Neural correlates of improvements in personality and behavior following a neurological event." In: Neuropsychologia (2017). DOI: 10.1016/j.neuropsychologia.2017.11.023.

6 M M Mesulam. "From sensation to cognition." In: Brain 121 (Pt 6) (1998), pp. 1013‒52.

7 Kate Teffer and Katerina Semendeferi. "Human prefrontal cortex: Evolution, development, and pathology." In: Prog Brain Res195 (2012), pp. 191‒218. DOI: 10.1016/B978-0-444 53860-4.00009-X.

8 백질을 '배선'으로 표현하는 경우가 많지만, 이는 축삭돌기에 대한 중요한 사실을 제대로 전달하지 못하는 표현이다. 축삭돌기는 대부분 물로 구성된 액체로 차 있고 또 액체에 둘러싸여 있다. 1980년대 말, MRI 물리학자인 마이크 모슬리Mike Mosley는 확산강조 MRIdiffusion-weighted MRI라 불리는 물 분자의 이동을 미세한 단위로 측정하는 기술을 활용해 백질의 구조를 이미지로 나타내는 것이 가능하리라는 생각을 떠올렸다. 각각의 물 분자들은 다른 분자들과 부딪히며 무작위로 이리저리 이동하는데 그 결과 확산diffusion 현상이 벌어지며 분자들이 점차 특정한 길이의 (아주 가까운) 거리를 이동한다. 물 분자가 벽면에서 멀리 떨어져 물 양동이 중앙에 자리한다면 물 분자는 어느 방향이든 동일하게 확산된다. 대규모 분자의 평균적인 움직임을 보면 둥근 공처럼 보일 텐데, 이것이 바로 어느 방향을 측정해도 똑같은 등방성isotropic 운동이다. 이제 당신이 같은 방향으로 늘어서 있는 여러 축삭돌기 사이의 미세한 공간에 떠 있는 물 분자라고 한 번 상상해보자. 축삭돌기를 감싼 미엘린은 물을 밀어내는 지방질이라 축삭돌기 사이에 있는 물 분자는 축삭돌기의 방향으로 확산되고자 하고, 축삭돌기의 수직 방향으로 확산되는 경향은 적을 것이다. 이것이 이방성anisotropic 확산이다. 그 결과로 나타나는 확산 패턴은 다른 어떤 방향보다 (축삭돌기의 방향인) 한 방향으로 확산이 일어나 공보다는 담배 모양에 가깝게 보일 것이다. 특정 방향을 따르는 물의 확산을 측정하는 MRI 기술로 고양이들의 뇌를 촬영한 모슬리는 축삭돌기의 방향과 수직으로 스캔 방향을 설정했을 때와 비교해 평행으로 설정했을 때 실제로 확산이 훨씬

많이 일어나는 것을 발견했다. 확산강조 영상으로 백질의 구조를 영상으로 나타낼 수 있다는 발견은 백질의 구조를 측정하는 수많은 기술의 발달로 이어졌으며 백질의 구조가 두뇌 기능의 다양한 측면과 발달에 어떻게 연관되어 있는지를 더욱 잘 이해하는 계기를 마련해주었다.

9   P Kochunov et al. "Fractional anisotropy of cerebral white matter and thickness of cortical gray matter across the lifespan." In: Neuroimage 58.1 (2011), pp. 41–49. DOI: 10.1016/j.neuroimage.2011.05.050.

10 T Sawaguchi and P S Goldman-Rakic. "D1 dopamine receptors in prefrontal cortex: Involvement in working memory." In: Science 251.4996 (1991), pp. 947–50.

11 G V Williams and P S Goldman-Rakic. "Modulation of memory fields by dopamine D1 receptors in prefrontal cortex." In: Nature 376.6541 (1995), pp. 572–75. DOI: 10.1038/376572a0.

12 Earl K Miller, Mikael Lundqvist, and André M Bastos. "Working Memory 2.0." In: Neuron 100.2 (Oct. 2018), pp. 463–75. DOI: 10.1016/j.neuron.201809023

13 분명히 밝혀야 할 점은 역효과가 생길 수도 있다는 것이다. 내가 처음 연사로 다니기 시작할 때만 약물을 섭취했고, 약물을 끊고 나서야 사람들 앞에서 말할 때 느끼던 불안을 완전히 이겨낼 수 있었다.

14 A F Arnsten and P S Goldman-Rakic. "Alpha 2-adrenergic mechanisms in prefrontal cortex associated with cognitive decline in aged nonhuman primates." In: Science 230.4731 (1985), pp. 1273–76.

15 Amy F T Arnsten, Min J Wang, and Constantinos D Paspalas. "Neuro-modulation of thought: Flexibilities and vulnerabilities in prefrontal cortical network synapses." In: Neuron 76.1 (2012), pp. 223–39. DOI: 10.1016/j.neuron.2012.08.038.

16 Harris R Lieberman et al. "The fog of war: Decrements in cognitive per-formance and mood associated with combat-like stress." In: Aviat Space Environ Med 76.7 Suppl (2005), pp. C7–C14.

17 Min Wang et al. "Alpha2A-adrenoceptors strengthen working memory networks by inhibiting cAMP-HCN channel signaling in prefrontal cortex." In: Cell 129.2 (2007), pp. 397–410. DOI: 10.1016/j.cell.2007.03.015.

18 Angela L Duckworth, Eli Tsukayama, and Teri A Kirby. "Is it really self-control? Examining the predictive power of the delay of gratification task." In: Pers Soc Psychol Bull 39.7 (2013), pp. 843–55. DOI: 10.1177/0146167213482589.

19 eleste Kidd, Holly Palmeri, and Richard N Aslin. "Rational snacking: Young children's decision-making on the marshmallow task is moderated by beliefs about environmental reliability." In: Cognition 126.1 (2013), pp. 109–14. DOI: 10.1016/j.cognition.2012.08.004.

20 Anuj K Shah, Sendhil Mullainathan, and Eldar Shafir. "Some conse quences of having too little." In: Science 338.6107 (2012), pp. 682–85. DOI: 10.1126/science.1222426.

21 L Green et al. "Temporal discounting in choice between delayed rewards: The role of age and income." In: Psychol Aging 11.1 (1996), pp. 79–84.

22 Andrey P Anokhin et al. "The genetics of impulsivity: Evidence for the heritability of delay discounting." In: Biol Psychiatry 77.10 (2015), pp. 887–94. DOI: 10.1016/j.biopsych.2014.10.022.

23 인간 게놈 프로젝트는 연구자들에게 성격 또는 행동적 특성과 같은 특정 형질과 개인의 유전적 차이가 어떠한 연관성이 있는지 측정하는 새로운 도구를 선사했다. 인간의 게놈은 염기bases라고 부르는 30억 개 이상의 구성요소로 이루어져 있다(염기는 A, C, G, T로 나타내는데, 우리의 DNA를 이루는 네 종류의 핵산을 뜻한다). 이 염기의 25퍼센트 정도가 유전자에 속하는데, 유전자는 우리의 세포를 구성하는 단백질 생성 명령을 지닌 게놈 영역이다. 인간 게놈 프로젝트에서 중요한 발견 중 하나는 사람들 간에 위의 네 가지 염기가 대부분 똑같지만 개개인마다 특정 위치에서 차이를 보이는데, 이를 단일 염기 다형성single nucleotide polymorphisms,

SNPs이라고 한다. 누구나 본인 또는 가족에게만 나타나는 드문 DNA 변화가 있지만, 비교적 흔한 DNA 시퀀스의 변화가 나타나는 위치는 게놈 내 몇백 개뿐이다. 이 각각의 위치에서 흔한 SNP 변이 가운에 개인이 어떤 변이를 갖고 있는지를 밝히는 기술이 비교적 저렴해져 (이 글을 쓰고 있는 시점으로) 200달러 정도면 유전자 분석 회사에 '전장유전체' 분석을 의뢰해 게놈 전체에서 64만 개의 위치를 검사할 수 있다.

연구자들이 형질과 특정 유전자 차이의 관계를 이해하고자 할 때 보통 전장유전체 연관성 분석genome-wide association study, GWAS을 실행한다. 이 연구를 통해 연구자들은 다수의 SNP 정보와 더불어 특정 형질의 측정값을 얻는다. 그런 뒤 각 SNP에 따라 해당 형질이 차이가 있는지 밝히는 통계 검사를 진행한다. 방대한 규모의 통계 검사가 동원되고, 위양성 결과를 피하기 위해 연구자들은 엄격한 통계 보정 방법을 사용해야만 한다. 그리고 이러한 엄격함은 보통 1만 명 이상의 대규모 표본이 있을 때만 가능하다. 게다가 유전학에서는 그 어떤 발견도 다른 표본에서 재현이 가능해야 그 결과의 신뢰도를 보장할 수 있다. 즉, GWAS는 비용이 많이 들고 게놈의 다양한 위치에서 얻은 데이터를 조합하는 과정이 필요하다. 그렇지만 전체 게놈이 아닌 개별 유전자들을 대상으로 덜 엄격한 분석을 통해 진행되었던 이전의 유전학 연구보다는 훨씬 더 재현 가능한 결과를 가져다준다. 일반적으로 GWAS는 게놈 내 특정 위치에서 사람들 간의 차이를, 특히나 복잡한 심리학적 형질을 1퍼센트 이상 설명해줄 유전적 차이를 발견하는 경우가 드물지만, 전체 게놈의 차이에서 사람들 간의 변산성에 대한 설명은 훨씬 많이 얻을 수 있다. 진화적 관점에서 번식 적합성과 연관이 있는 행동을 고려한다면 이는 당연한 결과다. 적합성에 강한 긍정적 효과를 지닌 유전적 변화는 (인간이 말을 시작할 수 있도록 한 유전자들처럼) 급속하게 퍼져야 하지만, 강한 부정적 효과를 지닌 변화는 순식간에 제거되어야만 하기 때문이다.

24 James MacKillop et al. "Delayed reward discounting and addictive behavior: A metaanalysis." In: Psychopharmacology 216.3 (2011), pp. 305–21. DOI: 10.1007/s00213-0112229-0.

25 Janet Audrain-McGovern et al. "Does delay discounting play an etiological role in smoking or is it a consequence of smoking?" In:

Drug Alcohol Depend 103.3 (2009), pp. 99-106. DOI: 10.1016/j.druga-lcdep.2008.12.019.

26   Samuel M McClure and Warren K Bickel. "A dual-systems perspective on addiction: Contributions from neuroimaging and cognitive training." In: Ann NY Acad Sci 1327 (2014), pp. 62-78. DOI: 10.1111/nyas.12561.

27   https://www.youtube.com/watch?v=QX_oy9614HQ .

28   Richard H Thaler and H M Shefrin. "An economic theory of self-control." In: Journal of Political Economy 89.2 (1981), pp. 392-406. http://www.jstor.org/stable/1833317.

29   Samuel M McClure et al. "Separate neural systems value immediate and delayed monetary rewards." In: Science 306.5695 (2004), pp. 503-7. DOI: 10.1126/science.1100907.

30   어떤 정신 작용과 두뇌의 영역이 직접적으로 연관되어 있는지를 알려면 해당 영역의 손상이 행동에 어떠한 변화를 초래하는지 확인해야 한다. 그래서 뇌 병변이 있는 사람들을 대상으로 연구를 하는데, 문제는 제대로 된 연구를 진행할 수 있을 만큼 특정 부위에 병변이 있는 사람들을 찾기가 결코 쉽지 않다는 점이다. 이런 이유로 연구자들은 비침습적으로 뇌를 자극해 일시적으로 '가상 병변'을 만들어내는 방법을 개발했다. 가상 병변을 만드는 가장 일반적인 기술은 경두개 자기자극법transcranial magnetic stimulation, TMS이다. 이 기술은 자기장의 변화는 전기를 전도하는 물질에서 전류를 발생시킨다는 물리학의 기본 법칙을 이용한다. TMS는 두개골에 배치한 코일을 통해 짧지만 강력한 전기 펄스를 보내고 이때 아주 짧은 순간 자기장이 발생하며 코일 아래 자리한 뉴런들에 전류를 유발한다. 뉴런에 이러한 자극을 줄 때 효과는 자기 펄스의 타이밍에 달려 있다. 어떠한 과제를 수행할 때 단일 펄스를 전달하면 특정한 시점에 뉴런의 활동성을 저해해 연구진은 해당 과제에 그 영역이 작용하는 시기를 파악할 수 있다. 반복적으로 어떠한 영역을 계속 자극한다면 얼마나 빨리 자극이 되는지에 따라 대뇌피질의 해당 부위에 흥분성이 감소 또는 증가되는 좀 더 지속적인 변화가 나타난다. TMS의 결과를 해석하는 데는 어려움이 따르는데 자극이 직접적으로 받는 영역뿐만이 아니라 뇌 전반에 흐르며 자극 부위와 연결된 다른 영역에 영향을 끼치기 때문

이다.

31 S Whiteside and D Lynam. "The five factor model and impulsivity: Using a structural model of personality to understand impulsivity." In: Persona-lity and Individual Differences 30.4 (2001), pp. 669-89.

32 Sandra Sanchez-Roige et al. "Genome-wide association studies of imp-ulsive personality traits (BIS-11 and UPPS-P) and drug experimentation in up to 22,861 adult research participants identify loci in the CACNA1I and CADM2 genes." In: J Neurosci 39.13 (2019), pp. 2562-72. DOI: 10.1523/JNEUROSCI.2662-18.2019.

33 동료 심사를 거친 조사 연구는 무엇이든 전적으로 신뢰할 수 있다면 좋겠지만 안타깝게도 그렇지 못하다. 나의 스탠퍼드 동료인 존 이오니디스John Ioannidis는 '발표된 연구 결과의 대부분이 잘못되었다'(John P A Ioannidis. "Why most published research findings are false." In: PLoS Med 2.8 (2005), e124. DOI: 10.1371/journal.pmed.0020124.)라는 유명한 주장을 했고, 나는 그의 주장 중 상당 부분이 옳다고 생각한다. 발표된 결과를 믿을 수 있을지를 결정하는 한 가지 특히나 중요한 요소는 바로 해당 연구에 사용된 표본의 크기다. 조사 연구를 설계할 때는 우리가 얻고자 하는 효과가 실재할 경우, 그 효과가 나타나도록 설계해야 한다. 가령, 성인 남성과 여성 간의 신장 차이를 시험하는 실험을 하고 싶다고 가정해보자. 평균적으로 남성이 여성보다 크다는 사실을 통계자료로 확인해야 아는 것은 아니지만, 통계자료가 필요하다고 가정하고 어떻게 해야 할지 살펴보겠다. 대규모의 공공 데이터 세트를 이용해 성인 남성 평균 신장이 약 176센티미터가량 되고, 여성은 약 163센티미터 정도 된다는 사실을 알았다. 13.5센티미터의 차이가 큰 것 같지만, 우리는 특정한 측정 방식에 좌우되지 않는 효과 크기를 표현할 방법이 필요하다. 사실 센티미터가 아니라 미터로 신장을 측정할 수도 있었을 테니까 말이다. 그러기 위해 우리는 효과의 크기를 개인과 집단 평균 간의 차이의 평균으로 나누어야 하는데, 이것이 바로 표준편차standard deviation다. 효과의 중요도를 대략적으로 판단하는 표준 범위가 있는데 이는 통계학자인 제이콥 코헨Jacob Cohen이 개발했다. 효과가 0.2 표준편차 미만이면 무시해도 되는 효과, 0.2~0.5는 작은 효과, 0.5~0.8은 중간 효과, 0.8 이상은 큰 효과로 여긴다.

성인 남성과 성인 여성의 신장 차이에 대한 효과 크기가 무려 1.8 표준편차라면 그 차이가 전반적인 사람들에게서 우리가 관측한 변산성의 거의 두 배 가까이 된다는 것을 의미한다.

우리가 찾고자 하는 효과 크기를 알았다면, 이제 그 효과가 실재할 때 효과를 얻기 위해 필요한 표본 사이즈를 결정할 수 있다. 효과가 실제로 존재할 경우 80퍼센트의 확률로 찾아낸다면 충분한 검정력을 갖추었다고 할 수 있다. 좀 전의 신장 차이 속 효과만큼 큰 경우, 80퍼센트의 확률로 이 차이를 발견하기 위해서는 남성 여섯 명과 여성 여섯 명의 표본이면 된다. 만약 9세 남아와 9세 여아의 신장 차이를 검사하고자 한다고 가정해보자. 그 효과는 0.25 표준편차로 훨씬 작은 수준이고, 이 효과 크기를 제대로 찾기 위해서는 남아 261명, 여아 261명으로 구성된 훨씬 큰 표본이 필요하다. 9세 아동을 대상으로 검정력이 낮은 연구를 진행한다면 어떻게 될까? 남아 스무 명과 여아 스무 명에게서만 데이터를 얻는다면 12퍼센트의 검정력, 즉 우리가 남아와 여아 사이에 존재한다고 알고 있는 차이를 찾아내는 데 실패할 공산이 크다는 뜻이다.

이오니디스의 주장은 검정력이 낮은 연구들이 실제로 효과가 존재할 때 그 효과를 찾아낼 가능성이 낮을 뿐만 아니라, 해당 연구가 발표한 긍정적인 발견들 또한 잘못되었을 확률이 크다는 점을 뜻한다. 사고 실험으로 이를 이해해볼 수 있다. 예컨대 BMI를 측정하는 중인데 컴퓨터가 망가지는 바람에 아무 숫자나 나오고 있는 상황이다. 우리가 찾고자 하는 집단 간의 차이는 오류일 수밖에 없다. 통계학에서는 거짓 결과가 나올 가능성을 5퍼센트로 제한하려고 하는데, 즉 고장난 저울로 100건의 연구를 진행한다고 할 때 다섯 개의 진짜 결과가 나오리라 기대하지만, 사실 전부 잘못된 결과가 나올 것이다! 본질적으로 통계적 검정력이 매우 낮은 연구는 고장 난 탐지기로 진행하는 연구와 같다. 효과가 존재하더라도 그것을 찾을 확률이 매우 적고, 소규모 연구에서 도출된 진짜 결과 대부분이 오류일 가능성이 높기 때문이다.

통계적 검정력은 우리가 찾고자 하는 효과 크기와 관련이 있는 만큼, '충분히 크다'고 간주할 수 있는 표본 크기가 정해진 것도 없고, 실험의 유형에 따라서도 달라진다. 안타깝게도 여전히 동료 심사를 거친 여러 학술지에 발표된 많은 연구가 지나치게 작은 표본 크기를 바탕으로 한 것이기에 어떤 특정 결과를 믿을 수 있을지 평가하기 위해서는 엄밀하게 살펴봐야 할 필요가 있다. 궁극적으로는 해당 결과가 다른 연구진을 통해 재현될 수 있는지 또한 확인해야 한다.

34 Benjamin J Shannon et al. "Premotor functional connectivity predicts impulsivity in juvenile offenders." In: Proc Natl Acad Sci USA 108.27 (2011), pp. 11241–45. DOI: 10.1073/pnas.1108241108.

35 Johannes Golchert et al. "In need of constraint: Understanding the role of the cingulate cortex in the impulsive mind." In: Neuroimage 146 (Feb. 2017), pp. 804–13. DOI: 10.1016/j.neuroimage.2016.10.041.

36 https://www.leefromamerica.com/blog/bingehistory.

37 Adam R Aron et al. "Stop-signal inhibition disrupted by damage to right inferior frontal gyrus in humans." In: Nat Neurosci 6.2 (2003), pp. 115–16. DOI: 10.1038/nn1003.

38 Adam R Aron and Russell A Poldrack. "Cortical and subcortical contributions to stop signal response inhibition: Role of the subthalamic nucleus." In: J Neurosci 26.9 (2006), pp. 2424–33. DOI: 10.1523/JNEU-ROSCI.4682-05.2006.

39 fMRI와 신경 촬영법에 대해 자세히 알고 싶다면 내 전작을 참고하길 바란다.

40 Atsushi Nambu, Hironobu Tokuno, and Masahiko Takada. "Functional significance of the cortico-subthalamo-pallidal 'hyperdirect' pathway." In: Neurosci Res 43.2 (2002), pp. 111–17. DOI: 10.1016/s0168-0102(02)00027-5.

41 Adam R Aron et al. "Triangulating a cognitive control network using diff-usion-weighted magnetic resonance imaging (MRI) and functional MRI." In: J Neurosci 27.14 (2007), pp. 3743–52. DOI: 10.1523/JNEURO-SCI.0519-07.2007.

42 Robert Schmidt et al. "Canceling actions involves a race between basal ganglia pathways." In: Nat Neurosci 16.8 (2013), pp. 1118–24. DOI: 10.1038/nn.3456.

43 Ian W Eisenberg et al. "Uncovering the structure of self-regulation thro-ugh datadriven ontology discovery." In: Nat Commun 10.1 (2019), p. 2319. DOI: 10.1038/s41467-019-10301-1.

44 Wilhelm Hofmann et al. "Everyday temptations: An experience sampling study of desire, conflict, and self-control." In: J Pers Soc Psychol 102.6 (2012), pp. 1318−35. DOI: 10.1037/a0026545.

45 Brian M Galla and Angela L Duckworth. "More than resisting temptation: Beneficial habits mediate the relationship between self-control and posi-tive life outcomes." In: J Pers Soc Psychol 109.3 (2015), pp. 508−25. DOI: 10.1037/pspp0000026.

제6장_나쁜 습관을 고치기가 더 어려운 이유

1 중독이란 용어는 임상정신의학 분야에서 '물질사용 장애'라는 말로 대체되어 사용되고 있지만 여기서는 더욱 널리 통용되고 있는 중독이란 용어를 사용할 것이다.

2 https://www.vice.com/en_us/article/kwxkbv/ex-users-describe-the-first-time-they-tried-heroin.

3 J Olds. "Self-stimulation of the brain: its use to study local effects of hun-ger, sex, and drugs." In: Science 127.3294 (1958), pp. 315−24. DOI: 10.1126/science.127.3294.315.

4 https://www.youtube.com/watch?v=GOnENVylxPI.

5 Christian Lüscher. "The emergence of a circuit model for addiction." In: Annu Rev Neurosci 39 (July 2016), pp. 257−76. DOI: 10.1146/annu rev-neuro-070815-013920.

6 유전자의 역할은 몸과 두뇌를 구성하는 단백질을 만들어내는 것이다. 유전자에서 단백질을 만들어내는 과정인 유전자 발현gene expression에서는 먼저 DNA를 전사transcribe해 세포 기구에 어떤 단백질을 생성해야 하는지 알려주는 복사본을(이를 RNA라고 한다) 만든다. 이 메신저는 세포핵에서 나와 단백질로 번역translate된다. 각 세포마다 인간의 몸 속 약 2만여 종 단백질 중 하나를 생성하는 레시피를 형성한 DNA를 갖고 있지만, 이 유전자들 중 아주 낮은 비율만이 특정한 시점에

발현된다. 어떤 유전자들이 발현되고, 얼마나 발현될지는 최소 두 가지 방법으로 통제된다.

하나는 전사 인자transcription factors라는 단백질 집단의 활동을 통해서인데, 특정 유전자의 전사를 억제하거나 활성화시킬 수 있다. 뇌의 가소성에 특히나 중요한 전사 인자는 CREB(고리형 AMP 반응 요소 결합 단백질cyclic AMP response element binding protein의 준말―옮긴이)이다. CREB는 바다 민달팽이부터 포유동물까지 광범위한 종에서 다양한 형태의 학습과 기억의 지속성에 핵심적인 역할을 하고 흥분제와 아편제를 포함한 약물에 노출된 후 도파민 뉴런과 측좌핵의 민감화에 관련하는 것으로 알려져 있다.

후성 유전적 변화는 유전자 발현에 지속적인 변화를 일으킨다. 후성 유전 과정은 DNA의 복잡한 포장packaging과 관련되는데, 이 포장이 전사를 하는 기구를 통해 DNA에 대한 접근을 통제한다. 포장하는 단백질들이나 DNA 자체에 화학적 변화가 발생하면 서로 다른 유전자들이 발현되는 정도를 통제해 세포의 기능에 지속적인 변화가 생길 수 있다. 제1장에서 기본적인 생물학적 과정의 원치 않는 발현을 반영한다는 점에서 나쁜 습관은 암과 같다는 이야기를 했었다. 후성 유전학은 세포 안의 후성적인 변화에 크게 의존한다는 면에서 학습과 암의 흥미로운 연관성을 제시한다. 또한 후성 유전학은 스트레스 등 엄마의 경험이 자식의 두뇌에 지속적인 영향을 줄 수 있는지를 밝혀내기도 했다(그러나 이 부분은 여전히 상당한 논쟁의 여지가 있다).

7 Yan Dong and Eric J Nestler. "The neural rejuvenation hypothesis of cocaine addiction." In: Trends Pharmacol Sci35.8 (2014), pp. 374–83. DOI: 10.1016/j.tips.2014.05.005.

8 N D Volkow et al. "Decreased striatal dopaminergic responsiveness in detoxified cocainedependent subjects." In: Nature 386.6627 (1997), pp. 830–33. DOI: 10.1038/386830a0.

9 양전자 단층촬영PET은 분자에 방사성 물질을 붙여 체내 분자의 존재를 판별하는 이미지 기법이다. PET는 방사성 입자가 붕괴될 때 전자나 반대의 전하를 지닌 양전자positron를 방출하는 원리에 기반을 둔다. 방출된 양전자는 이동을 하다가 전자와 충돌하면서 입자들이 모두 소멸하게 되는데, 이로 인해 완전히 반대 방향으

로 두 개의 감마선이 방출된다. PET 스캐너는 이 감마선들을 측정하는 원통형의 감지기이다. 감마선들이 언제, 어디서 감지되느냐를 바탕으로 스캐너는 소멸이 발생한 위치를 재구성할 수 있다. 스캐너로 촬영된 이미지는 이러한 소멸 현상이 두뇌 각 장소에서 얼마나 많이 일어났는가를 보여준다.

PET 영상법으로 도파민과 같은 신경화학물질을 촬영하기 위해서는 분자에 방사성 표지를 붙일 수 있어야 한다. 어떤 경우에는 글루코스나 산소와 같이 몸속을 돌아다니는 분자에 표지를 붙여 서로 다른 조직에 존재하는 분자를 측정한다. 또 다른 경우에는 특정 수용체에 스스로 결합하는 분자(리간드ligand라고 한다)를 찾은 뒤, 화학적 기술로 방사성 표지를 해당 분자에 붙인다. 도파민을 촬영하는 데 널리 활용되는 리간드로 팰리프라이드fallypride가 있는데, 여기에 방사성 불소 원자를 붙여 혈류에 주입한다. 이 물질은 두뇌까지 이동해 도파민 수용체들(구체적으로는 D2과의 수용체들)과 결합한 뒤 그 위치에 머문다. 그 결과물인 방사성 붕괴를 촬영해 두뇌의 각 부분에서 유효한 도파민 수용체의 개수를 추정할 수 있다.

10   B J Everitt, A Dickinson, and T W Robbins. "The neuropsychological basis of addictive behaviour." In: Brain Res Rev 36.2–3 (2001), pp. 129–38. DOI: 10.1016/s0165-0173(01)00088-1.

11   Jeffrey W Dalley et al. "Nucleus accumbens D2/3 receptors predict trait impulsivity and cocaine reinforcement." In: Science 315.5816 (2007), pp. 1267–70. DOI: 10.1126/science.1137073.

12   Buyean Lee et al. "Striatal dopamine d2/d3 receptor availability is reduced in methamphetamine dependence and is linked to impulsivity." In: J Neurosci 29.47 (2009), pp. 14734–40. DOI: 10.1523/JNEURO-SCI.3765-09.2009.

13   Sietse Jonkman, Yann Pelloux, and Barry J Everitt. "Differential roles of the dorsolateral and midlateral striatum in punished cocaine seeking." In: J Neurosci 32.13 (2012), pp. 4645–50. DOI: 10.1523/JNEURO-SCI.0348-12.2012.

14   David Belin and Barry J Everitt. "Cocaine seeking habits depend upon dopaminedependent serial connectivity linking the ventral with the

dor-sal striatum." In: Neuron 57.3 (2008), pp. 432–41. DOI: 10.1016/
j.neur-on.2007.12.019.

15 Billy T Chen et al. "Rescuing cocaine-induced prefrontal cortex hypo-
activity prevents compulsive cocaine seeking." In: Nature 496.7445
(2013), pp. 359–62. DOI: 10.1038/nature12024.

16 Youna Vandaele and Patricia H Janak. "Definingthe place of habit in
substance use disorders." In: Prog Neuropsychopharmacol Biol
Psychiatry 87.Pt A (Dec. 2018), pp. 22–32. DOI: 10.1016/j.pnpbp.
2017.06.029.

17 Claire M Gillan et al. "Characterizing a psychiatric symptom dimension
related to deficits in goal-directed control." In: Elife 5 (2016). DOI: 10.
7554/eLife.11305.

18 https://khn.org/news/what-dope-sick-really-feels-like/.

19 Susana Peciña, Jay Schulkin, and Kent C Berridge. "Nucleus accumbens
corticotropinreleasing factor increases cue-triggered motivation for
sucrose reward: Paradoxical positive incentive effects in stress?" In:
BMC Biol 4 (2006), p. 8. DOI: 10.1186/1741-7007-4-8.

20 Anke Snoek, Neil Levy, and Jeanette Kennett. "Strong-willed but not
successful: The importance of strategies in recovery from addiction."
In: Addict Behav Rep 4 (2016), pp. 102–7. DOI: 10.1016/j.abrep.2016.
09.002.

21 Bryan F Singer et al. "Are cocaine-seeking 'habits' necessary for the
development of addiction-like behavior in rats?" In: J Neurosci 38.1 (Jan.
2018), pp. 60–73. DOI: 10.1523/JNEUROSCI.2458-17.2017.

22 Lee Hogarth. "Addiction is driven by excessive goal-directed drug
choice under negative affect: Translational critique of habit and
compulsion theory." In: Neuropsychopharmacology 45.5 (2020), pp.
720–35. DOI: 10.1038/s41386-020-0600-8.

23 Lauren Eales, Arthur J Reynolds, and Suh-Ruu Ou. "Childhood predictors of adult obesity in the Chicago Longitudinal Study." In: Prev Med 132 (Mar. 2020), p. 105993. DOI: 10.1016/j.ypmed.2020.105993.

24 Ian W Eisenberg et al. "Uncovering the structure of self-regulation thro-ugh datadriven ontology discovery." In: Nat Commun 10.1 (2019), p. 2319. DOI: 10.1038/s41467-019-10301-1.

25 Brenda L Rooney, Michelle A Mathiason, and Charles W Schauberger. "Predictors of obesity in childhood, adolescence, and adulthood in a birth cohort." In: Matern Child Health J 15.8 (2011), pp. 1166–75. DOI: 10.1007/s10995-010-0689-1.

26 Eurídice Martínez Steele et al. "Ultra-processed foods and added sugars in the US diet: Evidence from a nationally representative cross-sectional study." In: BMJ Open 6.3 (2016), e009892. DOI: 10.1136/bmjopen-2015-009892.

27 Marco Cirilli, Daniele Bassi, and Angelo Ciacciulli. "Sugars in peach fruit: A breeding perspective." In: Hortic Res 3 (2016), p. 15067. DOI: 10.1038/hortres.2015.67.

28 Kevin D Hall et al. "Ultra-processed diets cause excess calorie intake and weight gain: An inpatient randomized controlled trial of ad libitum food intake." In: Cell Metab 30.1 (2019), p. 226. DOI: 10.1016/j.cmet.2019.05.020.

29 Paul M Johnson and Paul J Kenny. "Dopamine D2 receptors in addiction-like reward dysfunction and compulsive eating in obese rats." In: Nat Neurosci 13.5 (2010), pp. 635–41. DOI: 10.1038/nn.2519.

30 Nicole M Avena, Pedro Rada, and Bartley G Hoebel. "Evidence for sugar addiction: Behavioral and neurochemical effects of intermittent, excessive sugar intake." In: Neurosci Biobehav Rev 32.1 (2008), pp. 20–39. DOI: 10.1016/j.neubiorev.2007.04.019.

31 Margaret L Westwater, Paul C Fletcher, and Hisham Ziauddeen. "Sugar addiction: The state of the science." In: Eur J Nutr 55 Suppl 2 (2016), pp.

55 – 69. DOI: 10.1007/s00394-016-1229-6.

32 E M Bowman, T G Aigner, and B J Richmond. "Neural signals in the mon-key ventral striatum related to motivation for juice and cocaine rew-ards." In: J Neurophysiol 75.3 (1996), pp. 1061 – 73. DOI: 10.1152/jn.1996.75.3.1061.

33 Paul C Fletcher and Paul J Kenny. "Food addiction: A valid concept?" In: Neuropsychopharmacology 43.13 (Dec. 2018), pp. 2506 – 13. DOI: 10.1038/s41386-018-0203-9.

34 G J Wang et al. "Brain dopamine and obesity." In: Lancet 357.9253 (2001), pp. 354 – 57. DOI: 10.1016/s0140-6736(00)03643-6.

35 Linh C Dang et al. "Associations between dopamine D2 receptor availability and BMI depend on age." In: Neuroimage 138 (2016), pp. 176 – 83. DOI: 10.1016/j.neuroimage.2016.05.044.

36 Uku Vainik, Isabel García-García, and Alain Dagher. "Uncontrolled eating: A unifying heritable trait linked with obesity, overeating, personality and the brain." In: Eur J Neurosci 50.3 (Aug. 2019), pp. 2430 – 45. DOI: 10.1111/ejn.14352.

37 Uku Vainik et al. "Obesity has limited behavioural overlap with addiction and psychiatric phenotypes." In: Nat Hum Behav 4.1 (Jan. 2020), pp. 27 – 35. DOI: 10.1038/s41562-019-0752-x.

38 Nico Bunzeck and Emrah Düzel. "Absolute coding of stimulus novelty in the human substantia nigra/VTA." In: Neuron 51.3 (2006), pp. 369 – 79. DOI: 10.1016/j.neuron.2006.06.021.

39 Daniel Kardefelt-Winther et al. "How can we conceptualize behavioural addiction without pathologizing common behaviours?" In: Addiction 112.10 (2017), pp. 1709 – 15. DOI: 10.1111/add.13763.

40 https://www.tylervigen.com/spurious-correlations.

41 Amy Orben and Andrew K Przybylski. "The association between adolescent well-being and digital technology use." In: Nat Hum Behav 3.2

(2019), pp. 173-82. DOI: 10.1038/s41562-018-0506-1.

42   James David Jentsch and Zachary T Pennington. "Reward, interrupted: Inhibitory control and its relevance to addictions." In: Neuropharmacology 76 Pt B (2014), pp. 479-86. DOI: 10.1016/j.neuropharm.2013.05.022.

43   David Belin et al. "High impulsivity predicts the switch to compulsive cocaine-taking." In: Science 320.5881 (2008), pp. 1352-55. DOI: 10.1126/science.1158136.

44   Vincent Pascoli et al. "Stochastic synaptic plasticity underlying compulsion in a model of addiction." In: Nature 564.7736 (Dec. 2018), pp. 366-71. DOI: 10.1038/s41586-018-0789-4.

45   Kyle Honegger and Benjamin de Bivort. "Stochasticity, individuality and behavior." In: Curr Biol 28.1 (Jan. 2018), R8-R12. DOI: 10.1016/j.cub.201711058

46   Dean G Kilpatrick et al. "Violence and risk of PTSD, major depression, substance abuse/dependence, and comorbidity: Results from the National Survey of Adolescents." In: J Consult Clin Psychol 71.4 (2003), pp. 692-700. DOI: 10.1037/0022-006x.71.4.692.

제7장_ 습관을 정말 고칠 수 있을까?

1   1971년 자료(그림 7.1의 좌측)의 출처는 다음과 같다: W A Hunt, L W Barnett, and L G Branch. "Relapse rates in addiction programs." In: J Clin Psychol 27.4 (1971), pp. 455-56. DOI: 10.1002/1097-4679(197110)27:4⟨455::aid-jclp2270270412⟩3.0.co;2-r. 2011년 자료(그림 7.1의 우측)의 출처는 다음과 같다: Rajita Sinha. "New findings on biological factors predicting addiction relapse vulnerability." In: Curr Psychiatry Rep 13.5 (2011), pp. 398-405. DOI: 10.1007/s11920-011-0224-0.

2   W Mischel. "The toothbrush problem." In: APS Observer 21 (2008), p. 11.

3 Nikolaos Mastellos et al. "Transtheoretical model stages of change for dietary and physical exercise modification in weight loss management for overweight and obese adults." In: Cochrane Database Syst Rev 2 (2014). DOI: 10.1002/14651858.CD008066.pub3.

제8장_ 성공을 계획하는 법

1 리처드 탈러, 캐스 선스타인.≪넛지: 똑똑한 선택을 이끄는 힘≫(Nudge: Improving Decisions about Health, Wealth, and Happiness) Revised and expanded edition. New York: Penguin Books, 2009.

2 Eric J Johnson and Daniel Goldstein. "Medicine. Do defaults save lives?" In: Science 302.5649 (2003), pp. 1338–39. DOI: 10.1126/science. 1091721.

3 https://freakonomics.com/podcast/live-philadelphia/.

4 https://freakonomics.com/podcast/live-philadelphia/.

5 Terrance Odean. "Are investors reluctant to realize their losses?" In: Journal of Finance 53.5 (1998), pp. 1775–98. DOI: 10.1111/0022-1082. 00072 e-print: https://onlinelibrary.wiley.com/DOI/pdf/10.1111/ 0022-1082.00072. URL: https://onlinelibrary.wiley.com/DOI/abs/ 101111/0022-1082.00072.

6 A Tversky and D Kahneman. "The framing of decisions and the psycho-logy of choice." In: Science 211.4481 (1981), pp. 453–58. DOI: 10.1126/science.7455683.

7 Bradley P Turnwald et al. "Increasing vegetable intake by emphasizing tasty and enjoyable attributes: A randomized controlled multisite intervention for taste-focused labeling." In: Psychol Sci (2019), pp. 1603–15. DOI: 10.1177/0956797619872191.

8 Chung-won Lee and Jennifer Kahende. "Factors associated with successful smoking cessation in the United States, 2000." In: Am J

Public Health 97.8 (2007), pp. 1503–9. DOI: 10.2105/AJPH.2005.083527.

9 Jutta Mata, Peter M Todd, and Sonia Lippke. "When weight management lasts. Lower perceived rule complexity increases adherence." In: Appetite 54.1 (2010), pp. 37–43. DOI: 10.1016/ j.appet.2009.09.004.

10 Benjamin Scheibehenne, Linda Miesler, and Peter M Todd. "Fast and frugal food choices: Uncovering individual decision heuristics." In: Appetite 49.3 (2007), pp. 578–89. DOI: 10.1016/j.appet.2007.03.224.

11 Angela L Duckworth et al. "A stitch in time: Strategic self-control in high school and college students." In: J Educ Psychol 108.3 (2016), pp. 329–41. DOI: 10.1037/edu0000062.

12 Melvyn Zhang et al. "A systematic review of attention biases in opioid, cannabis, stimulant use disorders." In: Int J Environ Res Public Health 15.6 (June 2018). DOI: 10.3390/ijerph15061138.

13 Todd F Heatherton and Patricia A Nichols. "Personal accounts of successful versus failed attempts at life change." In: Personality and Social Psychology Bulletin 20.6 (1994), pp. 664–75. DOI: 10.11 77/0146167294206005. E-PRINT: https://DOI.org/10.1177/01461 67294206005. URL: https://DOI.org/10.1177/0146167294206005.

14 Wendy Wood, Leona Tam, and Melissa Guerrero Witt. "Changing circumstances, disrupting habits." In: J Pers Soc Psychol 88.6 (2005), pp. 918–33. DOI: 10.1037/0022-3514.88.6.918.

15 A M Graybiel and S L Rauch. "Toward a neurobiology of obsessive-com-pulsive disorder." In: Neuron 28.2 (2000), pp. 343–47. DOI: 10.1016/s0896-6273(00)00113-6.

16 Joseph F McGuire et al. "Behavior therapy for tic disorders: An evidenced-based review and new directions for treatment research." In: Curr Dev Disord Rep 2.4 (2015), pp. 309–17. DOI: 10.1007/s40474-015-0063-5.

17 https://deconstructingyourself.com/overcoming-craving.html.

18 Nicholas T Van Dam et al. "Mind the hype: A critical evaluation and prescriptive agenda for research on mindfulness and meditation." In: Perspect Psychol Sci 13.1 (Jan. 2018), pp. 36-61. DOI: 10.1177/174569 1617709589.

19 Stephanie Coronado-Montoya et al. "Reporting of positive results in randomized controlled trials of mindfulness-based mental health interventions." In: PLoS One 11.4 (2016), e0153220. DOI: 10.1371/journal. pone.0153220.

20 메타 분석$_{\text{meta-analysis}}$은 다수의 발표된 연구 간의 일치성을 판단하기 위해 과학 분야에서 널리 쓰이는 방법이다. 메타 분석을 실행하기 위해서는 동일한 주제의 관련 연구를 모두 찾아야 한다. 통계적으로 유의한 결과를 보여주지 못하는 연구 는 발표되지 않는 것이 일반적이라 연구자는 메타 분석에 포함시키기 위해 발표 된 연구뿐 아니라 미발표 연구까지 찾기 위해 노력해야 할 때가 많다. 가령, 연구 방법의 질이 너무 낮아 제외되는 연구들도 있다. 일련의 연구를 모두 찾아낸 후 에는 보고된 효과의 크기를 판단하기 위해 각각의 연구를 검사해야 한다. 연구를 출판할 때 보통 효과 크기$_{\text{effect size}}$라는 데이터 내 변산성과 비교해 효과의 크기를 설명하는 측정치를 첨부한다. 만약 규칙적인 신체 활동과 BMI 즉, 체질량 지수 간의 연관성을 분석하고 싶다고 해보자. BMI는 신장에 비례해 체중을 나타내는 척도로 과체중 또는 비만 여부를 판단하는 기준으로 자주 쓰인다. 미국 국립 보건 영양 연구 조사$_{\text{National Health and Nutrition Examination Surveys, NHANEs}}$라는 대규모의 데이터 세트가 미국인 5,000여 명의 데이터를 제공했고, 이 자료를 바탕으로 메 타 분석이 어떻게 진행되는지 살펴보겠다. 열 명의 연구자들이 NHANEs 데이터 세트 내 서로 다른 200명의 표본에서 데이터를 얻어 규칙적인 신체 활동을 한다 고 보고한 사람들과 그렇지 않은 사람들의 BMI를 대조했다고 가정해보자. 200 명으로 구성된 각 집단마다 BMI 값의 범위가 있고 이 범위는 표본에 따라 달라 질 것이다. 효과 크기를 정량화하기 위해 연구자들은 우선 활동적인 집단의 BMI 에서 비활동적인 집단의 BMI를 빼서 집단 간의 차이를 확인해야 한다. 비활동적 인 집단은 평균 BMI가 29.6, 활동적인 그룹은 평균 27.9였고 집단 간의 차이는

1.7로 나왔다. 이 숫자 자체는 단독으로 해석할 방법이 없기 때문에 대단히 유용하지 않다. BMI가 사람에 따라 크게 다르다면 효과가 매우 크다고 볼 수 없는 반면, 모든 사람들의 BMI 값이 평균과 아주 가깝다면 집단 간의 차이가 크다고 생각할 수 있다. 우리는 표준 편차를 이용해 변산성을 정량화할 수 있다. 표준 편차란 기본적으로 집단 평균과 개인의 차이를 평균으로 나타낸 것이다. 효과 크기를 계산하기 위해 평균차를 표준편차로 나누기만 하면 된다. 200명으로 구성된 서로 다른 표본 열 개를 수집하고 활동적인 집단과 비활동적인 집단의 BMI를 비교하니 효과 크기 추정치는 0.03에서 0.46로 다양하게 나왔고, 열 개의 연구 가운데 여섯 개는 집단 간에 BMI가 통계적으로 유의미한 차이를 보였다. 단순한 메타 분석을 실행한다면 집단들의 효과 크기의 평균만 구하면 되는데, 그 값이 0.26이다. 이 수치는 전체 NHANEs의 데이터 세트를 대상으로 했을 때 얻는 0.24와 매우 근접한 것으로, 즉 메타 분석이 우리가 정확한 답을 찾는 데 도움을 주었다고 볼 수 있다. 한편, 한 가지 문제는 연구자들은 통계적으로 유의하지 않은 결과는 출판하지 않는 경우가 많은데, 지금 이 경우에 대입한다면 우리가 여섯 개의 결과밖에 얻지 못한다는 뜻이다. 우리가 여섯 개의 연구로만 메타 분석을 진행했다면, 효과 크기는 실제 효과 크기보다 약 50퍼센트 큰 0.38로 추산된다. 자칫 메타 분석 결과를 극적으로 변화시킬 수 있는 이 문제를 연구자들이 잘 처리할 수 있도록 다양한 고급 통계법이 마련되어 있다.

21 Adrian M Owen et al. "Putting brain training to the test." In: Nature 465.7299 (2010), pp. 775–78. DOI: 10.1038/nature09042.

22 Daniel J Simons et al. "Do 'Brain-Training' Programs Work?" In: Psychol Sci Public Interest 17.3 (2016), pp. 103–86. DOI: 10.1177/1529100616661983.

23 Monica Melby-Lervåg and Charles Hulme. "Is working memory training effective? A metaanalytic review." In: Dev Psychol 49.2 (2013), pp. 270–91. DOI: 10.1037/a0028228.

24 Andrew Jones et al. "A randomized controlled trial of inhibitory control training for the reduction of alcohol consumption in problem drinkers." In: J Consult Clin Psychol 86.12 (2018), pp. 991–1004. DOI: 10.1037/

ccp0000312.

25   Isabel Carrero, Irene Vilà, and Raquel Redondo. "What makes impleme-ntation intention interventions effective for promoting healthy eating behaviours? A meta-regression." In: Appetite 140 (2019), pp. 239–47. DOI: 10.1016/j.appet.2019.05.024.

26   Lenard I Lesser, Caroline A Thompson, and Harold S Luft. "Association between monetary deposits and weight loss in online commitment con-tracts." In: Am J Health Promot 32.1 (Jan. 2018), pp. 198–204. DOI: 10.1177/0890117116661157.

27   Nia Coupe et al. "The effect of commitment-making on weight loss and behaviour change in adults with obesity/overweight: a systematic revi-ew." In: BMC Public Health 19.1 (2019), p. 816. DOI: 10.1186/s12889-019-7185-3.

제9장_ '습관의 뇌'를 해킹하다

1   Reut Shema, Todd Charlton Sacktor, and Yadin Dudai. "Rapid erasure of long-term memory associations in the cortex by an inhibitor of PKM zeta." In: Science 317.5840 (2007), pp. 951–53. DOI: 10.1126/scien-ce.1144334.

2   Jose A Crespo et al. "Activation of PKCzeta and PKMzeta in the nucleus accumbens core is necessary for the retrieval, consolidation and reconso-lidation of drug memory." In: PLoS One 7.2 (2012), e30502. DOI: 10.1371/journal.pone.0030502; Yan-qin Li et al. "Inhibition of PKMzeta in nucleus accumbens core abolishes long-term drug reward memory." In: J Neurosci 31.14 (2011), pp. 5436–46. DOI: 10.1523/JNEUROSCI.5884-10.2011; D Shabashov, E Shohami, and R Yaka. "Inactivation of PKM in the NAc shell abolished cocaine-conditioned reward." In: J Mol Neur-osci 47.3 (2012), pp. 546–53. DOI: 10.1007/

s12031-011-9671-7.

3   Wolfgang M Pauli et al. "Inhibiting PKM reveals dorsal lateral and dorsal medial striatum store the different memories needed to support adaptive behavior." In: Learn Mem 19.7 (2012), pp. 307–14. DOI: 10.1101/lm.025148.111.

4   J R Misanin, R R Miller, and D J Lewis. "Retrograde amnesia produced by electroconvulsive shock after reactivation of a consolidated memory trace." In: Science 160.3827 (1968), pp. 554–55. DOI: 10.1126/science. 1603827554

5   K Nader, G E Schafe, and J E LeDoux. "Fear memories require protein syn-thesis in the amygdala for reconsolidation after retrieval." In: Nature 406.6797 (2000), pp. 722–26. DOI: 10.1038/35021052.

6   Jonathan L C Lee et al. "Disrupting reconsolidation of drug memories reduces cocaineseeking behavior." In: Neuron 47.6 (2005), pp. 795–801. DOI: 10.1016/j.neuron.2005.08.007.

7   Yan-Xue Xue et al. "A memory retrieval-extinction procedure to prevent drug craving and relapse." In: Science 336.6078 (2012), pp. 241–45. DOI: 10.1126/science.1215070.

8   R D Rubin. "Clinical use of retrograde amnesia produced by electroconvulsive shock. A conditioning hypothesis." In: Can Psychiatr Assoc J 21.2 (1976), pp. 87–90. DOI: 10.1177/070674377602100205.

9   Michael Treanor et al. "Can memories of traumatic experiences or addiction be erased or modified? A critical review of research on the dis-ruption of memory reconsolidation and its applications." In: Perspect Psychol Sci 12.2 (Mar. 2017), pp. 290–305. DOI: 10.1177 /1745691616664725.

10 Nasir H Naqvi et al. "Damage to the insula disrupts addiction to cigarette smoking." In: Science 315.5811 (2007), pp. 531–34. DOI: 10.1126/scie-nce.1135926.

11 https://www.vice.com/en_us/article/gqwnex/with-and-without-my-ritalin.

12 Irena P Ilieva, Cayce J Hook, and Martha J Farah. "Prescription stimulants' effects on healthy inhibitory control, working memory, and episo-dic memory: A meta-analysis." In: J Cogn Neurosci 27.6 (2015), pp. 1069-89. DOI: 10.1162/jocn_a_00776.

13 Margaret C Wardle et al. "Amping up effort: Effects of d-amphetamine on human effort-based decision-making." In: J Neurosci 31.46 (2011), pp. 16597-602. DOI: 10.1523/JNEUROSCI.4387-11.2011.

14 https://www.fda.gov/drugs/science-and-research-drugs/table-phar-macogenomic-biomarkers-drug-labeling.

15 Andrew T Drysdale et al. "Resting-state connectivity biomarkers define neurophysiological subtypes of depression." In: Nat Med 23.1 (Jan. 2017), pp. 28-38. DOI: 10.1038/nm.4246.

16 Richard Dinga et al. "Evaluating the evidence for biotypes of depression: Methodological replication and extension of Drysdale et al. (2017)." In: Neuroimage Clin 22 (2019), p. 101796. DOI: 10.1016/j.nicl.2019.101796.

17 Ian W Eisenberg et al. "Uncovering the structure of self-regulation through data-drivenontology discovery." In: Nat Commun 10.1 (2019), p. 2319. DOI: 10.1038/s41467-019-10301-1.

18 Elizabeth O Lillie et al. "The n-of-1 clinical trial: The ultimate strategy for individualizing medicine?" In: Per Med 8.2 (2011), pp. 161-173. DOI: 10.2217/pme.11.7.

19 Jonathan A Shaffer et al. "N-of-1 randomized intervention trials in health psychology: A systematic review and methodology critique." In: Ann Be-hav Med 52.9 (Aug. 2018), pp. 731-42. DOI: 10.1093/abm/kax026.

마치며

1   Rotem Botvinik-Nezer et al. "Variability in the analysis of a single neuro-imaging dataset by many teams." In: Nature 582.7810 (2020) pp. 84–88. DOI: 10.1038/s41586-020-2314-9.

2   Timothy M Lenton et al. "Climate tipping points—too risky to bet against." In: Nature 575.7784 (Nov. 2019), pp. 592–95. DOI: 10.1038/d41586-019-03595-0.

3   Adam R Aron et al. "How can neuroscientists respond to the climate emer-gency?" In: Neuron 106.1 (2020), pp. 17–20. DOI: 10.1016/j.neuron.2020.02.019.

4   Adam R Aron. "The climate crisis needs attention from cognitive scie-ntists." In: Trends Cogn Sci 23.11 (Nov. 2019), pp. 903–6. DOI: 10.1016/j.tics.2019.08.001.